智慧图书馆建设与管理

田一楠 高鹏 ◎ 著

企业管理出版社
ENTERPRISE MANAGEMENT PUBLISHING HOUSE

图书在版编目（CIP）数据

智慧图书馆建设与管理 / 田一楠，高鹏著. -- 北京：企业管理出版社，2023.12
　　ISBN 978-7-5164-2974-7

Ⅰ．①智… Ⅱ．①田… ②高… Ⅲ．①数字图书馆－图书馆管理－研究 Ⅳ．①G250.76

中国国家版本馆CIP数据核字(2023)第200568号

书　　名：	智慧图书馆建设与管理		
书　　号：	ISBN 978-7-5164-2974-7		
作　　者：	田一楠　高　鹏		
选题策划：	周灵均		
责任编辑：	陈　戈　周灵均		
出版发行：	企业管理出版社		
经　　销：	新华书店		
地　　址：	北京市海淀区紫竹院南路17号	邮　　编：	100048
网　　址：	http://www.emph.cn	电子信箱：	2508978735@qq.com
电　　话：	编辑部　(010) 68456991	发行部　(010) 68701816	
印　　刷：	北京厚诚则铭印刷科技有限公司		
版　　次：	2023年12月第1版		
印　　次：	2023年12月第1次印刷		
开　　本：	710mm×1000mm　1/16		
印　　张：	27.25		
字　　数：	315千字		
定　　价：	98.00元		

版权所有　翻印必究・印装有误　负责调换

PREFACE 前言

　　图书馆作为存储人类智慧结晶的重要场所，对人类社会的进步与发展一直起着积极的推动作用，随着物联网、5G网络、大数据等新兴信息技术的不断发展以及在各领域的深入应用，图书馆顺应社会发展进行自我革命，智慧图书馆应运而生。

　　智慧图书馆是随着"智慧城市"的概念及其理念的推广逐渐深入人心，并成为图书馆领域研究热点的。智慧图书馆在图书馆发展史上具有革命性的意义，必定会彻底改变图书馆的建设方式、服务理念和服务领域。

　　我国对智慧图书馆的研究已有十余年，在过去的十余年间，相关领域的学者对智慧图书馆的概念、特征、功能、技术等进行了深入的研究，并取得了一定的理论成果，这对促进智慧图书馆的建设和发展具有重要的意义。部分图书馆从智慧管理、空间建设、智慧服务等方面对智慧图书馆服务体系、自助服务等具体工作进行了探讨与实践，在提升图书馆管理效率的同时提升了图书馆服务水平。智慧图书馆的建设并不是一蹴而就的，随着信息技术的进一步发展和成熟，以及全国智慧图书馆体系的逐步完善和工作推进，智慧图书馆建设的保障体系将更加完善，我们的智慧图书馆建设也将会越来越好。

  本书分为十二章，第一章、第三章、第四章、第八章、第十一章由田一楠完成，第二章、第五章、第六章、第七章、第九章、第十章、第十二章由高鹏完成。

  本书在写作过程中参阅了相关的文献资料，在此谨向作者表示衷心的感谢。由于在写作过程中参阅的资料较多，书中内容难免有疏漏之处，敬请广大读者批评指正，以便进一步修订和完善。

田一楠

2023年5月

CONTENTS 目录

第一章　智慧图书馆概述 ···1
第一节　智慧图书馆的定义与组成 ···3
第二节　智慧图书馆的特点 ···7
第三节　智慧图书馆行业发展环境 ···12
第四节　智慧图书馆与数字图书馆的关系 ···19

第二章　智慧图书馆建设理论与基础 ···23
第一节　智慧图书馆的建设目标与原则 ···25
第二节　智慧图书馆的框架设计 ···30

第三章　智慧图书馆的服务建设模式 ···43
第一节　智慧图书馆服务面临的挑战 ···45

第二节　社交网络服务建设　　…59
　　第三节　学科信息服务建设　　…64
　　第四节　个性化信息服务建设　…74

第四章　智慧图书馆的信息资源建设　…79
　　第一节　智慧图书馆的信息资源类型　…81
　　第二节　智慧图书馆信息资源建设途径　…100

第五章　智慧图书馆的馆员队伍建设　…111
　　第一节　智慧图书馆馆员的概念　…113
　　第二节　智慧图书馆的馆员结构　…115
　　第三节　智慧图书馆馆员队伍建设　…129

第六章　智慧图书馆的技术应用　…137
　　第一节　5G应用　…139
　　第二节　RFID技术　…147
　　第三节　物联网技术　…154

第四节　智能机器人技术　　　　　　　　　…158

　　第五节　云计算技术　　　　　　　　　　　…167

　　第六节　AR技术　　　　　　　　　　　　　…172

　　第七节　移动互联网技术　　　　　　　　　…176

　　第八节　资源整合技术　　　　　　　　　　…179

第七章　RFID技术在智慧图书馆中的应用　　…185

　　第一节　RFID技术对智慧图书馆的影响　　　…187

　　第二节　RFID技术应用与智慧图书馆管理　　…204

　　第三节　RFID技术应用存在的问题及对策　　…215

第八章　智慧图书馆阅读推广　　　　　　　　…229

　　第一节　智慧图书馆阅读推广概述　　　　　…231

　　第二节　智慧图书馆的阅读推广准备　　　　…237

　　第三节　智慧图书馆阅读推广策划　　　　　…241

　　第四节　智慧图书馆阅读推广的组织架构　　…252

　　第五节　智慧图书馆阅读推广的实践方法　　…269

　　第六节　智慧图书馆阅读推广的具体实践　　…309

第九章　智慧图书馆的研究与建设现状 ···345

第一节　国外智慧图书馆研究现状 ···347

第二节　国外智慧图书馆建设现状 ···350

第三节　国内智慧图书馆研究现状 ···359

第四节　国内智慧图书馆实践现状 ···363

第十章　智慧图书馆建设面临的问题 ···379

第一节　图书馆转型面临的问题 ···381

第二节　支撑体系存在的问题 ···383

第三节　解决措施 ···391

第十一章　智慧图书馆管理与服务的创新发展 ···393

第一节　智慧图书馆网络信息服务创新 ···395

第二节　智慧图书馆服务管理理念创新 ···401

第十二章　元宇宙视域下智慧图书馆的发展	···403
第一节　元宇宙的相关概念	···405
第二节　元宇宙视域下的智慧图书馆建设	···414

参考文献 ···425

1

第一章

智慧图书馆概述

第一节 智慧图书馆的定义与组成

一、智慧图书馆的定义

"图书馆"的概念最早由德国学者马丁·施莱廷格于1807年提出，1896年由日本传入中国，1897年张元济等人创立了我国近代史上第一座以中文"图书馆"命名的公共图书馆——通艺学堂图书馆。此时的图书馆主要是指有固定建筑和藏书，可以向读者提供借阅图书服务的实体图书馆。

到1994年，我国接入互联网，进入Web 1.0时代，互联网技术在图书馆的应用大概始于1996年。在1996年召开的第62届国际图联大会上提出"数字图书馆"的概念。此时的数字图书馆通常包含两个范畴：一是用数字技术处理和存储各种多媒体形式信息资源的图书馆；二是多媒体信息资源的存储、交换和流通，主要目的是利用技术将各种不同载体、不同地理位置的资源电子化，以实现跨区域、跨时空的面向对象的传输和利用。

2004年，随着蓝牙、Wi-Fi等无线通信技术及移动设备的快速发展，图书馆的线上业务逐渐扩展至移动端，读者在手机、平板电脑等移动终端设备上即可通过无线接入方式享受图书馆提供的信息资源以及办理各种图书馆业务。移动图书馆的出现彻底打破了图书馆服务的时空限制，让读者可以随时随地、便捷地获取图书馆的各项服务。

2012年前后，随着光纤技术逐渐入户，宽带不断提速，大数据、云计算、物联网等技术开始发展，智能图书馆出现。国内研究者一般认为，智能图书馆是将物联网、云计算等技术应用在图书馆中，实现了图书馆人力资源的充分解放以及图书馆业务的高效运转。智能图书馆主要强调智能技术在图书馆中的应用，重点关注物的智能和自动化，其发展主要由外部技术发展驱动，技术的应用能力和水平在一定程度上代表了图书馆的服务及管理水平。

"智慧图书馆"的概念是随着"智慧地球""智慧社会""智慧城市""智慧校园"等一系列智慧化概念的产生而提出的。IBM公司于2008年提出"智慧地球"的概念，2008—2009年该理念得到了世界各国的普遍认可，后各国纷纷制定智慧城市发展战略。我国于2017年发布了《新一代人工智能发展规划》，同年10月党的十九大报告中提出建设"智慧社会"，同年12月印发《促进新一代人工智能产业发展三年行动计划（2018—2020年）》。2016年教育部印发《2016年教育信息化工作要点》，提出并鼓励探索智慧校园。在图书馆领域，国内图书馆学会多次举办有关智慧图书馆建设和发展的学术研讨会，推动了智慧图书馆理念的落地及实践。智慧图书馆同智慧城市或智慧校园一样，是一种综合性、复杂性的生态系统，是图书馆发展的一种高级形态。与智能图书馆不同，它强调智慧服务，这种服务包括人的智慧和物的智能，要求人和物之间能够融合协作，其发展靠的是内在驱动，而智能技术只是手段，人的智慧才是推动其发展的关键因素。智慧图书馆依赖图书馆馆员（以下简称馆员）智慧以实现更深层次的知识服务和智慧服务，其目标是提升图书馆整体服务能力和水平，以精准及时地满足用户需求。

目前关于智慧图书馆的定义还没有统一的表述，研究者从不同的角度对其进行了阐述。从感知计算的角度，严栋认为，智慧图书馆=图书馆+物联网+云计算+智慧化设备；从智能建筑的角度，陈鸿皓认为，智慧图书馆是将智能技术运用在图书馆建设中的一种现代化建筑,是智能建筑与高度自动化管理的数字图书馆的有机结合和创新;从信息服务的角度,高颖将智慧图书馆定义为依托新一代信息技术,通过采集、存储、管理和利用各类数据,为用户提供跨时空的信息服务;从智慧图书馆的概念本身,初景利等认为,智慧图书馆是实现知识服务的高级图书馆形态,是图书馆发展的顶级形态。笔者认为,研究者对智慧图书馆不同视角的界定也凸显了智慧图书馆的内涵。比如,从技术层面来说,智慧图书馆不仅要求技术能力满足图书馆的业务要求,还强调技术在人、资源和设备智能融合中所起的关键作用;从构成要素来看,智慧图书馆在智能图书馆关注技术与设备之间的组合的基础上,更加关注技术、设备、人员及信息资源等多种要素的融合;从服务效果来看,智慧图书馆不仅关注技术应用、管理效率,还关注环境友好程度、社会协同等多方面的效益;从建设目标来看,智慧图书馆除了借助智能技术降低人力资源成本、提高业务工作效率以外,比如自助借还、无人值守图书馆、智能盘点等,还强调馆员素质提升、服务效能最大化、空间再造、文化环境建设等内容,以满足用户多样化的服务需求,并促进图书馆进入良性发展。

二、智慧图书馆的组成

智慧图书馆发展包括资源、服务、技术、空间、馆员和读者六个基本要素。其中,资源主要指智慧图书馆内外、线上线下各种载体、各种形式的资源的互联互通。服务是依托于其他要素而存在的,体现了个性化、专业化、精准化、人文化和智慧化,是读者进入实体或虚拟图书馆时就能感知的真实存在。技术是手段,是智慧图书馆提供其他一切内容的基础,也是促进其他内容不断丰富完善的催化剂。空间要素则早已突破实体空间限制,具有无时空限制的特点。智慧图书馆各要素相互依托、相互促进，形成了一个共同进步、创新发展的有机整体。在现代化智能技术的支撑下，以精准化、个性化的智慧服务实现所有空间、资源与读者的互通互联。在这个过程中，馆员作为整个智慧图书馆系统的核心成员，支撑整个系统的正常运行和更新迭代，并不断为读者创新智慧服务。

第二节　智慧图书馆的特点

智慧图书馆是区别于数字图书馆的，它主要具有以下几个特点。

一、系统的智慧化

传统图书馆系统平台诞生于纸质资源主导的时代：一方面，它与新一代信息技术背景下产生的各种服务系统兼容性不强，需要协同完成的工作只能依赖于费力耗时的重复开发；另一方面，随着纸质资源使用率的不断降低和电子资源占有率的不断提升，读者需求由单纯的文献服务转向知识服务，现有图书馆服务系统显然难以满足用户这种高层次的服务需求。新时代的图书馆迫切需要一个以用户为中心，具备纸、电、数一体化管理能力，通过云服务和共享知识库连接所有图书馆、数字资源和用户的平台。该平台应该是开放共享的，通过该平台的数据流核心，可以实现各类智能服务、机器辅助服务、大数据服务及场景服务；通过该平台建设，可以实现单一资源管理向全资源整合管理转变，改变现有各种载体资源自成一体的局面，实现统一管理、统一评估、统一采购，提升资源建设的效率及精准度；通过单个应用系统向云服务平台的转变，实现下一代图书馆服务平台的共建共享；通过实时数据支撑图书馆业务科学决策，打通与读者之间的交流渠道，实现个性化精准服务及全面的知识服务。

二、管理的智能化

图书馆的管理，包括对人、资源、设备、环境等的管理，通过积极应用智慧化技术，将图书馆员从大量简单重复的事务性工作中解放出来，转向更高层次的专业知识服务；通过智慧图书馆建筑的建设，实现建筑状态的可视化和建筑环境管理的智能化。

在图书采编阶段，通过引入文献自动分拣系统，大幅降低图书馆馆员人工分拣的工作强度，缩短图书上架时间；在纸质图书资源管理方面，通过引入机器人，完成图书盘点、图书搬运、图书归还分拣、图书上架等工作，有效提升管理工作的准确度及效率；在对人的管理方面，图书馆应积极完善读者的基本信息，并对读者进行科学分类管理，同时对读者的所有数据比如进馆时间、出馆时间、行为轨迹、阅读频次、阅读类型等进行有效采集，然后利用大数据技术对读者进行全方位画像，以提升资源的精准服务能力。

通过智能图书馆建筑的建设，实现环境管理。智慧建筑的概念起源于1984年，美国哈特福德市实现了对一座旧式大楼的空调设备、电梯设备、照明设备、消防设备、防盗设备等的统一监控管理，这座旧式大楼算是世界上第一座智能大厦。我国第一座智能大厦是北京发展大厦，它将网络、监控系统、楼宇安防系统和不间断电源系统融为一体，大幅降低了建筑管理成本。智能大厦是智能图书馆发展的一个方向，随着图书馆角色的转变，图书馆不再仅仅是一栋藏书楼，其管理模式也需要与时俱进，向集信息采集、存储、加工、利用、创新于一体的知识中心的管理模式转变，通过建设防盗报警系统、能效监测系统、电梯安保及运行系统、空气净化系统等打造一座实时环境监控、绿色节能低碳的智能化建筑。

三、服务的智能化

传统图书借阅业务通过 RFID（射频识别）等技术对文献资源进行识别记录，通过机器辅助盘点技术对图书资源进行精准化定位，以帮助用户迅速、准确地找到文献资源所在的位置；引进机器人智能导览、虚拟讲解等产品，实现人脸识别、前台接待、问路引领、场馆介绍、图书检索、智能问答等功能；在对读者数据进行深度采集及加工的基础上，实现千人千面、无处不在、全面实时感知、定制化的精准服务。

通过与教师、学生、教学单位、管理部门联合互动，搭建电子教参服务平台，实现深入嵌入教学学习过程的个性化智慧服务。通过与教务平台对接，采集和展示校内教务系统中的课程信息、学生选课内容以及教师指定的对应课程教材和教参信息等，实现对课程资源清单的有效揭示；扩展学科服务，将学科专业设置、教师论著、国内外相关视频公开课等内容作为功能延伸；满足新文科建设的要求，利用图书馆在资源检索、信息组织、知识咨询等方面的经验与优势，面向不同层面、不同需求的用户，为其提供资源集成、知识推送等服务。

通过引入新技术，将新生入馆、信息素养等教育理论与实践相结合，构建立体教育模式。在现有讲座培训、视频观看、专栏推送等内容的基础上，通过新技术的应用丰富现有学习模式。在移动教育的基础上以图书馆真实场景为载体，以全方位 720° 的虚拟现实为场景，为学生提供 VR（虚拟现实技术）空间导览、微视频学习（图书馆座位系统使用规则、数据库使用方法等）、知识点学习等学习方式和移动式自主考核方式，使读者可以不受时间和空间限制，随时随地完成学习和考试，实现碎片化时间的有效利用。通过考核和借阅权限挂钩，使用户的自主学习同时具有了约束性。

从现代化服务的角度来看，图书馆的服务不再局限于图书馆固定区域内的服务体验，而是突破地理限制，实现全终端、跨时空的服务目标，将图书馆的服务延伸至馆外。通过加快资源数字化平台建设或提供"线上借阅、线下配送"借阅服务，真正实现馆外阅读。

另外，基于以人为本的资源管理模式，智慧图书馆能够将资源价值发挥到极致，通过构建学术资源地图，优化资源发现系统，建设资源揭示性更强的发现工具，赋能已有馆藏；通过整合全馆各种载体及形式的资源，实现面向学科的学术资源聚合和导航，以方便师生及时掌握所在学科的最新的、重要的学术资源。

总的来说，智慧图书馆的服务应该是以用户为中心，以数据智慧管理为手段，以实现多元化的服务为目标，其强调了服务的个性化、智慧化、创新化，让图书馆能够真正读懂用户。

四、功能的智慧化

在21世纪，图书馆已经不再是一种具有单一文化职能的公共基础设施，其自身职能和社会责任随着社会的发展也在不断扩展。2013年11月，党的十八届三中全会提出建立健全现代公共文化服务体系；2014年7月22日，全国政协在京召开"构建现代公共文化服务体系"专题协商会，强调了文化建设的重要性；2015年，中共中央办公厅、国务院办公厅印发了《关于加快构建现代公共文化服务体系的意见》，对加快构建现代公共文化服务体系，推进基本公共服务标准化、均等化做了全面部署。图书馆作为提供先进文化知识的公益性机构，是提高公民素质和服务社会大众的主要阵地，在现代公共服务体系建设中占据着重要地位，尤其是面向社会群体服务的公共图书馆，需要在传统服务基础上对公共服务体系进行升级换代，积极应用现代技术提供更加丰富、有内涵的文化资源产品，创新文化资源传播渠道，满足公共服务体系的建设需要，适应现代社会群众对文化的新需求。在功能上，要承担信息咨询和文化资源服务的职能，通过为社会各界提供文献资源信息，辅助项目决策、科研咨询，提供具有地方特色的信息服务，间接参与地方社会经济、文化建设；要为大众群体提供文化娱乐场所，通过智慧场馆建设，创造绿色和谐的图书馆环境，营造浓厚温馨的文化氛围，增强公共文化软实力；同时需要兼具社会教育的职能，公共图书馆作为一种社会文化教育机构为全民终身学习文化知识提供了条件，有利于促进全民素质的提升。

高校图书馆主要面向的服务对象是高校教职工和学生。《普通高等学校图书馆规程》指出，图书馆是为人才培养和科学研究服务的学术性机构，应充分发挥其在学校人才培养、科学研究、社会服务和文化传承创新中的作用。2015 年 10 月，国务院印发了《统筹推进世界一流大学和一流学科建设总体方案》，其目的是加快建成一批世界一流大学和一流学科；2018 年，教育部决定实施"六卓越一拔尖"计划 2.0，2019 年教育部等 13 个部门联合启动该计划，要求全面推进新工科、新医科、新农科、新文科建设，提高高校服务社会经济发展能力，核心任务包括全面实施一流专业建设"双万计划"（建"金专"）、一流课程建设"双万计划"（建"金课"），建设基础学科拔尖学生培养一流基地（建高地）。这些工作的开展离不开图书馆的支持。

现有高校图书馆的职能定位已经无法适应这些目标建设下的人才培养、学科建设和图书馆自身发展的需求，高校智慧图书馆需要重新定位职能，发挥其应有的教育和科研优势及价值。高校智慧图书馆除了传统的读者服务、资源服务、参考咨询、信息素养教育、空间服务、技术服务等工作外，还应兼顾图书情报研究，提供学科知识服务，真正做到服务、教学、科研三者协同发展，助力"双一流"学科建设和卓越人才培养。

第三节 智慧图书馆行业发展环境

一、行业政策环境分析

任何行业的蓬勃发展都离不开政策法规的支持，智慧图书馆也是如此。2015—2021年，国家各级部门出台了系列相关政策法规及行业规范，对于推进国内图书馆行业的全面发展具有重要意义。

1982年12月，文化部颁布了《省（自治区、市）图书馆工作条例》，这份法规性文件提出要根据藏书建设、读者和馆员工作的需要，有计划地添置图书馆专用设备，积极利用现代化技术设备及计算机文献检索技术等。

2014年8月，国家发展改革委等八部委印发了《关于促进智慧城市健康发展的指导意见》。该指导意见指出，"加强数字图书馆、数字档案馆、数字博物馆等公益设施建设"，"智慧城市是运用物联网、云计算、大数据、空间地理信息集成等新一代信息技术，促进城市规划、建设、管理和服务智慧化的新理念和新模式"。

2015年1月，中共中央办公厅、国务院办公厅印发了《关于加快构建现代公共文化服务体系的意见》，强调"结合'宽带中国''智慧城市'等国家重大信息工程建设，加快推进公共文化机构数字化建设"，加快推进公共文化服务数字化建设。

2015年10月，中国共产党第十八届中央委员会第五次全体会议通过了《中共中央关于制定国民经济和社会发展第十三个五年规划的建议》，提出构建现代公共文化服务体系。"推进基本公共文化服务标准化、均等化。完善公共文化设施网络，加强基层文化服务能力建设。"

2016年5月，《图书馆建筑设计规范》（JGJ 38—2015）正式实施，该设计规范对国内图书馆空间规范建设起到了一定的指导和保障作用。该设计规范中指出，现代图书馆由原先的"以藏为主"向"以用为主"转变，且图书馆功能尚在不断地拓展创新，新书展示、学术交流活动及咨询服务等也成为图书馆功能的组成部分。图书馆建设应注重建筑设计，满足图书馆的功能需求，并为用户及图书馆工作人员提供优良的环境和工作条件，还要结合图书馆的发展方向，应用现代服务手段和管理模式，提供灵活性强、适应性高的空间，牢牢把握"用户为主、服务第一"的设计原则。

2016年12月，科技部、文化部、国家文物局联合印发《国家"十三五"文化遗产保护与公共文化服务科技创新规划》，制定了"十三五"期间文化遗产保护与公共文化服务科技创新规划推进的相关保障措施，明确要求建立智慧图书馆的技术标准体系，充分利用泛在网络、云计算、人工智能、大数据等技术，建立智慧公共文化服务支撑技术体系，提升公共文化服务效能。

2017年2月，文化部发布《文化部"十三五"时期文化发展改革规划》。该规划指出，"到'十三五'期末，全国人均拥有公共图书馆（含分馆）藏量达到1册，全国公共图书馆年流通人次达到8亿，文化馆（站）年服务人次达到8亿"，"到2020年，社会主义文化强国建设取得重要进展，国家文化软实力进一步提高"，"现代公共文化服务体系基本建成，现代文化产业体系和现代文化市场体系更加完善，文化产业成为国民经济支柱性产业"，"提高公共文化服务效能"，"推动公共数字文化建设，加快数字图书馆、文化馆、博物馆、美术馆建设"。

我国自 2017 年 3 月 1 日起正式实施《中华人民共和国公共文化服务保障法》，该法第 11 条规定："国家鼓励和支持发挥科技在公共文化服务中的作用，推动运用现代信息技术和传播技术，提高公众的科学素养和公共文化服务水平。"

2017 年 7 月，文化部印发《"十三五"时期全国公共图书馆事业发展规划》。该规划指出，"加强图书馆数字化建设"，"加强新技术应用，提升数字化服务能力"，"深入实施数字图书馆推广工程，提高各地公共图书馆数字化服务能力，构建标准统一、覆盖城乡、互联互通、便捷高效的公共数字文化服务网络，县级以上公共图书馆全部具备提供互联网服务和移动终端服务的能力"。

2017 年 7 月，国务院印发《新一代人工智能发展规划》。该规划指出，要研发构建社区公共服务信息系统，推进城市规划、建设、管理、运营全生命周期智能化。

2017 年 9 月，中央宣传部、文化部等七部门联合印发《关于深入推进公共文化机构法人治理结构改革的实施方案》，该实施方案推动了公共图书馆建立以理事会为主要形式的法人治理结构，进一步强化了公共文化机构的法人地位，在人、财、物等方面给予其更大的决策权和自主权，促使各方能够更加积极主动地参与到图书馆建设中来。同时，对于公共图书馆创新服务内容和方式具有十分重要的意义。

2018 年 1 月，为了推动公共图书馆事业发展，充分发挥公共图书馆的功能，提高公民的科学文化素质和社会文明程度，党的十九大之后出台的首部文化类法律《中华人民共和国公共图书馆法》正式实施，对于促进图书馆行业的发展以及改进其服务定位具有重要意义。该法第 40 条明确规定："国家构建标准统一、互联互通的公共图书馆数字服务网络，支持数字阅读产品开发和数字资源保存技术研究，推动公共图书馆利用数字化、网络化技术向社会公众提供便捷服务。"

2019年2月，中共中央、国务院分别印发了《中国教育现代化2035》和《加快推进教育现代化实施方案（2018—2022年）》。该实施方案指出，要推动高等教育内涵发展。

2021年3月，第十三届全国人民代表大会第四次会议通过《中华人民共和国国民经济和社会发展第十四个五年规划和2035年远景目标纲要》，明确提出要加快数字社会建设步伐，积极发展智慧图书馆等。

此外，《图书馆编码标识应用测试》《信息和文档——RFID在图书馆的应用》等标准规定了各类图书馆的物品射频识别标签的使用模式，图书馆图书、层架、读者证的编码标识，以及图书馆射频识别标签的技术要求、不同应用场景的性能要求等，有力推动了相关技术在图书馆行业的深入应用。

随着人工智能、大数据等新兴技术的发展，人工智能标准化白皮书和大数据标准化白皮书的发布，社会各界不断加强人工智能领域和大数据领域有关技术的研究、标准建设、产业投入和服务应用，促进了人工智能产品和大数据在图书馆领域的实践与探索。

二、行业技术环境分析

印度图书馆学家阮冈纳赞在《图书馆学五定律》一书中提出，图书馆是一个生长着的有机体。图书馆的发展与改革，与社会技术的发展是有重大关联的。2015年，刘炜、周德明通过文献调研、环境分析和专家访谈等方法，发现有35个技术应用领域与图书馆行业未来十年的发展关系较为密切，事实证明，在近些年的图书馆发展中，这些技术都在图书馆行业得到了应用。这35个技术应用领域主要分为五类：第一类是行业应用。主要应用于图书馆基础设施的革新，对整个行业的上下游产业有一定的影响，包括HTML5（第五代超文本标记语言）、Web App、以及近几年提出的微服务架构，等等。第二类是服务技术。主要用于改变图书馆的服务形态以及改革图书馆与用户之间的交互形式，包括二维码、RFID、3D 打印服务、微博、微信、位置服务、iBeacon（基于蓝牙 4.0 的精准微定位技术）、NFC（近距离无线通信技术）、BYOD（自带设备）、SNS（社交网络服务）、游戏化、智能参考问答，以及近几年出现的短视频社交软件，等等。第三类是应用系统。20 世纪 60 年代，美国国会图书馆发起了机读目录 MARC（机器可读目录）实验计划；20 世纪 70 年代出现了以 OCLC（联机计算机图书馆中心）为代表的联机编目协作网络；到了 20 世纪 80 年代进入集成化时代，对采访、编目、典藏、流通等形成分模块的业务处理模式；到了 20 世纪 90 年代，随着 Windows、Web、数据库等的应用，界面更加友好；到了 21 世纪，开始注重资源发现与信息组织，拓展开发辅助系统、资源统一检索、电子资源管理、数字资产管理等平台，应用系统始终在进行解决方案升级并不断拓展新的业务，相关技术主要有数字阅读平台、资源发现系统、下一代图书馆管理系统、数字人文、电子书和数据服务等。第四类是资源组织技术。针对大数据的采集、整理及挖掘技术将会革新资源获取方式、组织形式、检索利用效能和评价，包括早期的 SKOS（简单知识组织系统）、关联数据、本体、大数据、书目框架、内容分析和替代计量学等。第五类是图书馆的新形态。由于高校需求、社会需求以及发展目标在不断地发生变化，近年来，移动图书馆、无人图书馆、智能密集书库、智慧图书馆、创客空间等领域依旧受人关注，随着信息技术的快速发展，这些新形态也会进一步更新或得以实现。

综上所述，技术的发展促使图书馆行业不断进行服务升级，在"十四五"期间，随着现代社会信息技术向着高速、智能化、大容量的方向发展，以及人工智能、物联网、5G 技术、区块链、大数据等技术的迭代更新，图书馆行业的发展也将进入新的阶段。

三、行业社会环境分析

2014—2021年，"全民阅读"这一词语连续8年被写入政府工作报告。2014年，提出倡导全民阅读；2015年，倡导全民阅读，建设书香社会；2016年，倡导全民阅读，普及科学知识；2017年，大力推动全民阅读，加强科学普及；2018年，倡导全民阅读，建设学习型社会；2019年，倡导全民阅读，推进学习型社会建设；2020年，倡导全民健身和全民阅读，使社会充满活力，向上向善；2021年，推进城乡公共文化服务体系一体化建设，创新实施文化惠民工程，倡导全民阅读。推动全民阅读，对提高国民素质、建设文化强国具有重大意义。国家倡导并推动全民阅读，不仅强调了对于国民阅读的看重，也为数字阅读行业的快速发展提供了强大的政策支撑，为数字图书馆建设提供了可靠有力的依据。近年来，国家各个部门也对加强数字阅读建设提出了许多有价值的建议，并举办了一系列相关活动。例如，2017年，文化部印发了《"十三五"时期公共数字文化建设规划》，提出积极鼓励各类社会文化机构、文化企业和个人依托公共数字文化服务平台提供公共文化服务；2019年，中央宣传部出版局要求网络文学企业建立健全编辑责任制度；中共中央办公厅、国务院办公厅在2019年11月印发了《关于强化知识产权保护的意见》；2020年，国家知识产权局发布了《2020—2021年贯彻落实〈关于强化知识产权保护的意见〉推进计划》，同年国务院知识产权战略实施工作部际联席会议办公室印发《2020年深入实施国家知识产权战略加快建设知识产权强国推进计划》，这些政策为数字阅读行业的知识产权保护发展提供了原动力。

近年来，中国数字阅读市场规模不断扩展，数字阅读行业用户规模一直处于持续增长状态，而纸质图书阅数量有所下降，这说明数字图书馆建设符合当今时代发展需求,符合当前用户的阅读行为习惯,且能够满足当前用户的多元阅读需求。

第四节　智慧图书馆与数字图书馆的关系

数字图书馆是人类信息需求发展与现代信息技术发展二者相结合的产物。随着信息技术的不断迭代更新，需要存储、传播的信息数量与日俱增，信息的展现形式、种类不只限于传统的印刷型书刊资料，图书馆的功能也慢慢发生改变，从传统单一的藏书功能转变为科研、服务、教育等功能，从被动的文献保障服务转变为主动的知识服务，从原来单一的文献资源转变为多元化资源。在种种因素的共同作用下，数字图书馆诞生了，通过引入数字化信息技术实现了资源数字化、资源共享化、信息存储自由化、操作自动化，多个数字图书馆可以通过网络连接起来，用户可随时随地获得并使用数字图书馆提供的服务，其核心是文献资源的数字化与集成服务。

国外数字图书馆相关项目有加拿大数字图书馆先导项目、法国国家数字图书馆项目、美国国会图书馆国家数字图书馆项目、日本国立国会电子图书馆项目、英国电子图书馆项目、世界数字图书馆项目，以及由企业发起的谷歌数字图书馆项目等。我国是1995年开始跟踪国外的数字化图书馆研究，并从发展战略层面、技术层面、理论层面、应用层面、数据标准与规范层面开展了项目研究，如中国科学院计算技术研究所与国家图书馆合作的"基于特征的多媒体信息检索系统（MIRES）的研究"，中华人民共和国国家计划委员会（以下简称国家计委）的立项项目"我国数字图书馆发展规划研究""中国数字图书馆发展战略研究"，国家图书馆承担的"中文元数据标准规范",国家图书馆与北京曙光天演信息技术有限公司合作的"知识网络—数字图书馆系统工程",中国科学院与国家图书馆等三家机构联合发起的"我国数字图书馆标准与规范建设",等等。

国内高校自1996年起开始数字图书馆的研究与建设。1998年11月启动了中国高等教育文献保障系统（CALIS），全国共61所"211工程"高校参与建设，前后经历了四个阶段建设。

一、第一阶段

第一阶段是CALIS"九五"建设（1998—2001年），建设主题是"自动化时代印本资源共享体系"，该阶段主要取得了以下建设成果。

（1）开创了数字资源集团采购模式，大大改善了高校外文资源建设情况，提高了外文资源文献保障率。

（2）建立了联机编目与联合目录服务体系，实现了广域网范围内的我国第一个多语种、多资料类型的实时联机共享编码系统。

（3）建立了全国中心——地区中心——成员馆三级文献保障体系。

二、第二阶段

第二阶段是CALIS"十五"建设（2004—2006年），建设主题是"分布式高等教育数字图书馆"，该阶段主要取得了以下建设成果。

（1）构建了分布式文献传递网。

（2）建立数字图书馆标准规范体系，包括CALIS技术标准与规范的编制和CALIS体系软件产品兼容性认证。

（3）启动省级中心建设，将未设全国中心和地区中心的省市建设纳入 CALIS 体系。

（4）启动名称规范库建设，建立"中文名称规范联合数据库检索系统"，系统整合了港澳台与内地（大陆）中文名称规范数据。

三、第三阶段

第三阶段是CALIS三期建设（2010—2012年），建设主题是"云上的信息服务协作网络"，该阶段主要取得了以下建设成果。

（1）构建协同服务网络基础架构，包括全国高校三级统一认证体系、高校联合资源订购体系以及以资源调度和服务调度为核心的分布式原文获取体系。

（2）建立"云上的""普遍服务"体系。

（3）开始跨系统、跨国界的文献传递合作，与国家科技图书文献中心、上海图书馆、韩国教育学术情报院、OCLC（联机计算机图书馆中心）等就文献传递服务开展合作。

四、第四阶段

第四阶段为自2013年至今的CALIS运维与创新发展阶段，建设主题是"新时代的高校图书馆建设"。例如，2001年正式开始运营的北京高校网络图书馆、天津市高校数字化图书馆及上海教育网络图书馆，都是通过地区性高校合作的方式实现数字资源共享的。

与数字图书馆相比，智慧图书馆是一种更加高级的图书馆形态。智慧图书馆在数字图书馆的基础上，通过引入大数据、物联网、人工智能等新技术，进一步优化了图书馆的功能、技术应用及服务内容，以便为用户提供更高效的智慧化服务。在图书馆功能方面，由原有的单一对象或领域的数字图书馆资源服务过渡到全域数字图书馆资源服务，提供跨资源种类的全周期资源一体化管理和一站式知识发现服务，大大提升了信息资源的曝光率和获取率；在技术应用方面，由传统的人工服务转变为智慧化人机协同服务，在大数据、物联网、人工智能等新技术的支撑下，对图书馆管理手段和图书馆业务流程进行优化和更新，使图书馆馆员、资源与用户之间的关系更加协调，令用户能够随时随地享受图书馆提供的服务；在服务内容方面，由被动式服务转变为主动地提供服务，通过智慧化设备主动采集数据并进行数据分析，以获取用户的需求喜好，有针对性地为用户提供服务。

数字图书馆与智慧图书馆的区别在于，在数字图书馆阶段，图书与图书馆管理系统之间是单向关系，管理系统存储图书著录信息，并为用户提供检索服务，而图书信息的改变并不会即时对管理系统造成影响；在智慧图书馆阶段，图书与图书馆管理系统之间是双向关系，通过RFID、物联网等技术，图书数据也会对管理系统数据产生影响，图书通过物联网设备感知信息并进行信息传递，从而实现资源共享。在数据采集方面，除了传统数字图书馆采集的编码数据以外，智慧图书馆还能通过计算机视觉等技术实现更多的数据感知与描述功能等。

综上所述，智慧图书馆和数字图书馆都是在时代变迁的过程中形成的产物，其根本目的都是给用户提供更加优质的资源服务。智慧图书馆以数字图书馆为基础，使服务效果更加优良，使人、资源、服务和环境之间的关系更加协调，能够更好地适应当下社会发展的需要以及满足人们对图书馆服务功能的期望，是当前图书馆发展的主要方向。

2

第二章
智慧图书馆建设理论与基础

第一节　智慧图书馆的建设目标与原则

一、建设目标

建设智慧图书馆需要从每个图书馆自身需要出发，结合图书馆自身特点，再利用物联网、信息技术等高新技术，实现图书馆的全面升级。智慧图书馆的建设目标主要有以下四个。

（一）实现智慧图书馆的全面感知目标

借助感知系统、感知技术来获取图书馆的运行数据、用户的行为数据、图书馆外部数据等与智慧图书馆相关的所有数据，将这些数据存储起来并进行分析，这是实现智慧管理和智慧服务的基础。

（二）实现智慧图书馆的广泛互联目标

广泛互联就是将智慧图书馆的相关因素和参与方彼此连接起来，不仅要实现人人相连、书书相连、书人相连，而且要实现更高层次的馆馆相连、网网相连、库库相连，使过去相对孤立的图书馆各单元和服务模块有机融合，实现互联互通，创造出新的价值。

（三）实现智慧图书馆的开放泛在目标

现代图书馆强调开放，开放是其存在和发展的重要方式。开放既是指"时间的开放",即图书馆开馆的时间更长;也是指服务范围的开放,既服务于本单位、本系统的用户,也向社会公众提供服务。泛在是指图书馆的服务不仅存在于图书馆的物理场所,也向互联网、移动终端、社交网络平台等多场所、多维度延伸,以数字图书馆、移动图书馆、微信服务平台等形式为用户提供服务。

(四) 实现智慧图书馆的深度融合目标

将物联网、云计算和以 4G 为代表的移动通信网络等应用在图书馆建筑功能设计、图书馆资源建设、图书馆管理和服务等环节,从而实现图书馆资源、服务与图书馆的平台、装置设备有机结合、无缝对接,为用户提供一体化、一站式的服务体验。

综上所述,高校智慧图书馆建设的目标就是建立一个全面感知、广泛互联、开放泛在、深度融合的图书馆,图书馆的功能和框架设计也必须围绕这一目标来执行。

二、建设和服务原则

要想保证图书馆的顺利运行,既应符合其建设原则,也应符合其服务原则。智慧图书馆的发展也应该符合其建设原则和服务原则。

(一) 建设原则

智慧图书馆的建设应符合以下几项原则。

1. 服务性原则

智慧图书馆建设的最重要的任务就是为用户提供智慧化服务。图书馆智慧服务以用户的智慧生成过程为中心,致力培育用户驾驭知识、运用知识和创新知识的能力,进而实现智慧创造。图书馆智慧服务是图书馆知识服务的深化和升华，图书馆应充分发挥客观知识的拥有者、整合者、启发者的核心作用，帮助用户在知识应用的过程中创新知识、提升智慧。

2. *技术前瞻性原则*

智慧图书馆之所以"智慧"，是因为其借鉴和应用了大量先进的技术，特别是现代信息技术、物联网技术和云计算技术等，智慧图书馆必须保持技术的先进性、适用性，才能从根本上适应图书馆发展的要求，进而满足用户对图书馆服务不断提升的需求。

3. *开放性原则*

智慧图书馆建设的根本目标是建立一个全面感知、广泛互联、开放泛在、深度融合的图书馆。因此，建设智慧图书馆必须坚持开放性原则，要保持图书馆的资源建设是开放的，图书馆的服务是开放的，图书馆的技术设备是开放的，图书馆员也是开放的。图书馆只有保持开放性，与外界交互联系，才能不断吸收其他地区、其他馆的先进经验与先进技术并为己所用。

4. *共建共享原则*

图书馆共建共享，是社会经济发展到一定阶段，人们对图书馆信息和服务的需求日益提高，而图书馆受到内外因素的制约不能满足其需求时，依靠其他图书馆或信息机构的资源来满足其用户需求的一种手段。智慧图书馆是数字图书馆发展到一定阶段的产物，有更多的技术和方法来提供馆外服务，同时有新的技术设备来接受其他馆的信息和服务。因此，智慧图书馆的建设也应符合共建共享原则。

（二）服务原则

智慧图书馆的服务应符合以下几项原则。

1. 开放服务原则

开放服务是公共图书馆的本质属性所在。"开放"是一个全方位概念，不仅指一般的开门服务，它还体现在公共图书馆各项服务上，这些服务表现出民主、宽松、和谐的特征；"开放"也是一个动态概念，体现了图书馆服务的发展、提升和与时俱进的精神。

开放服务充分显示人文关怀意识。在服务对象方面，以面向全社会所有人开放为宗旨，西方发达国家的公共图书馆所谓"open to all"，不分民族、身份、职业，也不分国别、地区、住所；在服务内容方面，信息资源的数量足、质量高、时效性好，符合读者需求；在服务形式方面，灵活多样，为读者所喜闻乐见；在服务时间方面，开馆时间长，"在人们都起床之前开馆"，"在大多数人上床睡觉，不再使用图书馆之后闭馆"（印度图书馆学家阮冈纳赞语），而在智慧图书馆中，借助移动通信网络和移动图书馆技术，使得即使是"躺在床上"，读者也能利用移动终端设备来使用图书馆的资源和服务。

开放服务原则与智慧图书馆建设原则中的"开放性原则"既有区别又有联系。智慧图书馆建设原则中的开放性原则是指在图书馆建设和发展过程中要保持开放，要与外界保持密切联系，互通有无；而开放服务原则是指服务对象和服务内容要开放，要非歧视、无差别地提供服务，这也是现代图书馆精神的应有之义。

2. 方便原则

馆舍位置要方便读者。网络环境再发达，也不可能取代作为物理场所的图书馆。既然图书馆是人们的理想去处，就应处于交通便利的位置。

资源组织要方便读者。图书馆的资源组织要做到以下两点。

（1）要全面收集和充分揭示文献信息资源。

（2）要按照方便读者检索利用的原则组织资源。

服务设施要方便读者。服务设施要方便读者，就应在建筑格局和家具摆设上考虑读者利用的方便性。

服务方式要方便读者。要充分利用多种途径，满足读者的不同层次需求，如借阅、咨询、知识分享讨论等。同时，要充分利用现代化技术手段，既要满足读者的到馆服务需求，又要满足读者的网络或移动信息服务需求。

3. 创新原则

智慧图书馆服务创新，包括理念创新、内容创新、方式方法创新等多个方面的内容。先进的服务理念是创新的基础，应借鉴国内外一切先进的服务理念和方式为读者用户服务。内容创新，是指服务内容需要拓宽，智慧图书馆不但要提供基础服务，如借阅服务，还要提供创新服务，如智慧性的咨询服务、知识服务、情报研究服务等。方式方法创新，就是指图书馆服务的方式要进行创新，多采用先进技术来创新服务方式。

第二节 智慧图书馆的框架设计

一、智慧图书馆的框架

智慧图书馆的框架可分为系统层、资源层、应用服务层三层。

（一）系统层

智慧图书馆的系统层又可进一步划分为技术层、系统层和感知层。

1. 技术层

技术层是组成系统层的技术来源，其主要功能是为智慧图书馆提供技术方面的支持，主要包括物联网技术、大数据技术、云计算技术、互联网技术、社交网络技术、资源整合技术、移动通信技术等。

2. 系统层

系统层是智慧图书馆的保障系统，各类应用都需要通过系统层来实现，它的主要功能是为所有应用服务提供基础支撑，主要包括数据分析层、数据管理层、移动图书馆、信息共享系统、统一认证系统、数据库系统等。

3. 感知层

感知层的主要作用是为智慧图书馆的顺利运行提供基础数据采集和环境感知，包括二维码认证、光度感知、声音感知、湿度感知、温度感知、烟雾感知、RFID感知、智能定位等。感知层是智慧图书馆的"神经系统",它能及时反馈外界的数据,使智慧图书馆可以根据外界数据变化及时地做出反应。

(二)资源层

智慧图书馆的资源层又可进一步细分为数据层和资源层。

1. 数据层

数据层的主要功能是为智慧图书馆提供所需的各类数据,包括原生数据,即图书馆原有的或者购买的数据,以及再生数据,也就是图书馆各个主体在使用图书馆过程中产生的数据,主要包括馆藏非结构化数据、馆藏结构化数据、用户行为数据、馆外资源数据、感知系统数据、管理行为数据等。

2. 资源层

资源层的主要作用是为用户提供所需的各类资源,它是智慧图书馆信息资源的主体,主要包括馆藏数字资源、馆藏印本资源、数据库资源、多媒体资源、数据资源、馆外信息资源等。

(三)应用服务层

智慧图书馆的应用服务层可进一步细分为应用层、服务层。

1. 应用层

应用层是智慧图书馆所有应用的承载系统,主要包括智慧资源系统、智慧感知系统、智慧馆员系统、智慧社交系统、智慧服务系统等。智慧图书馆的价值主要靠应用层来实现。

2. 服务层

服务层是智慧图书馆的终端,包括两个方面:一方面是参与者,包括图书馆管理者、图书馆馆员、校内用户、校外用户、合作客户等；另一方面是服务平台和终端，包括内网平台、移动应用平台、互联网平台、智能显示平台等。尽管图书馆是公益性的机构，但是现代图书馆也有一些面向系统外用户的深度知识服务，因此智慧图书馆也有合作用户。

服务层是智慧图书馆的核心价值所在。

二、智慧图书馆的应用系统建设

应用系统是智慧图书馆的窗口，是直面一线服务的平台，是支撑智慧图书馆各项业务的开展、满足智慧图书馆参与者的应用需求的重要保障。智慧图书馆的应用系统应在继承虚拟图书馆、数字图书馆等原有的系统的基础上，继续进行技术创新和服务创新，从而发展新技术、新系统和新模式。

（一）智慧感知系统

智慧感知系统是智慧图书馆的基础应用系统，其主要功能是利用各种感知手段获取各种感知数据，并将其应用于具体的业务运作中。

智慧感知系统主要包括两部分，即运行状态感知系统和智慧环境感知系统。

1. 运行状态感知系统

运行状态感知系统主要是利用感应器、电子显示屏、移动通信网络、电子摄像头和互联网等软硬件设备，对图书馆的运行情况进行实时监控，并及时传递或接收信息，包括图书馆人流量信息、图书期刊借还信息、读者到馆信息等。运行状态感知系统可以对一定时间内用户使用图书馆服务和资源的数据，及时进行计算，并做出相应的反应，便于图书馆进行资源建设以及用户服务工作调整。

2. 智慧环境感知系统

智慧环境感知系统主要是通过物联网技术，对图书馆的各个功能空间和图书馆分馆馆舍空间进行实时环境监控及感知。其主要功能是对温度、光照、烟雾、湿度、声音等进行监测，并及时反馈数据，以使图书馆管理中控系统及时对环境的变化做出反应。

温度感知是为了动态掌握各馆藏室和各阅览室的温度状况，并根据需要对温度值进行相应的调整。光度感知是为了掌握图书馆内各个空间的日光照射情况，并根据需要调整光线进入量。烟雾感知用于对重要的馆藏场所和敏感区域进行实时感知，以便及时发现火灾隐患，避免酿成火灾事故。湿度感知用于对一些特殊的馆藏物进行湿度监控，并根据需要对湿度进行相应的控制。声音感知主要是为了及时地获取环境噪声参数，并对出现的异常情况进行干预。

智慧图书馆通过智慧环境感知系统，对图书馆的水、电等资源实行智能控制，可以根据室内外温度、光照、人员密集程度等情况进行自动调节和控制，以达到降耗节能的目的。与此同时，智慧图书馆通过运行状态感知系统，能够有效防止威胁图书馆安全的事件发生，以达到智能安防的效果。

（二）智慧资源系统

智慧资源系统是智慧图书馆最重要的内容，是智慧图书馆的立身之本。智慧资源系统主要包括四个子系统，即知识发现系统、数字资源定位系统、统一检索系统、特色资源管理系统。

1. 知识发现系统

知识发现（Knowledge Discovery in Database，KDD）是指在各种媒体表示的信息中，按照不同需求获取知识，其目的是为使用者省略掉原生数据的烦琐细节，在原生数据信息中提炼出简洁的、有价值的、有意义的知识,并直接报告给使用者。知识发现系统主要通过资源整合、数据仓储、数据分析、知识挖掘、文献计量学模型等有关技术,来实现复杂异构数据库群的集成整合,实现精准、高效、统一的学术资源搜索,从而通过分面聚类、引文分析、知识关联分析等,实现高价值学术文献发现、纵横结合的深度知识挖掘、可视化的全方位知识关联。

2. 数字资源定位系统

用户可利用数字资源定位系统查询到各种数字资源的分布情况,并根据不同的需求使用数字资源。

3. 统一检索系统

统一检索系统的建设目标是建立一个为用户提供便捷、强大、个性化服务的平台,构建具有高用户黏性的个性化图书馆。

统一检索系统主要有五大功能特点:①简单、实用的期刊目次推送;②与互联网账户无缝对接,支持QQ、微博、微信登录;③个性化的借阅排行和新书推荐;④实现与书评网/网上书店的互联互通;⑤提供读者推荐的绿色通道。

4. 特色资源管理系统

对图书馆内所有特色资源进行分类管理和数字化加工处理,建立一套管理有序、分类清晰、查询便捷的特色资源服务体系,并通过云服务平台提供资源对接服务。图书馆特色资源以反映当地文化、历史、科技、教育等特色资源为主,通过搭建资源共享平台,推动特色资源的传播与共享。

(三)智慧管理系统

智慧管理系统的应用主体是图书馆馆员以及图书馆管理者。智慧管理系统在各种高新技术的支持下,结合图书馆业务和自身发展需求,促进图书馆智慧化管理。智慧管理系统主要包括三个子系统，RFID 系统、二维码、智能定位系统。

1. RFID 系统

无线射频识别（Radio Frequency Identification，RFID）是一种通信技术，主要通过无线电信号来识别出特定的目标，并读写相关的数据。RFID 技术是构建物联网的关键技术，近年来备受社会各界关注。目前，RFID 技术是图书馆智能化建设中应用最为广泛的技术，并且已经成为智慧图书馆的主要技术标志之一。目前应用于图书馆实际工作中的 RFID 技术主要有高频（HF）和超高频（UHF）两种，两者各有利弊，高频标签受读取距离制约，会出现数据漏读和相互干扰的问题，超高频标签读取距离较远，不会出现高频标签的上述问题，但自身的跳频特性导致其可能出现超范围误读的问题。就目前而言，图书馆应用的 RFID 技术正向着超高频标签转变，存储容量小、跳频、设备成本高等问题正在逐步被解决。除此之外，RFID 技术还有以下几点功能：①实现自动分拣、盘点及安全防盗；②实现图书的自助借还，简化借书流程；③根据自身状况和需求，开发出富有特色和个性化色彩的应用功能，最大限度地激发出应用潜能。

2. 二维码

二维码（Quick Response Code）可以表示高容量的文字、图形、声音等信息，是目前应用极为广泛的技术。二维码技术被逐步应用于智慧图书馆的各个方面：①在特定需要的地点提供使用指引；②将图书简介、书评信息等置于二维码中，以供用户分享；③书库中的二维码可以提供书库馆藏类别及架位信息；④使用二维码扫描代替身份识别，实现无证借还；⑤将图书馆发布的信息、相关的位置信息等通过二维码传递给用户；⑥将电子资源链接置于查询结果页面，用户可以通过二维码将其下载至手机等终端设备。

在智慧图书馆的建设过程中，需要对部分馆藏、图书及员工证等应用二维码技术，以弥补 RFID 等技术的不足。

3. 智能定位系统

智慧图书馆通过智能定位系统，可以实现对馆藏、人员及图书馆本身的位置感知。智能定位系统包括馆内定位系统和馆外定位系统。

（1）馆内定位系统。

馆内定位系统主要涉及对馆藏资源和人员的位置定位，对馆藏资源的定位主要使用 RFID 的智能感知技术，智能书架上的感知系统能够感知馆藏品上附载的 RFID 信息，并将其反馈给图书馆管理系统及用户的移动设备，以实现对馆藏资源的实时定位。对人员的定位利用了 ZigBee（低速短距离双向传输的无线通信技术）和 Wi-Fi 相结合的定位技术，以 Wi-Fi 为主，以 ZigBee 为辅。

（2）馆外定位系统。

馆外定位系统主要是利用 GPS 定位系统来感知用户实时的外部位置，并结合云计算和大数据技术为读者提供全程的位置导航服务，推送周边的图书馆位置及相关目的地等。

智慧图书馆建设需要综合应用各种定位技术，使基于位置的服务能为用户、为馆员和图书馆的管理创造更大价值。

（四）智慧学习系统

智慧学习系统主要是指网络学习平台，是一个涵盖网上自学、网上教学和教学辅导、网上图书馆技能学习、网上师生交流、网上学生培训学习、网上测试、网上作业、质量评估等多种服务的综合性教学服务支持系统，能够为教师和学生提供教学辅导服务。

智慧学习系统可以帮助系统管理者实时掌握各种学习活动并记录学习者的学习进度及情况。管理者通过智慧学习系统可以安排各类学习活动并记录学习者的学习过程。

慕课（Massive Open Online Courses，MOOC），即"大规模开放的在线课程"，是新近涌现出来的一种在线课程开发模式。通过网络学习平台，智慧图书馆用户能够在线接受慕课教育。这种模式有利于将图书馆优秀的在线平台与学校优质的教学资源相结合，从而更好地服务于用户。

（五）智慧馆员系统

在智慧图书馆的建设过程中，也对图书馆馆员提出了更高、更新的要求。馆员不仅要成为各类智慧应用系统的行家里手，也要成为能够为用户解决问题的"专家"。智慧馆员系统是智慧图书馆的核心支撑系统，对于整体提升图书馆的服务与管理能力有着极为突出的作用。智慧馆员系统建设的主要内容如下。

1. 馆员工作站业务系统

馆员工作站业务系统是智慧馆员开展图书管理业务的基础系统，主要用于图书盘点、图书信息核查、图书出借情况登记等，应当根据图书馆的实际业务需求有针对性地进行开发。

2. 智慧馆员培训系统

传统馆员向智慧馆员转型升级的必备条件便是进行系统化的学习培训。建立智慧馆员培训系统，给馆员提供一个良好的培训平台，不仅能满足集体培训的需要，也能满足单人学习的需求。

3. 馆员任务管理系统

按照馆员实际的工作任务，建立一套个性化的馆员任务管理系统，根据内部工作流程要求来分解任务，对各项工作任务实施动态管理，以便提高执行效率和作业管理水平。

4. 馆员综合管理系统

馆员综合管理系统主要涵盖馆员考勤、职务等级、绩效、财务收支等业务，它是馆员进行自我管理、自助办理业务的信息系统。

（六）智慧社群系统

随着高新技术的蓬勃发展，人们的生产方式和生活方式在不断地发生变革，特别是现在的大学生群体，移动社交功能应用变得非常广泛，彼此之间相互联系交流的方式也从过去的发短信、打电话转变为通过微信、QQ等手机应用来实现。因此，智慧图书馆必须具备强大的智慧社交功能，这是智慧图书馆的建设目标，也是迎合时代发展的必然选择。智慧社群系统的建设要坚持以"为用户提供融学习、社交和娱乐于一体的城市空间"为理念，并结合O2O（线上线下）融合发展的思路，为用户提供全方位的服务支持。

智慧社群系统建设主要包括微信服务平台、用户评价系统、用户荐购系统、合作客户渠道等建设。

1. 微信服务平台

丰富并完善图书馆微信服务平台的功能，使微信服务平台成为用户和图书馆沟通的桥梁。微信服务平台的主要功能如下：①微信号与借阅证号绑定，可以凭借微信号享受场馆预约、图书借阅等服务；②用微信号管理个人图书馆账户，实时获得各种个人数据；③可以通过微信缴纳各种逾期罚款、打印复印以及其他有偿使用的费用；④可通过微信直接获取影视频、电子文献等馆内外资源；⑤可建立学科微信群，服务学科发展需要；⑥可通过微信预订各类讲座、影视频节目演播的座次。

2. 用户评价系统

建立用户评价系统，为用户提供评价和分享读书心得的渠道，鼓励用户认真评价、负责任地评价、多多评价，可以采取评价得积分等方式激发用户评价的积极性。

3. 用户荐购系统

用户急需且符合采购规范、用户反响较好而尚未采购的图书，可以通过用户荐购，图书馆可以根据实际需要安排相应的采购事宜。

4. 合作客户渠道

合作客户渠道是为各种合作客户提供业务联络、交流的窗口，如书店、出版商、其他图书馆、地方文化资源提供者，以及与图书馆有合作关系的机构，等等。建立网上业务渠道，为简化流程和更进一步加强合作提供了技术支撑。

（七）智慧服务系统

智慧图书馆的核心功能是智慧服务，智慧服务的内容不仅包括图书馆传统服务的智慧化，还包括应用各种高新技术提供的创新服务。

智慧服务系统主要包括三个子系统，分别是自助服务系统、移动图书馆、个性化定制服务。

1. 自助服务系统

自助服务是智慧图书馆的重要特征。自助服务系统不仅符合用户自主选择服务的期望，对于提升图书馆的服务效率和服务水准也起到了重要作用。

自助服务系统的具体项目包括：自助办证，自助借还，自助馆内开放空间预约，自助缴费，自助打印、复印、扫描，自助电子资源检索。

2. 移动图书馆

移动图书馆依靠成熟的互联网、移动通信网络、多媒体等高新技术，打破了时间、空间、地点等因素对用户服务的制约，用户通过手机、手持阅读器、PDA（掌上电脑）、平板电脑等便携移动设备，就可以方便地进行图书馆的信息查询、浏览，一站式查找并获取图书馆纸质图书和电子资源等，享受到图书馆提供的所有服务和资源。移动图书馆主要应用了手机客户端访问的联机公共目录检索系统（Online Public Access Catalogue，OPAC），用户通过访问App就可以使用基本字段检索、阅读全文、图书续借、书目查询、新书预约、新书通报和关注等主要功能。

3.个性化定制服务

根据每位用户的年龄、职业、爱好、地理位置等特征，提供有针对性的个性化定制服务。

个性化定制服务主要的服务内容包括以下几个：①个性化图书推荐；②个性化讲座推荐；③个性化电子期刊订阅；④个性化影视媒体欣赏安排；⑤个性化科技查新服务。

个性化定制服务将结合用户的不同需求不断优化和完善，探索新的服务模式及新的服务项目，争取为用户提供更加优质且契合其需求的个性化服务。

三、构成智慧图书馆的核心要素

核心要素指的是构成某一事物所不可或缺的成分。根据智慧图书馆的概念、功能、特点、定位，可以推出构成智慧图书馆的核心要素，主要包括馆员、资源、服务、技术和建筑五个要素。

（一）馆员

智慧图书馆馆员是智慧图书馆服务的主体，也是图书馆主要活动项目（如图书馆资源建设、流通阅览、参考咨询、技术保障、学科服务等）的执行者，因此馆员在图书馆中处于中心位置。

（二）资源

资源是图书馆服务得以开展的基础，也是图书馆最主要的内容。到了智慧图书馆阶段，图书馆拥有的资源应包括传统图书馆的资源、数字化资源、数据资源、多媒体资源等。

（三）服务

服务是图书馆存在的根本价值所在，也是图书馆实际工作的重要组成部分。智慧图书馆的服务主要包含借阅服务、学科化服务、情报研究服务、用户驱动的获取与服务、参考咨询服务等。

（四）技术

技术是支撑智慧图书馆各个应用系统的"灵魂"，是智慧图书馆建设的基石。智慧图书馆的技术主要有互联网技术、大数据技术、物联网技术、社交网络技术、云计算技术、移动通信技术等。

（五）建筑

建筑是智慧图书馆的物理载体，它为智慧图书馆的馆藏资源提供存储空间，为智慧图书馆的服务提供服务空间，为智慧图书馆的系统和技术提供物理设备存放空间。没有了建筑，智慧图书馆就如同"无缘之木""无根之水"。

3

第三章

智慧图书馆的服务建设模式

第一节　智慧图书馆服务面临的挑战

一、智慧图书馆服务面临的挑战

随着信息技术和网络技术的发展，需要存储的数据信息量越来越庞大，这对图书馆的物理存储空间和软件设施提出了越来越高的要求；同时，科研数据的变化引发科研环境的变化，使科研工作者对图书馆的需求变得多样化和专业化。为此，高校智慧图书馆面临着前所未有的挑战。

（一）资源存储及处理能力的挑战

随着信息技术的快速发展和图书馆服务模式的不断变化，图书馆的数据信息总量迅猛增长，数据存储的任务和类型也发生了巨大变化。数据存储的任务不仅包含传统的图书馆服务系统运行与管理、读者服务、监控等数据，还增加了对读者阅读行为与内容、读者特征等数据的价值发现与提取、分析、控制等活动。数据存储的类型则不仅涵盖传统的静态存储，还包括对数据的删减、增加和修改等操作，这对图书馆的数据资源存储能力、高度容错性、异构环境适应性、开放共享性等方面提出了挑战，图书馆自身的数据存储能力与数据信息对存储的高要求之间的矛盾决定了图书馆服务在信息化时代能拥有多高质量、多少数量的可用且合理的数据。

在信息化时代，以互联网信息检索为基础的知识信息服务成为高校图书馆的发展方向,图书馆的学科服务不再仅是对学科资源信息的整理和检索,而是要利用大量的非结构化数据、半结构化数据,根据用户的需求去挖掘分析目前的发展态势、预测未来的发展方向等,而这不仅需要高校图书馆对其结构化数据、半结构化数据与非结构化数据的恢复、备份、复制与安全进行高效管理,还需要其进行跨领域的数据处理而不丢失任何有效信息;同时,大多数高校图书馆在信息化时代存在资源元数据整理混乱、检索准确度不高、多种出版模式的文献分类及其相互间关联度不高、资源扩展力不足等问题。如何快速提高其对资源信息的处理能力,决定了高校图书馆能否迅速适应信息化时代的发展需求。

(二)用户需求的转变及其多样化

2007年,图灵奖获得者吉姆·格雷(Jim Gary)认为,数据信息带来了科学研究的第四范式,即"数据密集型科研",数据挖掘将取代传统意义上的科学方法。数据密集型科研服务主要包含数据信息、计算处理、用户服务三个部分。其中,数据信息部分主要包括文献数据(期刊、会议论文、图书、学位论文、专利及特色资源等)、读者用户数据(阅读数据、文献需求数据等)和其他数据(如政府信息数据、科技创新数据等);计算处理部分即通过构建模型进行数据的采集、解析、清理与保存,并进行数据标引、分类等操作实现用户需求;用户服务部分涵盖数据出版、数据管理与研究等基础性数据服务,以及诸如学科发展态势研究、热点追踪与检测、未来发展方向预测等探索性数据服务。美国大学与研究图书馆协会(Association of College & Research Libraries,ACRL)提出学术图书馆的九大发展趋势,其中与数据服务有关的趋势主要是研究数据服务(Research Data Services,RDS)、数字化学术(digital scholarship)等。研究数据服务已经不再仅满足于图书馆提供文献资料的借阅服务,还包括对罕见学术资源的整理收集、知识产出的学术影响力评价、科研奖励申报的创新性证明，甚至包括高校人事部门、科研管理部门等机构对某学科领域的人才评价与筛选，等等。要改善高校图书馆的数字化学术环境，还应加强与学校其他机构的合作，延伸图书馆的服务空间，比如 GIS 数据、虚拟化、跨学科数据、数字化资产管理、数字化存储、培训、咨询及数字化学术工具等。

（三）馆员素质与能力需不断提升

为提高学科服务质量，学科馆员需要具备 9 个方面、22 种能力。其中，核心素质与能力是所负责学科及相关学科领域的专业知识、与用户的良好沟通能力、有效推广学科服务的能力、文献资源的发现与检索能力、分析整理用户需求信息的能力，学科专业知识需要学科馆员在长期的学习与交流过程中进行积累，大多数学科馆员的其他四种核心能力都比较好，但在长期保存方法咨询、版权与知识产权保护咨询、元数据使用等能力上有待进行快速学习与提升。同时，由于学科馆员大部分是图书情报专业的毕业生，对非本学科的专业知识储备不足，其学科分析与评价能力也有待于快速提高。

工具支撑是数据信息的基础，各类软件工具在数据的采集、存储、管理、共享及数据分析等各个环节都起着举足轻重的作用，这就要求学科馆员在工作过程中能够适应科研环境变化和用户需求多样化的要求。目前，比较常见的是聚类分析、数据挖掘、网络分析、可视化分析、数据融合与集成等方法，但这些方法并没有真正挖掘出大量信息数据的存在与表现形态，无法解读半结构化数据和非结构化数据来准确预测未来发展方向，这也需要学科馆员进行长期的努力与学习。

（四）学科馆员团队管理需持续优化

为应对海量数据信息的挑战，欧洲的很多高校早就将科研数据服务作为极其重要的组成部分,并着力通过培训原有馆员而不是雇佣新馆员来从事数据服务工作。学科馆员是图书馆提供学科科研服务的精髓,对其的组织与管理也是图书馆工作的重中之重,应将其放在显著的位置。

要实现优质高效的学科服务,必须有一支协同作战的学科馆员团队。学科馆员团队由学科主管、学科馆员和学科专家组成。学科主管必须具有较高的学术水平,具有很强的开拓创新能力、组织协调能力,能够准确把握学科服务方向与研究重点,组织与规划学科馆员队伍建设与交流。学科馆员主要协助学科主管完成团队工作,并且直接为用户服务。学科专家是由在职教授组成,对学科服务方向与内容进行咨询指导。在学科专家的指导下,学科馆员团队能够为重点研究用户的重大课题提供咨询服务。

同时,适时评估学科馆员服务质量,有助于检验学科馆员团队的运转效率、及时修正服务过程、提高服务质量。学科馆员团队的绩效评估机制必须以学科用户为主导,侧重效果,通过反馈平台、调查问卷、电话回访和面谈等形式收集学科用户的评价;同时辅之以学科馆员自评和内部评定。建立的绩效评估机制应以激励为主,为学科馆员提供宽松自由的创新空间,鼓励学科馆员深入用户的科研环境一线。

二、智慧图书馆的应对策略

学科馆员工作是一种实践性强且不断发展和完善的图书馆服务。在实践中密切关注用户信息环境和信息行为的变化,以及知识管理和知识服务的发展态势,才能不断创新、改进和升级服务模式,提高对教学科研的嵌入程度,让用户"广泛知道""首先想到""方便找到""高效用到""满意评价"和"更多利用"学科馆员服务。

信息化时代背景下,图书馆不再是人力密集型机构,而是知识密集型机构和信息资源加工处理机构,这对学科馆员的专业能力与素质提出了非常高的要求。鉴于此,要赢得用户的信赖和支持,学科馆员应具备必要的学科知识、强大的图书情报专业能力、与用户沟通的机会和适宜技巧、锲而不舍的精神以及必要的自信,把学科服务作为一种事业,而非仅作为一种职业,要敢于挑战、超越、变革与创新。

(一)提升学科馆员自身能力

智慧化学科服务需要智能技术的支持,更需要人的智能。学科馆员是高校图书馆提供智能化学科服务的关键因素之一,对学科馆员的素质和知识结构、能力水平提出了较高的要求。目前,大多数图书馆馆员具有一定的专业背景和图书情报知识,却只能开展定题服务或简单的分析服务,难以真正融入用户的科研需求中去开展学科动态分析等方面的服务。因此,学科馆员自身能力的提升至关重要。

1. 提升负责学科的专业素养

学科馆员要能够满足不同类型用户的需求,就需要具有"广"和"专"的知识结构,不仅应该具有专业的图书情报知识,还应该对所负责学科有一定的了解与认识。跨学科与交叉学科的发展,使得学科馆员也需要构建和完善自己的知识结构。提升所负责学科的专业素养,更好地提供智慧化专业学科服务,是信息化时代的学科馆员首先要解决的问题。

参加专业学术会议是提高专业素养的便捷路径,可以了解所负责学科的最新研究进展,掌握特定问题的最新解决方案,与相关专家学者进行沟通交流,还可以结合自身的图书情报知识,进行所负责学科相关知识的文献计量分析。主要的学术会议包括商用数据库、互联网资源类专业会议以及院系专家学者主持的专业会议等。

其他途径还包括研习相关专业书籍与论文,旁听相关课程与讲座,熟悉、了解和使用该专业的数据库和信息资源。

2. 提升自身数据素养与能力

信息化时代使得数据不再仅仅是最终目的和结果，数据价值主要在于它的使用，而非占有数据。为此，学科馆员应努力提高自身数据素养，帮助高校师生用户挖掘数据的潜在价值，提高数据的利用效率。数据素养主要体现在数据解读、数据管理、数据利用、数据评价等方面，还要具有高效发现、评估与使用信息和数据的意识及能力。

3. 增强自信，提高服务意识

学科馆员不再只是文献工作者，而是知识工作者和身兼数职的全能型人才；图书馆不再是人力密集型机构，而是知识密集型机构和信息资源加工处理机构。要想赢得用户的信赖和支持，学科馆员除了需具备以上素质与能力，还要增强自信心，把学科服务作为一种事业，而非仅视为一种职业，从而提升服务意识，敢于挑战、超越、变革与创新。

（二）加强学科服务团队建设

较早提出学科服务团队概念的是英国莱斯特大学图书馆员马丁，他认为学科服务团队应该是多种信息服务的集合体，是一个拥有新组织结构、基于功能化协作的团体。学科服务团队是学科服务的主要形式和工作机制，是图书馆智慧化学科服务的中坚力量。北京大学图书馆自实施学科馆员制度以来，多次提升和拓展学科服务内容与模式，建设北京大学图书馆智慧化学科服务团队。高校图书馆学科服务团队是"以学科化服务为宗旨，以学科用户为对象，以信息服务为支撑，以团队建设为载体，集全馆资源之合力，为学科建设提供全方位信息需求保障的专业馆员集体"。

在信息化环境下，优质高效的学科服务需要各个机构部门之间的密切合作和任务分配，这就需要建立一支学科服务团队，共同推进高校图书馆的智慧化学科服务建设。

1. 明确学科服务团队的结构与服务模式

学科服务团队由总馆研究支持中心牵头组建，研究支持中心、学习支持中心、特藏资源中心、古籍图书馆及各分馆指派具备学馆聘任条件和参与意愿的馆员参加，其他中心馆员自愿参加。学科服务团队组长由研究支持中心主任兼任，副组长由分馆办公室主任兼任，共同负责北京大学图书馆的学科服务实施与工作任务协调。

面向具体的院系所中心成立学科服务小组，每个小组至少有1位首席学科服务馆员，视院系规模等配备2名以下专兼职学科服务馆员，协同开展学科服务；每位学科服务馆员可以参加2～3个学科服务小组，并根据其在小组中的角色分别面向不同的院系所中心开展学科服务。

结合院系所中心的具体情况，分层次开展基础学科服务及深度咨询服务，基础服务面向所有院系所中心、全体学科服务馆员共同开展；深化服务面向重点学科或服务基础较好的院系、以专职学科服务馆员为主逐步推进。

2. 灵活运用学科馆员组织模式

一般来讲，图书馆的学科服务团队有两种组织模式，即固定组织型团队和目标导向型团队。固定组织型团队有固定的成员、组织结构、共同的服务目标和服务对象，固定且统一，在图书馆的实践工作中非常常见。例如，北京大学图书馆、清华大学图书馆、上海交通大学图书馆等均依托学校的学部设置，设定固定的学部学科服务团队，团队由小组长、馆员组成，依据团队成员的学科专业背景，针对特定院系提供相应服务。美国亚利桑那州图书馆将学科馆员分入不同的学科团队，分别负责教育、联系发展、信息资源管理和内容管理等方面的工作，团队成员分工明确，责任到人，有助于团队成员将更多的时间投入自己所负责的内容与活动中。

目标导向型团队的组织相对灵活，根据具体任务和情况临时组队，既能够满足用户需求，又能够根据任务需求构建合适的团队。北京大学图书馆承接"北京大学海洋学术信息门户"的研究项目时，项目涉及面较广，需要对相关学术资源、研究热点、学科发展态势、学术成果及影响力评价等内容进行整理研究，结合学科馆员的学术背景构建了一支海洋学科服务团队，在任务完成后，只留部分馆员继续对内容信息进行更新追踪，其他人员则投入新的工作和团队中去。

3. 严格执行学科服务馆员聘任条件

在学科服务团队建设过程中，应当严格执行以下学科服务馆员聘任条件。

（1）聘期随图书馆岗位聘任周期调整。其中，来自分馆的学科服务馆员，由总馆颁发聘书。

（2）要求硕士学历或以上/副高职称或以上学历或职称。

（3）鼓励非图书馆学专业人员的参与，便于了解相关专业的科研情况。

（4）基本技能要求。

在学科服务团队建设过程中，所聘任的学科服务馆员应具备以下基本职能。

①熟悉本馆各种资源，并熟练掌握其检索和使用的办法，特别是电子资源。

②熟悉本馆的各项服务措施，特别是一些基于网络环境开展的新型服务。

③掌握Windows系统的基本操作，熟练使用Office系列文字表格处理软件。

④熟练使用电子邮件和其他相关社交媒体系统，能够流畅地与院系教师交流。

⑤有培训经验，能独立承担信息素养讲座职责。

⑥有一定的外语读写能力，理工科学科服务馆员英语需达到四级以上水平。

⑦善于与院系教师交往，有良好的交往能力。

⑧具备快速学习能力，勇于开拓、创新。

（5）职业道德素质要求。

学科服务馆员应满足以下职业道德素质要求。

①工作积极主动，认真负责。

②追求高效率、高质量的工作目标。

③热爱学科服务工作，有敬业精神。

4．实施学科咨询专家聘任制度

图书馆在相关的院系所中心聘请至少一名关注图书馆工作、能投入一定时间的教师或科研人员作为学科咨询专家，为其颁发聘书并给予其使用图书馆资源和服务方面的便利。

（三）科学规划调整学科服务内容

学科服务是一项开拓性的、主动参与式的创新服务，学科服务馆员要在图书馆与各学科、院系之间建立广泛而持久的联系，帮助师生充分利用图书馆的资源和服务；全方位地了解并满足学科、院系用户的服务需求，尤其是教师科研人员的需求，学科服务馆员的工作职责和内容随学科、院系的发展变化而不断调整。

1．面向服务院系的沟通与营销

深入院系，全面了解院系的教学科研情况、发展动态和需求。与院系师生建立持续双向沟通机制，寻求合作机会。在与院系师生沟通的过程中，如遇读者提出资源建设方面的请求，学科服务馆员应本着"首问负责制"的服务原则，主动联络学科采访馆员解决或答复相应问题，并将最终处理结果告知读者。

2. 科研评价与学科发展支持

利用图书馆的数据库、技术和工具，为用户提供一个多元化的科研评价与学科发展支持环境。相关的服务内容涵盖科研课题咨询、科研管理与决策支持、科研数据服务、竞争力分析、学术出版支持服务、知识产权服务等。

3. 数据素养教育

在常规的一小时讲座之外，面向院系师生开展更有针对性的信息素养培训服务，包括新入职教师培训、提供嵌入专业课堂的学科讲座与咨询服务、建立数据资源导航等，以提高用户的信息意识和信息能力，助力其更高效地开展教学或科研活动。

4. 学术交流

配合图书馆各项研发成果，进行学术交流服务平台的推广、应用和测试反馈，通过学科服务了解院系学术服务需求。

学科服务馆员根据其角色身份具体承担不同的工作职责，兼职学科服务馆员受所在部门委派和管理，其兼职工作由学科服务团队组长或副组长协调和记录。

（四）坚持学科服务营销与品牌建设

营销与品牌建设本是商业概念，在提升企业形象、促进产品推广方面有着极其重要的作用。营销与品牌建设最初被引入公共图书馆领域，目的是寻找其在读者心中的位置，并满足读者的特定需求与愿望。"以用户需求为导向，品牌效应显著"是美国国会图书馆、英国国家图书馆和澳大利亚国家图书馆等公认的世界级国家图书馆的关键成功因素。之后被引入高校图书馆并引起高度关注。新加坡南洋理工大学图书馆通过指定图书馆战略目标，重组机构，建立以需求为导向的组织机构，实施绩效评估等有效营销策略，向读者用户开展了大量的营销活动。北京大学图书馆定期通过展览、讲座、闭馆音乐投票活动、换书大集、密室逃生、游戏等活动，加强对北京大学图书馆的宣传，以提高北京大学图书馆在读者用户生活、科研、教学中的地位和重要性。

将品牌与营销服务融入学科服务，有助于实现智慧化学科服务的深入推进。李莘和李纪认为，图书馆学科服务存在服务内容单一、平台建设模式化、缺乏深度分析挖掘等问题，需要进行学科服务目标精确定位、精准营销。学科服务策略包括使用微博、微信与用户群建立个性化传播沟通体系，"一对一"分销学科服务，以及提供个性化学科服务、增值的服务体验等。上海交通大学将品牌建设作为提升图书馆在知识经济社会中的竞争力的重要手段，构筑 IC2（融合信息共享空间和创新社区）创新支持计划。第一期计划是展开各种形式的服务，展开与读者的沟通与合作；第二期计划着重为院系量身定制个性化服务；第三期计划以"融入学科团队，助推教学科研"为核心主题，构建学科服务立体化联络网络，进行课题的针对性信息素养服务等。

1. 微信营销

微信实现了虚拟社交与现实社交的"无缝连接"，使得信息传播无处不在、无时不在，呈现"病毒式"扩散。微信作为一种新的营销手段，已经成功引起图书馆的高度重视。高校图书馆纷纷推出官方微信服务平台，但主要提供图书推荐、讲座活动预告、读者咨询、证件挂失等服务，以微信推进智慧化学科服务的高校图书馆非常少。实际上，大量的微信自媒体账号和公众平台的建设有助于个性化与专业化的学科服务的传播，巨大的用户基数、丰富的平台功能、无线网络的高覆盖、现代人习惯使用手机获取信息等因素，也有助于学科服务在时间与空间维度上的拓展延伸。

南开大学图书馆的匡登辉等人认为，可以通过社交分享式的"朋友圈"、品牌活动式的"群聊"完成图书馆 FAQ（常见问题解答）建设、信息资源推介、个性化服务等学科服务内容。厦门大学图书馆以微信公众号为枢纽，将学科馆员、用户与知识资源紧密相连。学科馆员通过对有价值的信息资源进行分类整理、标引建库，在微信平台和学科主页集成与定制各类信息系统和服务界面，提供学科信息追踪与数据服务，进行学科研究咨询与学术交流，实现数据保管、整理和共享等功能。

2. 嵌入式学科服务

嵌入式学科服务可以向科研教学用户进行图书馆资源及服务的全方位、精准化营销，加强用户与图书馆间的联系与沟通，使得图书馆学科服务真正走向科研教学一线。

成功的营销能够促进用户与厂商或服务提供者的双向沟通。嵌入式学科服务主要通过物理空间或虚拟空间实现对用户在学习、教学、科研中的学科服务，学科馆员不仅会在图书馆内提供服务，还会走进院系、走向课堂、参与科研课题，融入用户的学习、教学与研究环境；同时通过RSS（简易信息聚合）信息推送、个人桌面信息服务工具、数字图书馆服务等方式提供线上服务。在与教学科研用户的交流过程中，能够根据用户的信息或数据需求，提供相应的图书馆信息产品与服务，不仅容易获得用户的认可，而且可以为图书馆智慧化学科服务提供很好的营销渠道。通过建立学科馆员与学科用户长期稳定的合作关系，实现基于学科用户协同的图书馆学科服务营销模式，以吸引更多的用户参与其中。

3. 精品产品营销

定期或不定期推出图书馆学科服务的精品产品，如北京大学图书馆为了支持北京大学"双一流"建设，定期推出《未名学术快报》，其每期内容大概涉及四个方面的内容，即学科动态快递、潜力学科前景与对标分析、北京大学的全球表现、科研支持服务。该快报不仅报送学校的决策与管理部门，还会送达院系办公室和相关学科专家，目前已经得到相关部门的认可与关注。清华大学图书馆推出的实时智能聊天机器人，受到全校师生的欢迎并引起了全社会的关注。

（五）强化学科馆员的绩效考评与激励

要提高学科馆员的服务质量，必须建立相对科学、合理、客观的绩效考评与激励机制。

1. 考评原则

学科馆员绩效考评应遵循以下原则。

（1）在《图书馆岗位聘任与考核办法》的总体框架下进行学科馆员考评。

（2）学科馆员考评采取定量和定性相结合、自评与互评相结合的方式进行。

（3）考评内容以各类型学科馆员的工作职责为主，对照职责从服务广度、服务深度、服务创新、服务效果等方面对其进行考评。

（4）尝试引入用户评价机制，通过典型服务案例或服务对象反馈等指标进行考评加权。

2. 激励机制

尊重学科馆员的不同需求，重视学科馆员的职业发展，建立对学科馆员物质和精神奖励相结合的激励机制。

（1）评选优秀学科馆员，结合考评结果及名额比例分别评出优秀的专兼职学科馆员，并结合图书馆岗位聘任制度中的绩效奖励机制，对总馆的优秀专兼职学科馆员给予年终绩效奖奖励，对优秀分馆学科馆员给予其他相应奖励。

（2）配合图书馆推进"主副岗"制度，将兼职学科馆员职责全面纳入"副岗位"职责，激励重要岗位、高级别岗位和高学历的学科馆员参与兼职工作和跨中心协同任务。

（3）充分考虑和支持学科馆员的自身学习，主动或优先安排学科馆员参加相关专业培训及学术会议。

（4）考虑到学科馆员工作地点、时间等的不确定性，给予每周最多半天的弹性工作时间，用于非正常工作时间授课的备课或者到院系参加学术活动等，以方便学科馆员更灵活地开展工作。使用弹性工作时间的工作内容需向学科服务主管报备。

（5）学科馆员参与查新、查收、查引等收费服务的，根据任务量多少和完成质量等给予梯度式创收奖励；兼职学科馆员可实行计件式奖励，即每完成一个收费项目即按约定的比例提成。

第二节 社交网络服务建设

一、图书馆社交网络服务的特点

（一）服务主体的针对性

社交网络规模庞大，一般情况下社交网络服务网站会根据不同的人群和条件聚合不同类型的服务。图书馆社交网络主要是向本校的师生用户提供信息服务。对于特定的服务主体，用户之间有共同的讨论话题，可以提高用户的认同感，增强用户黏度。

（二）服务内容的丰富性

图书馆可以凭借社交网络平台强大的功能特性，结合自身服务来开展丰富多样的信息服务。图书馆通过与用户建立好友关系，可以利用信息推送功能来发布各类相关信息或者通知，利用群组功能进行参考咨询服务和话题讨论，利用推荐与搜索功能进行资源共享，等等。

（三）话题讨论的自组织、去中心性

用户的个人意愿在图书馆的社交网络服务中能够得到有效的展示。用户不仅是信息的接收者，也是信息的发起者，可以根据个人的兴趣爱好或者实际需求发起相关话题的讨论，因此个体既是信息传播的终点，也是信息传播的起点。这是一种自组织、去中心性的信息传播方式，能

够极大限度地调动用户参与的积极性。

（四）信息交流的良好互动性

随着社交网络在移动终端的逐渐普及，用户可以随时随地接收信息并加入交流与互动之中。图书馆借助社交网络与用户进行实时交流，并与其建立更深层次的交流关系，以便帮助用户及时解决各种问题。

二、高校图书馆社交网络服务对策

（一）切实选取图书馆社交网络服务平台

面对多样化的社交网络服务平台，我们应当根据各类平台的信息传播特点及用户的兴趣喜好，结合自身具体情况选择适合的社交网络服务平台来进行信息服务；同时，应考虑信息传播及服务效果，也不宜将当前流行的所有社交网络服务平台全部使用。首先选择能够与移动服务联系起来的，如微信、微博等平台，适合开展用户信息发布、参考咨询类信息服务；其次选择社交网络服务论坛平台，适合开展话题讨论、资源整合、线下活动类信息服务。

（二）注重图书馆社交网络服务的内容及特色

特色服务：借助温馨又富有特色的服务内容，增强社区的交互性及用户的依赖性，激发用户的参与积极性，比如校内重大活动、美食、校园周边特色查询、天气、App推荐、校园奇闻逸事等，借助社区环境来实现泛在化的服务。

资源整合：对馆藏资源、网络资源等各类资源进行有序整合，将资源与用户对应起来，为用户提供适合的、其可能感兴趣的资源。图书馆应发挥好信息组织、筛选和提取知识的作用，对资源进行有序化组织，实现各类资源一体化管理,便于用户从多种途径获取和应用自身所需的资源。

(三)形成社交网络服务平台的管理机制

当前国内社交网络服务平台使用广泛,但是缺乏相应的管理机制,很多社交网络服务平台在开通后由于缺乏管理而逐步荒废,用户也渐渐流失。对此,社交网络服务平台必须加强日常管理,设置专职管理人员。管理人员要定期对内容进行更新,及时响应用户的咨询,积极开展多样化的活动,吸引用户参与其中,注重用户隐私的安全保护,并在用户中培养意见领袖等。

三、高校图书馆社交网络服务需注意的问题

(一)加强服务宣传

高校图书馆应当加大对图书馆社交网络服务的宣传力度,吸引更多人了解服务内容。可以在图书馆内和图书馆网站设置黑板报或宣传海报,激发用户的参与热情;可以与高校相关管理部门合作,利用信息素养课程、网络培训、举办活动等进行宣传,让更多用户了解图书馆社交网络服务的优点,知晓服务带来的便利性,以逐步吸引用户,进而引导用户进行学习、研究和信息获取。

(二)关注用户需求

高校图书馆需要从整体上去了解用户的实际需求,根据用户的不同需求提供相应的信息服务,从而尽可能地满足用户的需求;可以在社交网络平台开设服务建议板块并设计服务调查问卷,广泛征集用户意见,与用户进行深入交流,了解用户最期望获取的服务,进而提高自身服务

水平。不同的用户有着不同的服务需求，高校图书馆不仅要关注用户的整体需求，还要关注用户的个性化需求，针对不同类型的用户采取不同的服务策略，提供有针对性的服务内容，做到"按需服务"，使用户能够以低成本获得高满意度的服务。

（三）增强服务质量

1. 服务内容

在服务内容方面，借助所应用的社交网络服务平台，根据不同平台的特性，做到扬长避短，尽量为用户提供多样化的服务功能。同时，要及时地更新动态，发布完整可靠的信息。

2. 参考咨询

在参考咨询方面，尽量做到及时且有效地回复用户的咨询，提高整体服务效率，尽可能地满足用户需求。

3. 服务馆员素养

在服务馆员素养方面，要不断增强图书馆馆员的职业道德观念和网络信息素养。一般情况下，用户对于服务的满意程度主要取决于图书馆馆员。图书馆馆员在面对用户的各种言论时，应始终保持积极、客观的服务态度，用适当的语言回应用户，避免出现言语不当的失误，造成恶劣影响。图书馆馆员应坚持以用户为中心的服务原则，积极、耐心地为用户提供服务，以提高用户的服务满意度。

（四）建立相应的激励制度

图书馆应结合自身业务和社交网络服务平台建立相应的激励制度，以激发广大用户的参与热情，在寓教于乐中通过创造富有价值的信息内容，成就自我价值实现。比如，在某一事件的全过程或某一时期内，对用户参与次数、关注度、创建共享资源的数量和质量、评价等进行排名，并将排名结果进行公示,获奖的用户能够得到免费的上网时间、更多的借书权限、一定金额的免费打印费用等。

第三节 学科信息服务建设

一、学科信息服务的内涵

高校图书馆的学科信息服务主要包括用户信息素养教育、学术评价服务和科研支撑服务。过去的学科信息服务主要提供文献检索与借阅这类基础服务，现在的学科信息服务则融入了科研、教学一线，发展为能够满足各类用户需求的知识化、个性化、智慧化服务，这种发展变化是顺应外部环境与需求变化的必然结果。学科信息服务以图书馆文献信息、数据库资源为载体，服务于学校师生和科研人员，以满足用户需求为核心，不仅能在学习、教学、科研过程中为用户提供丰富的数据与信息资源，也能在信息技术及其应用层面、学科建设与决策支持层面提供支持条件。

二、学科信息服务的内容

（一）学科文献资源馆藏建设

学科文献资源馆藏建设主要包含图书馆和对口服务单位的纸质印刷文献、电子文献的使用情况分析预评价，协助制定馆藏建设方案。对于学科文献资源馆藏建设来说，高水平的图书馆文献具有动态性强、覆盖面广、多载体化的特征。图书馆要加强与用户之间的联系，在资源保障和用户需求之间搭建起一座沟通的桥梁，使更多用户了解到图书馆相关学科的文献资源与特色馆藏情况，包括电子期刊、电子图书、多媒体资源、各类数据库等，掌握有关学科的学位论文和名人捐赠等特色收藏情况，了解用户对图书馆书刊和电子资源的需求情况及意见，帮助用户充分利用图书馆中的文献资源，为用户提供基本且全面的资源保障。

学科信息服务和学科文献资源馆藏建设是学科馆员职责的重要组成部分，也有一些学者认为学科文献资源馆藏建设是学科馆员制度能够有效实施的关键和学科信息服务的核心价值所在。不少美国高校图书馆的学科馆员职责中就涵盖了所负责学科的资源建设到利用的整个过程。随着图书馆学科信息服务工作的逐步开展，学科馆员在与学科用户的交流沟通中，对于该学科发展与前沿预测有了大致的了解，在该学科文献主题范围与内容选择上有了清楚的认识，所以对于文献资源的购买与建设可以给出相对准确、科学的建议和意见。由此可以看出，学科馆员在图书馆学科文献资源馆藏建设方面有着举足轻重的作用和重要影响。

（二）开展各种用户培训服务

图书馆的学科信息服务对象与目标明确，能够提供诸如图书流通借阅、数据库资源利用、用户培训等基础服务。图书馆对用户利用文献资源的各种培训极为重视。用户培训有信息素养教育、提供书面材料、个性化指导与培训、电话沟通、网上培训、参加邮件组讨论等多种形式。

1. 个性化指导与培训

科研工作者在文献信息与数据处理等方面有着自己独特的需求，在学科信息服务方面提供面对面、一对少，甚至一对一的辅导是非常重要的。这不仅能够调动用户的积极性，还能根据课程内容来提供学术资源检索知识及技能培训。就目前而言，比较常见的交互方式有表单、电子邮件、微博、微信、QQ、留言板等。学科馆员在对不同类型的用户群提供个别指导与培训的过程中，逐渐积累了丰富的指导和培训经验，能够完美展现学科馆员良好的专业素养及图书馆的崭新形象。

2. 信息素养教育

因为学科馆员具有专业背景优势，所以图书馆开展的学科信息服务的内容之一就是多层次、多类型、全方位的信息素养教育。信息素养教育包括面向全校的开放课程、用户入馆教育、信息专员计划、馆内滚动培训、特色专题讲座、嵌入式课程或讲座等多维拓展内容。例如，北京大学图书馆开放的信息素养课包括"信息素养概论""电子资源的检索与利用"以及国家级精品视频公开课"数字图书馆资源检索与利用"，且每个学期都会开展一个小时的讲座，并结合用户的评价反馈进行主题升级和更新，大致方向包括针对新生的概览性、知识普及性讲座，针对本科高年级或研究生的数据库检索案例讲解，针对论文写作、开题选题、研究结果展示等进行手把手的指导，数据处理软件的培训与交互式指导。北京大学图书馆开放的信息素养课得到了许多研究生、访问学者及部分教师的关注与支持，并且收到了良好的反响。

3. 其他形式

对相关用户的科研情况与和学术发展动态进行深入了解，给相关用户提供咨询、培训等服务，采用带领参观、提供书面材料、网上培训、电话沟通、参加邮件组讨论、现场专业信息培训等方式及时、有效地解答用户的问题，为用户提供定题检索服务，帮助用户进行相关课题的文献检索，与院系学术带头人或者科研团队建立联系，有针对性地为教学和科研提供不同形式的咨询服务。

（三）学科资源导航（或平台）建设

学科资源导航（或平台）建设的主要目的是将与某学科有关的网络

学术资源和图书馆馆藏资源进行统一提取和梳理，并在同一个界面或平台上展示给用户，如此一来，既缩减了用户在检索和甄选方面花费的成本，又解决了与日俱增的网络资源与用户在有限时间内获取准确信息的需求之间的矛盾。

高校图书馆为支持教学和科研建立了多个导航，但是各大高校之间略有差异。高校图书馆建立的导航主要包含两类，即课程导航（course guides）和学科导航（subject guides）。

国外的高校图书馆都能提供课程导航和学科导航，并且导航数量比较多；国内许多高校图书馆也建立了自己的学科资源导航或平台。例如，2011年，上海财经大学图书馆引进了北美地区大学图书馆广泛采用的外国语言文学、学科导航平台——LibGuides平台，开始了创建学科导航的一系列服务尝试，涉及图书馆及情报学、外国语言文学、工商管理、社会学、公共经济与管理、新闻与传播、法学等学科。

学科资源导航（或平台）建设是图书馆提供学科信息服务的重要内容，利用学科馆员在收集、整理、加工、组织与分析学科专业知识信息方面的能力，在图书情报领域的专业优势和网络服务能力，建立满足学科和教学科研用户需求的学科导航，为图书馆工作人员和用户快速定位信息资源提供了极大的便利条件。

（四）宣传图书馆资源与服务

科研人员和院系教师往往忙于科研和教学活动，而无暇了解图书馆的馆藏资源和所提供的学科信息服务。对此，图书馆馆员有责任和义务对图书馆提供的资源和开展的业务进行宣传与推广。在对用户需求进行调研分析的基础上，有针对性地推动资源服务和能有效提高院系师生信息素养的培训课程。

当前高校图书馆主要从以下三个方面宣传推广图书馆资源与服务。

1. 不断加大宣传力度

采用向院系投放宣传单、学校网站门户宣传、与院系分馆合办活动、邀请院系在图书馆举办各种活动、馆内大屏巡回播放图书馆学科信息服务介绍等方式，来加大对图书馆的学科馆藏资源、数据处理软件培训、数据库、学科信息服务产品的宣传力度，帮助用户全方位把握图书馆提供的学科资源与服务信息，让越来越多的图书馆用户能够更加直观地看到学科信息服务的优势和可利用性。

2. 深入教学与科研一线

近年来，越来越多的高校图书馆的学科馆员走出了图书馆，走进了实验室、设计室、教室课堂、院系培训会议等空间，积极主动地与院系领导、教学科研用户等进行交流互动，对高校图书馆的学科资源与学科信息服务进行详细的介绍，在用户与图书馆之间建立了无障碍的信息渠道和供需沟通，显著地提高了图书馆的学科化信息服务能力及工作效率。通过直面研究人员，学科馆员能够根据其科研需求和需要解决的具体问题，有针对性地向科研人员进行宣传和推广，以消除研究人员对图书馆服务的误解，改变研究人员对图书馆服务的固有认识，提升图书馆的社会形象。

3. 借助多元载体开展宣传推广活动

信息化时代给图书馆的学科信息服务带来了不可多得的机遇，各大高校图书馆借助多元载体对用户展开了丰富多样的宣传与推广活动，比如定期与高校、出版社和企业协会联合举办学术性的展览会及讲座，采用新颖的传媒技术和营销手法，推广图书馆新书博客和学科博客，在大厅和休闲空间张贴时尚宣传图片和主题海报，等等。

（五）提供个性化服务

个性化学科信息服务是根据用户的科研喜好和习惯等满足用户个

体需求的学科信息服务。依据用户的特定需求，梳理并分析那些与用户所从事的学科领域或主题有关的文献资源、特色馆藏、数据等信息，协助用户提高对资源的利用深度。结合学科需要，为学科用户量身定制新书通报、文献题录信息、研究方向预测分析、热点趋势分析报告等信息。目前图书馆提供的个性化服务主要有信息检索服务、信息中介服务、课题检索服务、信息推送服务等形式和内容。在信息化环境下，出现基于用户行为建模与数据挖掘的图书馆个性化服务研究，给出了基于流行的Hadoop数据分析平台和MapReduce计算框架的图书馆个性化服务的应用案例。在图书馆个性化服务中，信息技术的应用范围变得越来越广泛。

三、高校图书馆学科信息服务中存在的问题

（一）学科信息服务平台建设水平低

学科信息服务平台数量较少，各研究型大学的学科信息服务平台数量相差悬殊，有些甚至没有建立学科信息服务平台。从服务内容的角度来说，学科化服务占据的比例太低，而基础性服务占据了较高的比例。学科化服务的主要内容仅限于编写和更新相关学科的用户参考资料、与院系的联络服务、学科资源建设、用户培训、文献检索及常规性参考咨询等，缺乏针对性强的深层次的学科信息服务。

（二）高校图书馆学科咨询服务内容单一

学科咨询服务一般仅限于论文提交、查收查引、科技查新、文献传递服务等需占用大量时间的服务和教学培训等单一的咨询，而面向项目咨询、课题咨询的内容不多。学科馆员兼职的较多，专职的较少。在学科交叉的背景下，更需要有学科背景多样化的学科馆员，而担任学科馆员的人员大部分是学科背景单一的某学院的教授或学科顾问等。其学科

信息服务内容广而不精,没有真正对教师的教学、科研服务提供深度的支撑。

(三) 面向科研的学科支撑服务不深入

对于图书馆学科资源整合较少,专题数据库缺乏建设。在研究支持方面,很多高校图书馆除了提供信息资源和空间资源以外,对科研评估提供的服务较少。在面向科研的学科支撑服务方面,高校图书馆应当积极创设嵌入科研的信息环境,提供学术网格环境、空间等科研知识环境,设置独立的科研成果存储空间;但是就目前而言,我国能够提供上述水平的学科支撑服务的研究型大学图书馆少之又少。

四、完善高校图书馆学科信息服务举措

(一) 培养学科用户的信息通晓理念

1. 信息通晓

信息通晓包括三种信息素养,即计算机素养、信息素养和批判性思维,这三者相互融合、不可分割。有学者进一步将研究过程概括为以下基本要素:①认识到信息需求。简洁地阐述获取策略,辨认所得信息,修正检索策略,重新获取信息,评估和选择信息,创建新知识,将成果表达出版。为了写论文、完成作业等搜寻信息,学生能快速认识到自己的信息需求。②简洁地阐述获取策略。学科馆员要向学生提供适当的帮助,帮助学生了解获取信息的方法、信源,并帮助学生搜索他们所需要的信息。③发现、鉴别和获取信息。学科馆员要引导、帮助学生对信息进行检索和识别,利用相关数据库或使用其他信息资源。④评估和选择信息。学科馆员应该帮助用户筛选信息,使获取到的信息更加权威和可

靠。⑤创建新知识。运用批判性思维对信息进行甄别、鉴别、筛选，使获取到的信息更加实用。

2. 信息通晓与信息素养

信息素养包括能够判断何时需要信息，并懂得如何获取信息，评价和有效地利用所需信息。从语义学角度来说，通晓的内容比素养的内涵更为广泛，素养是要求达到基本的知识和能力要求，通晓则能培养用户更深的学习理念；从内容的角度来看，信息素养的核心是信息能力，而信息通晓是在批判性思维的指导下，信息技术通晓和信息素养的融会贯通；从实践的角度来说，信息素养教育一直是图书馆在单方面地努力，并没有得到技术专家和教育界的关注和支持，而信息通晓有望联合三种力量，融入课堂教学之中，达到整合教育的目的。

3. 培养学科研究用户的信息通晓理念

高校图书馆将信息通晓与科学研究相结合，以提高科学研究的质量和效率。将信息通晓教育融入用户科研过程，加强与科研用户之间的联系，通过座谈、问卷调查等方式了解他们在科研过程中的信息需求以及在获取、分析文献等方面存在的问题。在科研工作初期，对科研用户进行信息通晓能力培训，进行文献挖掘、信息分析；主动参与科研型用户的学术活动，以便及时了解他们在信息通晓能力方面存在的不足，从而对症下药，有针对性地进行引导和教育。

（二）完善学科服务平台

1. 高校图书馆建立LibGuides平台

图书馆为科研服务的项目如查收查引、科技查新、检索工具及来源信息查询、定题服务、文献管理软件的使用、核心期刊查询、科研论文写作技巧与投稿指南等，大多分散在图书馆主页的各个栏目下，图书馆馆员可通过LibGuides将上述服务信息整合在一个共享平台上发布，以便科研人员、教师等使用信息。目前，高校图书馆对用户的信息需求研究得不够深入，相应的学科服务支撑体系也不完善。

高校图书馆可建立LibGuides平台，便于对零散信息进行聚集整合；增加特色内容，减少栏目，便于科研信息的搜索、发现和获取。

2. 优化学科信息门户

在数字科研信息环境中，学科信息门户的建设主要遵从三个原则：首先，甄别互联网、数据库的学科资源，快速地掌握某一学科主题的核心文献、学术趋势、研究热点等关键知识，依据科学研究主题，及时跟踪该研究领域的核心著作、科研课题、期刊等资源。其次，根据学科重组资源，提供学科化知识导航和定制服务。学科信息门户通常具有特定的研究领域和学科方向，根据不同学科专业析取与组织相关的资源，包括学科研究动态与进展、科研项目及成果、国内外专家及研究机构、相关文献与科学数据等。最后，建立学科网资源体系，既要体现全面性、原创性、资料性、互动性的特点，又需具备学科信息资源展示、学科成果应用、学术活动与学术组织推介、人才培养支撑、用户互动交流五项功能。

（三）建立大学机构知识库

1. 倡导开放存取与科学资源共享

开放存取是一种新型的学术信息共享的自由理念与机制。共享是资源的一种机制，它能促进资源生成，加速资源再生产，降低资源生成和利用成本，使资源配置更加均衡。对于科研者来说，各自为营、缺乏必要的科研资源共享意识是一个关键性的问题。高校图书馆的学科服务通过联合参考咨询、馆际互借来提升图书馆资源（包括学科馆员、学科文献信息资源）共享程度，图书馆通过建立存取知识库来管理科研人员的科研成果，科研人员也可以通过这样的平台共享学术资源。

2.高校图书馆构建数字化科研信息环境

应当积极探索更加开放和主动的信息服务机制来应对数字信息环境的不断变化，构建数字化科研信息环境，如中国科学院建立的"研究所数字图书馆""领域知识环境""学科组信息环境"。

第四节 个性化信息服务建设

一、高校图书馆个性化信息服务特点

（一）针对性

高校图书馆用户是一个特殊的群体，用户的学历、职位、研究领域等都存在差异，导致用户信息需求各不相同。对于博士生、教授或者专家来说，他们需要的是特色化、专业化的高质量信息服务；对于高年级本科生和研究生来说，他们需要的是与学科相关的信息服务；对于大多数本科生来说，他们最需要的不仅是相关学科的信息，还有用于消遣娱乐的课外信息。因此，高校图书馆应当分门别类、有针对性地、动态地向用户提供信息服务。

（二）可定制性

个性化信息定制服务依存于网络环境，定制项目内容主要包括检索策略、信息内容、网页界面等，系统能够灵活地根据用户所指定的方式来进行服务，最终实现个性化的网络服务，也就是不同用户登录后具有不同的权限、不同的界面风格、不同的服务方式、不同的信息内容等。

（三）可交互性

个性化信息服务能实现图书馆的互动服务，有利于帮助那些缺乏信

息检索能力的用户。比如，学科馆员服务模式可以积极主动地向用户提供专业化的文献信息服务；参考咨询馆员能通过社交网站、电子邮件及即时通信软件等途径，向用户提供更便捷、更新颖的服务模式。这些服务模式在一定程度上加快了科研成果产出和学术创新。

（四）智能性

当前，智能化已成为图书馆个性化信息服务发展的必然趋势，智能技术的应用可以实现智能检索、信息导航、信息库管理等。特别是智能代理技术，利用其推理能力，能够对用户的意图进行比较准确的判断，从而有针对性地为用户提供信息资源；利用其信息过滤功能，可有效减少信息噪声，为用户提供更为精准的信息服务。智能代理技术还能自动探测到信息需求的更新、变化，进而将数据下载并存储起来，并将该信息主动推送给用户。

二、高校图书馆个性化信息服务平台建设的意义

（一）顺应高新技术和通信革命发展潮流

在信息化时代，通信手段的不断革新为高校图书馆实现个性化信息服务提供了有利的技术支撑和良好的发展平台。利用互联网技术，可以实现高校图书馆与用户之间、高校图书馆之间的信息服务的良性沟通。高校图书馆的馆藏资源十分丰富，利用文献检索传播处理技术可以实现图书馆个性化信息服务平台建设，为高校图书馆开展个性化信息服务提供技术来源以及基础微视频、光盘影像、数据库建设等多媒体信息载体，并且不断刷新用户对信息服务模式的传统认识，逐渐改变用户的信息获取方式。

（二）满足不同层次读者的个性化信息服务需求

高校是培养人才、进行教学科研的重要场所，高校图书馆是为教学和科学研究服务的学术性机构，也是学校的文献信息资源中心。高等教育的多元化促使人才培养形式也趋于多元化，网络远程教育培训、成人高等教育或其他社会机构的委培定向短期培训班，为不同年龄、不同职业、不同性别、不同知识背景的学员提供了进修机会。因此，高校图书馆文献信息服务需求呈现出个性化、多元化的特征。

（三）有利于高校图书馆的建设和长远发展

社会信息服务供应商根据市场需求，开发出不同类型的网络信息资源，信息服务呈现出个性化、特色化的特征。高校图书馆应强化信息服务建设，把用户的需求放在首位，逐步提升自身的信息服务质量，开发出更加优质高效的信息服务资源。优化个性化信息服务模式、加强个性化信息服务资源建设有利于提高高校图书馆自身的核心竞争力，更好地为用户提供服务。

三、高校图书馆个性化信息服务策略

（一）积极宣传个性化信息服务理念

高校图书馆应当加大服务理念的宣传力度，让更多用户能深入了解个性化信息服务的内涵。向用户阐述高校图书馆为个性化信息服务建设都做了哪些工作，它能为用户提供哪些方面的个性化信息服务，这些信息服务又分别适合哪类用户群体，在宣传前期要向目标用户进行全面宣传和推广，使人们逐步接受个性化信息服务理念。

（二）整合各种类型的信息资源

高校图书馆不只要关注实体图书馆文献信息的产量，也要重视以网络为载体的多媒体动态信息资源，后者的不稳定性、多变性、新颖性等特点，往往更能满足用户的个性化需求。另外，我国高校应该积极建立具有自身特色的文献信息数据库资源系统，加强对自身特色馆藏信息的挖掘，为开展个性化信息服务提供良好的发展平台。高校图书馆应做到馆藏资源互通，合理配置信息资源，在互联网通信技术的支持下搭建跨时间、跨空间的信息资源服务系统，为用户提供便捷高效的信息服务。

（三）建立智能型个性化信息服务系统

个性化信息服务是一种特殊服务，以互动性、及时性等为特点，严格按照用户的要求来开展相关的图书馆信息服务。同时，由于图书馆馆员面向不同类型的用户群体，而不同类型的用户有着不同的信息需求，因此图书馆馆员要提高专业信息网络处理技术和各类文献信息检索系统的操作水平。高校图书馆要从实际出发，做好人才队伍的建设，对专业人才进行定期培训，为图书馆个性化信息服务的顺利开展提供保障。

（四）及时处理好个性化信息服务的反馈评价

高校图书馆应时刻关注市场需求，及时处理用户的反馈信息，建立完善合理的信息服务评价制度，有针对性地为用户提供个性化的需求服务，对用户需求进行定期化分析，对用户群体频繁反映的信息资源问题进行总结和分析，做好该部分信息资源的整合工作。图书馆还应实时追踪用户需求，及时、有效、合理的信息资源反馈服务机制可以为高校图书馆制定战略方案部署提供参考价值。

4

第四章
智慧图书馆的信息资源建设

第一节 智慧图书馆的信息资源类型

一、印本资源

智慧图书馆中的印本资源主要有图书、期刊、报纸、学位论文、工具书、特种文献等。其中，图书是印本资源的主要组成部分，在馆藏资源中占据了绝大部分体量，也是除了数字资源以外获得资源建设经费最多的资源类型。

期刊的特点是时效性强，学术期刊具有较高的学术价值，在学术研究中有着极高的地位。

与期刊相比，报纸的出版频率更高，大多数报纸都是一天一期，其信息新颖性强，以新闻性信息和休闲娱乐类信息为主。

高校图书馆具有保存本校学位论文的功能，学位论文有着较高的学术价值，特别是硕士、博士学位论文，充分体现了学生在研究生阶段的学术研究水平，学生会花费一年到三年的时间来完成自己的学位论文。

有些高校图书馆的印本资源还包括标准文献、专利文献等特种文献，也具有较高的学术价值和收藏价值。

（一）图书

1. 图书的起源与发展

"图书"一词最早出现在《史记·萧相国世家》中，"汉王所以具知天下厄塞，户口多少，强弱之处，民所疾苦者，以何具得秦图书也"。此处所说的"图书"与现在人们常说的"图书"含义不同，它指的是地图和文书档案。再往前追溯"图书"一词的起源，可追溯至《周易·系辞上》记载的"河出图，洛出书"这个典故，它反映的是图画与文字的紧密联系，虽是带有神话传说的色彩，但也清楚地表明了文字起源于图画这一事实。图画与文字的关系非常密切,古人将各种文字形态称为"书体"，将写字的方法称作"书法"。"书"一词除名词外还用作动词，意思相当于"写"，如成语"奋笔疾书"。而后"书"又被引申为一切文字记录，如"文书""书信"。随着时代的发展，人们对于图书的认知也在不断变化。如今，人们不再把所有的文字记录都称之为"书"，如"诏书""文书"等已经不再属于图书的范畴。文书、诏书等多是记事性质的，主要作用是帮助人们记忆，以便在需要时查阅和参考，其本质就是古代的档案。后来，人们在实践中逐渐意识到，这些记录材料可以成为总结经验和传授知识的工具，因此有了专为传授知识、供人阅读的著作。如此一来，"图书"一词的含义又发生了更窄、更新的变化。如今，凡是不以传播经验、供人阅读、传授知识为目的的文字记录均不属于图书的范畴。随着时代的进步及社会生产力的发展，人们开始有意识地利用文字传播知识、宣传思想，并逐步形成了一套书籍制度，处理日常事务的文件则形成了一套文书制度。于是，图书和档案逐渐被人们区分开来。

古人曾多方面、多角度地对图书做出不同的定义。《尚书》从图书内容的角度给图书下了定义："百氏六家，总曰书也。"《说文解字》从图书形式的角度给图书下了定义："著于竹帛谓之书。"经过了几千年的演变和发展，作为图书内容的知识范围扩大了，记述和表达的方法增加了，使用的物质载体和生产制作的方法也发生了多次变化，因此产生了不同的图书种类、著作方式、书籍制度、载体和各种生产方式。经过上述变化，人们逐渐对图书有了更系统、更清晰的概念。

进入 21 世纪后，图书的概念仍然有广义和狭义之分。在日常生活中，我们经常会发现一些有趣的现象：对于"图书情报工作""图书馆"等概念来说，"图书"是广义的，泛指各种类型的读物，既包括古代的金石拓片、甲骨文、手抄卷轴，又包括现代出版的报纸、书刊，还包括机读目录、声像资料、缩微胶片（卷）等新技术产品；而在情报所和图书馆的具体工作中，人们又会区分图书、期刊、科技报告、视听资料、报纸、缩微制品等。前者与后者形成区别时，就大大缩小了图书所包含的范围，这就是狭义的"图书"。

联合国教科文组织对图书做了如下定义：凡由出版社（商）出版的不包括封面和封底在内 49 页以上的印刷品，具有特定的书名和著者名，编有国际标准书号，有定价并取得版权保护的出版物称为图书。

什么是图书？图书是以知识传播为目的，在一定形式的材料上记录下文字或者其他信息符号的著作物；图书是人类社会实践的产物，是一种特殊的、持续发展着的、用以传播知识的工具。

2. 构成图书的要素

从古代的竹木简牍到现代的各类图书，无论图书的内容和形式发生再多的变化，都具有以下几个要素。

（1）要有需要传播的知识信息。

（2）要有记录知识的文字和图像信号。

（3）要有记载文字和图像信号的物质载体。

（4）图书的生产技术和工艺也是产生图书的基本条件之一。

3. 图书的类型

按照不同的分类标准，图书可以分为多种类型。

（1）按照学科划分，可以将图书划分为社会科学图书和自然科学图书。

（2）按照文种划分，可以将图书划分为中文图书和外文图书。

（3）按照用途划分，可以将图书划分为普通图书和工具书。

4. 图书的特点

与其他出版物相比，图书具有以下特点。

（1）内容比较系统、成熟、全面、可靠。

（2）出版周期比较长，传递信息的速度较慢。

（二）期刊

期刊是由依法设立的期刊出版单位出版的读物。在我国，期刊出版单位想要出版期刊，必须经过新闻出版行政部门的批准，获得国内统一连续出版物号，并领取《期刊出版许可证》。

从广义上来讲，期刊可分为非正式期刊和正式期刊两类。非正式期刊指的是通过行政部门审核领取"内部报刊准印证"作为行业内部交流使用的期刊（一般仅限于行业内交流使用，不公开发行），也属于合法期刊，通常正式期刊都要经历非正式期刊的过程。

正式期刊办刊申请较为严格，需要具备一定的办刊实力，并编入"国内统一刊号"，正式期刊有独立的办刊方针。

判断期刊质量首先要确定它是不是正规的期刊，即先要看它有没有"CN号"和"ISSN号"。"国内统一刊号"即"CN号"，全称是"国内统一连续出版物号"，它是新闻出版行政部门给连续出版物分配的代号。"国际标准刊号"，即"ISSN号"，全称是"国际标准连续出版物号"，我国绝大部分期刊都配有"ISSN号"。

期刊可以从多个角度进行分类，有多少个角度就会有多少种分类结果。通常从学科、内容、学术地位三个角度对期刊进行分类。

1. 按学科分类

以《中国图书馆图书分类法——期刊分类表》为代表，将期刊分为以下五个基本部类。

（1）马克思列宁主义、毛泽东思想。

（2）哲学。

（3）社会科学。

（4）自然科学。

（5）综合性刊物。

每个基本部类又分成若干个大类。例如，社会科学部类分为社会科学总论、军事、政治、教育、文字、文学、经济、科学、文化、体育、语言、艺术、地理、历史等大类。

2. 按内容分类

以《中国大百科全书》新闻出版卷为代表，将期刊分为以下四大类。

（1）一般期刊。注重知识性与趣味性，受众面广，如我国的《人民画报》、美国的《时代》等。

（2）学术期刊。主要刊载学术论文、评论、研究报告等文章，受众主要是专业工作者。

（3）行业期刊。主要报道各行各业的产品、经营管理进展与动态、市场行情等，如我国的《摩托车信息》。

（4）检索期刊。如我国的《全国报刊索引》。

3. 按学术地位分类

按照期刊的学术地位进行分类，将期刊分为核心期刊和非核心期刊两大类。

（三）报纸

报纸是大众传播的重要载体，出版频率较高，是一种定期向公众发行的印刷出版物。报纸主要刊载新闻和时事评论等，具有反映、引导社会舆论的功能。

报纸从诞生到今天经历了漫长的发展过程。公元前60年，古罗马政治家凯撒将罗马市和国家发生的事件书写在白色的木板上，以告知市民，这就是世界上最古老的报纸。中国最早的报纸是西汉时期的邸报。15世纪40年代，德国人谷登堡发明了金属活字印刷技术，推动了印刷报纸的发行。1609年，德国发行了定期报纸，虽然是周报，但很快推广到整个欧洲。1650年，德国发行了世界上第一张日报。1704年，波士顿邮局局长发行《波士顿通讯》，这是美国的第一张报纸。到了欧洲资产阶级革命时期，报纸相继在欧洲各国发行，并受到了越来越多的人的喜爱和认可。

从19世纪末到20世纪初，报纸的发展经历了一次较大的"飞跃"，实现了从"小众"到"大众"的跨越。在这一时期，报纸的发行量呈现直线上升的趋势，以往只有几万份的发行量，逐渐增加到十几万份、几十万份甚至上百万份。其受众范围也在不断地拓宽，由原来的政界、工商界上层人士发展到中下层人士。这种因量的积累而产生的质的飞跃，标志着资本主义的发展已经达到顶峰，大众传播时代已经到来。

1. 职能

关于报纸的职能，从不同的角度分析会得到不同的观点。例如，从政党机关报的角度来讲，"报纸的作用和力量，就在它能使党的纲领路线、方针政策、工作任务和工作方法，最迅速最广泛地同群众见面"。法国新闻学者贝尔纳·瓦耶纳将报纸的职能概括为主要的报道职能、随之而来的辩论职能（传播观点的职能）、附带的娱乐职能。

2. 优点

报纸具有以下优点。

（1）可以随时阅读，不受时间影响。

（2）可以相互传阅，受众面广，阅读人数能达到印刷数的几倍。

（3）即使阅读或者理解能力较差的人，多花些时间也能较好地吸收报纸的信息。

（4）与传统印刷品报纸相比，网上版报纸的传阅力更强。

3. 缺点

报纸具有以下缺点。

（1）由于受到截稿、出版等因素的限制，不能及时更正信息以及提供最新资讯。

（2）由于纸张过多，携带和传阅多有不便。

（3）与电视和电台的影音片段相比，图片和文字的震撼力和感染力比较低。

（4）极易沾染油墨污垢。

（四）学位论文

学位制度起源于中世纪的欧洲。1180年，巴黎大学授予第一批神学博士学位。学位论文答辩制度最早由德语国家创立，此后许多国家（或地区）纷纷效仿。答辩通过的学位论文大多是创造性极强的研究成果，充分体现了论文作者的专业研究能力。由于每个国家教育制度规定授予学位的级别不同，学位论文也就有了相应的级别，包括学士学位论文、硕士（或副博士）学位论文、博士学位论文。大部分学位论文是不公开发行的，只有一份复本被保存在授予学位的大学的图书馆中，以供复制和阅览服务。为了充分发挥学位论文的参考作用，一些国家的大学图书馆会将其制成缩微胶卷，编成目录、索引，形成专门的学位论文数据库。一些国家对学位论文进行集中管理，如日本的学位论文由日本国会图书馆进行统一管理；英国的学位论文统一存储在英国国家图书馆，不外借，只对外提供原文的缩微胶片。1938年起美国的大学缩微胶卷公司编辑出版《国际学位论文文摘》月刊，分为A辑（人文与社会科学）和B辑（科学与工程），在1976年增加了C辑（欧洲学位论文）。该公司于

1973年出版的《学位论文综合索引》报道了1861—1972年美国、加拿大及其他一些国家（或地区）的400所大学的博士论文，共计41.7万篇，可按主题和著者姓名进行检索。

学位论文指的是为获得所修学位，按要求被授予学位的人所撰写的论文。根据申请的学位进行分类，可以将学位论文分为学士学位论文、硕士（或副博士）学位论文、博士学位论文三种类型；根据研究方法进行分类，可以将学位论文分为理论型、实验型、描述型三种类型；根据研究领域进行分类，可以将学位论文分为人文科学学术论文、自然科学与工程技术学术论文两大类，这两类论文在文本结构上具有共性，并且都具有长期使用和参考的价值。

（五）特种文献

特种文献指的是出版发行和获取途径都较为特殊的科技文献。特种文献是十分重要的信息源，内容广泛、特色鲜明、参考价值高、数量巨大，主要包括会议文献、专利文献、科技报告、科技档案、标准文献、政府出版物等。

一般高校图书馆收藏的特种文献主要是专利文献和会议文献。

二、数字资源

数字资源是将计算机技术、多媒体技术及通信技术相互融合形成的以数字形式发布、存取和利用的信息资源的总和。数字资源是文献信息的表现形式之一，按照数据的组织形式，有电子期刊、电子图书、数据库、网页信息等多种类型。按照存储介质进行分类，可将其分为光介质数字资源和磁介质数字资源两种类型，比较常用的数字资源存储介质有硬盘、磁带、磁盘阵列、CD、LD、DVD等。按照数据传播的范围进行分类，可将其分为单机数字资源、广域网数字资源、局域网数字资源等类型。根据资源提供者来看，可将其分为非商业化的数字资源和商业化的数字资源。非商业化的数字资源指的是机构自建的特色资源库、开放获取资源、机构典藏和其他免费的网络资源，这些资源有的是由图书馆自行建设的，有的是可从网络上免费获取的。商业化的数字资源主要是指出版商、数据库商及其他机构以商业化方式提供的各种电子资源，如EBSCO公司的ASP（综合学科参考类全文数据库）、Elsevier公司的SDOS（全文期刊数据库）、中国期刊网等数据库，图书馆需要支付一定的费用后再将其提供给一定的用户群，或者用户个人通过其他方式购买到数据库的使用权。

（一）数据库

数据库（Database）是根据数据结构来组织、存储、管理数据的仓库，它产生于60多年前，随着市场和信息技术的快速发展，尤其是20世纪90年代以后，数据管理从原来简单的存储和管理数据转变为用户所需要的各种数据管理的方式。在信息化的背景下，充分且有效利用、管理各类信息资源，是进行科学研究和决策管理的基础。

数据库技术是进行科学研究和决策管理的关键性技术手段，是办公自动化系统、管理信息系统、决策支持系统等各类信息系统的核心部分。数据库的基本结构分为三个层次，提供了观察数据库的三个不同的角度：物理数据库是以内模式作为框架组成的数据库，概念数据库是以概念模式作为框架组成的数据库，用户数据库是以外模式作为框架组成的数据库。

按照国际上通用的分类方法，通常将数据库划分为以下几种类型。

1. 参考型数据库

参考型数据库（reference database），又称为指示型数据库，是能够指引用户到另一信息源以获得原文或者其他细节的数据库，包括指南数据库和书目数据库。

（1）指南数据库。

指南数据库（referral database），是指存储关于某些机构、出版物、人物、项目、活动、程序等对象的简要描述，指引用户从其他有关信息源获得更详细的信息的数据库，也称为指示型数据库，比如人物传记数据库、机构名录数据库、产品数据库等。

（2）书目数据库。

书目数据库（bibliographic database），是指存储某个领域的二次文献（比如题录、文摘、目录等书目数据）的一类数据库，有时又称为二次文献数据库或者简称文献数据库，如美国化学文摘数据库（CAS）等。

2. 源数据库

源数据库（source database）是能够直接提供原始资料或者数据的自足性数据库，用户可以直接从中获取到足够的信息资源。源数据库又可以分为数值数据库、文本-数值数据库、全文数据库、术语数据库、多媒体数据库。

（1）数值数据库。

数值数据库（nutmerical database），是指专门提供以数值方式呈现的信息数据库，比如各种统计数据库。

（2）文本-数值数据库。

文本-数值数据库（textual-numeric database），是指能同时提供文本信息和数值信息的数据库，比如产品市场报告数据库等。

（3）全文数据库。

全文数据库（full-text database），是指存储文献全文的数据库，比如期刊全文库。

（4）术语数据库。

术语数据库（terminological data bank），是指存储名词术语信息、词语信息等的数据库，也包括电子辞书。

（5）多媒体数据库。

多媒体数据库是指存储文字、图像、声音、数值等信息并对其进行一体化管理的数据库。

常用的中文网络数据库主要有中国知识基础设施工程网（中国知网、CNKI数据库）、万方数据知识服务平台、维普期刊资源整合服务平台、中国经济信息网等。

常用的外文数据库主要有工程索引（EI）、科学引文索引（SCI）、DOAJ（开放存取期刊目录）、Elsevier（爱思唯尔）、PubMed（提供生物医学方面的论文搜索及摘要的免费数据库）、IEEE（电气与电子工程师协会）等。

（二）电子图书

电子图书又称为e-book，是指以数字代码方式将图、文、声、像等信息存储在磁、电、光介质上，通过计算机或者类似设备使用，并可以复制发行的大众传播媒体。

电子图书与传统图书有许多相同之处：通过被阅读来传递信息；按照传统图书的格式进行编排，以符合大众的阅读习惯；包含一定的信息量，比如有一定的文字量和彩页等。

电子图书作为一种新形式的图书，具有许多传统图书所不具备的特点：只有电子计算机设备才能够读取其中的内容，读取后将内容显示在屏幕上；可复制；可检索；具有图、文、声、像结合的优点；具有更庞大的信息含量；性价比更高；发行渠道更多样化。电子图书具有多种优点，具体如下：①方便信息检索，大大提高了资料的利用率；②内容更加丰富，能够包含图、文、声、像等各种资料；③与传统图书相比，其存储介质容量更大，能够容纳更多的信息；④成本更加低廉，相同的容量比较，存储体的价格可以是传统媒体价格的 1/100～1/10，甚至更低；⑤新的方式方法、形式内容、工具手段；⑥系统性强，将各种资料有机组合，互相参照，能够更好地理解资料；⑦增强可读性，能以更灵活的方式组织信息，便于阅读；⑧大大降低了工作量，在计算机上处理各种资料，更加方便。

除此以外，电子图书还具有以下几个特点。

1. 无纸化

电子图书不再依赖于纸张，而是以磁性储存介质取而代之。利用磁性介质储存的高性能，一张容量约 700MB 的光盘就能代替传统的 3 亿字的纸质图书，使得木材的消耗和空间的占用显著降低。

2. 多媒体

电子图书并不仅限于纯文字，还可以添加图像、声音、影像等许多多媒体元素，在一定程度上丰富了知识的载体。

3. 丰富性

随着互联网技术的快速发展，传统知识的电子化速度越来越快，除了少部分比较专业的古代典籍以外，大部分的传统图书都进行了电子化处理，这使得电子图书的受众有了近乎无限的知识来源。

一般电子书有两种含义：一种指的是 e-book，另一种指的是专门用于阅读电子书的掌上阅读器。电子书的主要格式有 PDF、PDG、EXE、JAR、CHM、UMD、BRM、TXT、PDB 等，目前市面上大部分的移动终端设备都支持上述阅读格式。手机终端常用的电子书格式主要有 JAR、UMD、TXT 等。

电子书是一种专为阅读图书设计的便携式手持电子设备，它有大屏幕的液晶显示器，内置上网芯片，能够非常方便地从互联网上购买、下载数字化的图书。电子书拥有大容量的内存，能存储大量的数字信息，经过粗略估算，一次大概可以储存 30 本传统图书的信息，特殊设计的液晶显示技术能让人舒适地长时间阅读图书。

（三）电子期刊

电子期刊（Electronic Journal），也称网上出版物、电子出版物。从广义上来讲，所有以电子形式存在的期刊都能称之为电子期刊，包括联机网络可检索到的期刊、以 CD-ROM 形式发行的期刊等。电子期刊主要有两类：一类是纸质期刊的电子化，另一类是可以直接在网络上出版的电子期刊。

直接在网络上出版的电子期刊经历的投稿、编辑出版、发行订购、阅读等整个过程都是在网络环境中进行的，且整个过程中都不会用到纸张，这一点是电子期刊与传统意义上的印刷型期刊的本质区别。电子期刊是以光盘、网络通信技术等高新技术作为载体，由信息技术人员经过加工处理，运用现代技术检索手段以满足公众信息需求的出版物。同时，电子期刊融入了图像、视频、声音、文字、游戏等，并将其动态结合来呈现给读者。此外，还加入了及时互动、超链接等网络元素，既增加了趣味性和易读性，又节约了成本。

作为一种新型出版物，电子期刊有着极为突出的优势：第一，电子期刊是机读杂志，借助计算机惊人的运算速度和海量存储，在极大程度上提高了电子期刊的信息量。第二，利用计算机特有的查询功能，电子期刊能够使人们在海量信息中快速查找到自己需要的内容。第三，在内容的表现形式上，电子期刊具有声、图、像并茂的特点，读者不仅能看到图片和文字，还能听到音效，看到动态的图像。第四，电子期刊能够使读者得到多种感官的感受，加上电子期刊中非常方便的电子索引和随机注释，使电子期刊具有了信息时代的特征。

（四）网页信息

网页是构成网站的基本元素，是承载各种网站应用的平台。网页是一个包含 HTML 标签的纯文本文件，它能存放在世界上任意一台计算机中，是万维网中的一"页"，是采用超文本标记语言（标准通用标记语言）格式的一个应用，文件扩展名为.html 或者.htm。网页一般通过图像档提供图画，并通过网页浏览器进行阅读。网页上主要包括以下内容。

（1）文本。

文本是网页上最重要的交流工具和信息载体，一般网页中的主要信息都是以文本形式为主。

（2）图像。

图像元素包括动态图像和静态图像，在网页中具有提供信息并展示直观形象的作用。

（3）Flash 动画。

Flash 动画在网页中的作用主要是有效地吸引更多访问者的关注。

（4）声音。

声音是多媒体、视频网页的重要组成部分。

（5）视频。

视频文件的作用是使网页效果更加精彩且富有动感。

（6）表格。

表格在网页中用来控制信息的布局方式。

（7）导航栏。

导航栏在网页中显示为一组超链接，其链接的目的端是网页中的重要页面。

（8）交互式表单。

交互式表单在网页中一般用来联系数据库并接收访问用户在浏览器端输入的数据，利用服务器的数据库为客户端和服务器端提供更多的互动。

所有发布在网页上的内容都可以称为网页信息。网页信息是一个庞大的信息源，其中的信息质量参差不齐，内容真假难辨，需要信息使用者详细地甄别、鉴别、筛选。常用的网页信息有各类学习网站、行业报告、政府部门统计数据等。

三、多媒体资源

在计算机行业里，媒体有两种含义：一种是指用以传播信息的载体，比如文字、语言、图像、音频、视频等；另一种是指存储信息的载体，比如磁带、光盘、磁盘、RAM、ROM 等。当前主要的载体有网页、VCD、CD-ROM 等。

从严格意义上来讲，多媒体资源并不属于一种资源类型，它是多种媒体资源的总称。多媒体资源主要包括文本、图像、声音等多种媒体形式。在计算机系统中，多媒体指的是由两种或两种以上媒体组合而成的一种人机交互式信息交流和传播媒体。

多媒体是超媒体（Hypermedia）系统的一个子集，而超媒体系统是使用超链接（Hyperlink）构成的全球信息系统，全球信息系统是互联网上使用 TCP/IP 协议和 UDP/IP 协议的应用系统。二维的多媒体网页使用 HTML、XML 等语言编写，三维的多媒体网页使用 VRML 等语言编写。进入 21 世纪后，多媒体产品更多是通过网络发行。

（一）多媒体技术的应用范围

多媒体技术的应用范围相当广泛，主要应用在以下几个方面：①音频技术，如音频采样、压缩、合成及处理，语音识别等；②图像技术，如图像处理、图像、图形动态生成；③图像压缩技术，如图像压缩、动态视频压缩；④通信技术，如语音、视频、图像的传输；⑤视频技术，如视频数字化及处理；⑥标准化，如多媒体标准化。

（二）多媒体技术所涉及的内容

多媒体技术主要涉及以下内容：①多媒体数据压缩。包括多模态转换、压缩编码。②多媒体处理。包括图像处理、虚拟现实；音频信息处理，如音乐合成、语音识别、文字与语音相互转换。③多媒体数据存储。包括多媒体数据库；多媒体数据检索、基于内容的图像检索、视频检索；多媒体著作工具，多媒体同步、超媒体和超文本；多媒体专用设备技术、多媒体专用芯片技术、多媒体专用输入输出技术；多媒体通信与分布式多媒体，CSCW、会议系统、VOD 和系统设计；多媒体应用技术，CAI 与远程教学，GIS 与数字地球、多媒体远程监控等。

四、数据资源

数据是事实或者观察的结果，是对于客观事物的逻辑归纳，是用以表示客观事物的未经过加工的原生素材。数据可以是离散的，比如文字、符号，称之为数字数据；也可以是连续的，比如图像、声音，称之为模拟数据。在计算机系统中，数据以二进制信息单元 0、1 的形式来表示。

数据与信息既有区别，又有联系。数据是信息的表现形式和载体，可以是文字、语音、符号、图像、数字、视频等；而信息是数据的内涵，信息是加载于数据之上的，对数据做具有含义的解释；二者之间是形与质的关系。数据与信息不可分割，数据生动具体地表达出信息，而信息依赖于数据来表达。数据是符号，信息是经过数据加工后得到的能对决策产生影响的数据。数据是物理性的，信息是逻辑性和观念性的。数据是信息的表达形式，而信息是数据有意义的表示。数据本身是没有意义的，数据只有在对实体行为产生影响时才称为信息。

数据的表现形式并不能完全表达其中的内容，因此需要对数据进行解释，数据与关于数据的解释也是不可分割的。例如，95是一个数据，这个数据可以是某人的体重，可以是一个学生某一门功课的成绩，可以是某个产品的售价，也可以是某年级的学生人数。关于数据的解释即是对数据语义的说明，数据与其语义是不可分割的。

关于数据的分类，可以从其性质、表现形式、记录方式等方面进行划分。

（一）按照数据的性质进行划分

按照数据的性质进行划分，可以将其划分为以下几类。

（1）定位的数据，比如各种坐标数据。

（2）定性的数据，比如表示事物属性的数据（如河流、居民地、道路等）。

（3）定量的数据，即可以反映事物数量特征的数据，比如长度、体积、面积等几何量，重量、速度等物理量。

（4）定时的数据，即能够反映事物时间特性的数据，比如年、月、日、时、分、秒等。

（二）按照数据的表现形式进行划分

按照数据的表现形式进行划分，可以将其划分为以下几类。

（1）数字数据，比如各种统计或者测量数据。数字数据在某个区间内是离散的值。

（2）模拟数据，由连续函数组成，是在某个区间内连续变化的物理量，可进一步细分为符号数据、图形数据（如点、线、面）、图像数据、文字数据等。

（三）按照数据的记录方式进行划分

按照数据的记录方式，可将数据划分为地图、影像、表格、纸带、磁带。按照数字化方式将数据划分为矢量数据和栅格数据等。在地理信息系统中，数据的选择、数量、类型、采集方法、可信度、详细程度等，主要取决于系统应用目标、功能、结构和数据处理、管理与分析的要求。

数据也可分为结构化数据、非结构化数据和半结构化数据。结构化数据结合到典型场景中更容易理解，比如医院信息系统（HIS）数据库，企业资源计划（ERP）、财务系统等。这些应用需要哪些存储方案呢？一般包括高速存储应用需求、数据共享需求、数据备份需求和数据容灾需求。结构化数据存储在数据库中，可用二维表结构来逻辑表达实现的数据。

非结构化数据库指的是其字段长度可变，且每个字段的记录可以由可重复或者不可重复的子字段构成的数据库。非结构化 Web 数据库是针对非结构化数据而产生的，用它不仅能处理结构化数据，而且更适合处理非结构化数据（全文文本、声音、图像、影视、超媒体等信息）。非结构化 Web 数据库与以往流行的关系数据库相比，最大的区别在于它突破了关系数据库结构定义不易改变和数据定长的束缚，支持重复字段、子字段及变长字段，并且实现了对重复字段、变长数据的处理及数据项的变长存储管理，在处理连续信息（包括全文信息）和非结构化信息（包括各种多媒体信息）上有着以往流行的关系型数据库所无法比拟的优势。非结构化数据一般包括所有格式的办公文档、图片、文本、HTML、XML、各类报表、图像和音频/视频信息等。

半结构化数据，是指介于完全结构化数据与完全无结构的数据（比如声音、图像文件等）之间的数据，HTML 文档就是半结构化数据。半结构化数据一般是自描述的，数据的内容和结构混在一起，没有明显的区分。

第二节　智慧图书馆信息资源建设途径

智慧图书馆的信息资源建设应该从三个方面着手：一是印本资源建设，二是数字资源建设，三是免费学术资源即开放信息资源的建设。

一、智慧图书馆印本资源建设

（一）智慧图书馆采购工作的智慧化管理

智慧图书馆采购工作从以往的"与用户脱节"向"广泛征求用户意见或建议"发展。馆藏资源是图书馆得以存在和发展的前提和基础，作为馆藏建设的第一步，文献采购水平无疑将直接影响图书馆的运作效率。传统的文献采购倾向于自上而下的采购，直接使用文献的用户经常处于资源建设的最底端。用户是图书馆的服务对象，也称为读者，可以是个人或组织。以用户为服务对象是图书馆不变的准则，图书馆释放其价值的唯一途径就是用户的参与和使用。用户是图书馆馆藏服务的对象、中心、动力、目的、检验者，图书馆的各种服务都要契合"以用户为中心"的核心理念，才能符合智慧图书馆"以人为本，可持续发展"的内在特征，彰显智慧图书馆"以人为本、绿色发展、方便读者"的灵魂与精髓。为适应智慧理念的发展，图书馆馆藏资源的采购不应局限于少数采购馆员的研究领域和个人观点，而应朝着开放化、大众化、个性化的方向发展。在理想情况下，每一位用户都可以自由、平等地提出个性化的文献采购要求，图书馆将根据他们的需求进行相应的调整，真正实现信息获取的人人平等。要实现图书馆馆藏资源的采购从"有权采购文献的少数人"到"全面开放每一位用户的文献需求"的转变，即文献资源的采购是针对用户的文献需求进行的。2012年5月20日，南京大学图书馆主页上的"智慧图书馆服务"系统正式上线。其中的"BOOK PLUS"中的荐购绿色通道，为用户提供了一个与图书馆沟通信息需求的平台。资源收集的侧重点从"图书馆内部采购管理员的决策权"转向"用户需求"，有效地排除了相关性和利用率较低的信息，实现了用户需求表达渠道的畅通以及表达的有效传递，在极大程度上提高了图书馆馆员的工作效率，减少了采购馆员的工作量，有利于最大限度地利用有限的图书馆资金来满足用户的个性化需求，增强了借阅者与图书馆管理平台之间的互动以及借阅者与图书馆馆藏资源的互联互通。

（二）智慧图书馆馆藏管理的智慧化

RFID管理系统是实现纸质资源智慧化管理的有效途径。通过物联网等技术的应用，优化了图书馆的收藏、整理、流通等业务流程。目前，大多数图书馆书架上的图书都配备了独特的电子标签。

（三）智慧图书馆馆藏存储的智慧化

为了消除物理空间紧张与图书馆致力于维护实体馆藏之间的矛盾，远程合作存储使各个分布式图书馆能共同构建异地的、高密度的、可长久存储纸质文献的存储设备，并且每个分馆都享有本馆所存储文献的所有权，也可以选择共享资源或转移文献的所有权；而每个分馆的用户也都可以使用本馆远程存储的资源。在智慧化环境下，图书馆必须首先明确自己的使命和角色，并据此来制定馆藏发展战略。例如，一些图书馆致力于提供最新的学术资源，而一些图书馆侧重于保存利用率较低的文献资源。智慧图书馆的发展趋势是传统的用于保存纸质文献的图书馆正在转变为学习空间、交流中心、创新中心、创客中心。

二、智慧图书馆的数字资源建设

我国高校图书馆引进的数字资源几乎涵盖了期刊、报纸、学位论文、会议论文、电子图书、科技报告、专利标准、法律法规、年鉴、参考工具、多媒体资源等各类数据库。在各种类型的文献中，数字期刊、学位论文、电子图书是高校智慧图书馆引进最多的资源。

（一）高校智慧图书馆数字资源建设存在的问题分析

1. 数据库重复建设较为严重

数据库自身重复建设较为严重。将中国学术期刊全文数据库与中文科技期刊全文数据库进行比较，可以发现两个数据库均包含8000多种期刊。中国学术期刊全文数据库主要包括社会科学方面的期刊和一些科技类核心期刊，而中文科技期刊全文数据库主要包括科技方面的期刊和一些社会类核心期刊。如果学校是综合性大学，文科、理科都是重点学科，那么图书馆在购买数据库时需要考虑同时购买这两个数据库，而这将不可避免地导致一些数据的重复购买。

此外，自建数据库的重复建设情况也非常严重。例如，在中国高等教育文献保障系统建设中出现了许多高校图书馆同时建设同一学科的情况。上海交通大学、北京理工大学、北京航空航天大学、电子科技大学和清华大学这五所学校的图书馆同时建立了材料科学与工程学科的学科导航库。共有54所高校图书馆参与了CALIS（中国高等教育文献保障系统）学科网络资源导航库的建设，并完成了217个重点学科的导航库建设，基本覆盖了我国高校主要的重点学科；但是，一些高校图书馆复制 CALIS 中的资源，用以建立自己的学科导航数据库，这样做浪费了大量人力、物力，属于重复建设。

2. 数据库建设缺乏统一的标准

数据库建设的标准化和规范化是实现信息资源共建共享、文献信息检索自动化的重要基础和前提之一。数据库建设的标准化主要体现在两个方面：一是数据库管理系统的标准化，二是数据库数据著录的标准化。由于我国缺乏统一的信息资源建设管理机构，图书馆或者数据库开发商各自为政、自由发展，在数据库建设的标准化和规范化方面处于较为混乱的状态，每个系统都有自己的标准。在数据库管理系统的标准化方面，基于数据库管理系统的标引系统、检索系统和操作系统等的多样化，数据库格式、字段不一；对于数据的标引、分编和检索点的选择没有统一的标准和严格的质量控制，导致数据库的兼容性和互操作性差，原始数据处理不完整、不准确、不规范、不一致，从而影响了数据库的共享，限制了数据库原有作用的发挥。

3. 自建的数据库少，质量也不高

国内高校图书馆自建特色数据库中全文型数据库比较少，并且建库工作基本停留在扫描现有文献的阶段，能对文献进行深层次加工处理的特色数据库很少。另外，很多高校还存在同时建设同一学科的导航库的现象，这就导致了重复建设。对于已经建成的数据库，许多高校使用 IP 进行了限制，从而使这些数据库仅面向本校用户开放，这在一定程度上背离了建立特色数据库的初衷，也大大降低了数据库的利用率。

4. 数据库容量较小

我国高校图书馆数字资源建设的范围较广，尽管各图书馆都在开发特色馆藏资源，但数字资源建设的容量不足，大多数数据库容量小、链接资源多。数据库的规模远远不及发达国家。

5. 大部分高校图书馆未实现数字资源整合检索

我国大部分高校都在馆藏数字资源整合方面进行了有效的实践，从简单的链接整合、导航整合向跨库检索整合发展；但由于受到技术、资金等方面的影响，各馆资源整合程度不一。

（二）高校智慧图书馆数字资源建设的问题解决对策

1. 明确数字资源建设的规划与原则

资源建设规划是进行资源建设的纲领性文件，对资源建设的目标、任务、方法和步骤等内容做出了明确规定。数字资源建设的首要任务是制定资源建设规划。高校智慧图书馆应根据学校和图书馆的发展规划、图书馆的图书采购经费、学校的学科建设等条件来制定数字资源建设规划。高校智慧图书馆数字资源建设规划应涵盖数字资源建设的政策、目标、程序、模式、建设任务、建设优先次序、时间规划等内容。数字资源建设应主要遵循以下几项原则。

（1）需求原则。数据库建设的主题选择应该基于用户的需求，而不是盲目的。它既要考虑到教学和科研的实际需要，也要考虑其实用价值和需求程度。具体地讲，一是要充分满足用户的需求，数据库建设的根本目的是为更多用户提供更大的便利。如果不重视用户的需求，也就背离了建设数据库的初衷，失去了建设数据库的意义。二是要积极适应学科的发展，突出重点学科和特色专业的优势，着眼于教学、科研的需要，以考虑对教学、科研起促进作用、为社会发展和经济建设创造效益为准则。

（2）特色原则。未来高校图书馆是互联网的重要组成部分之一，特色是数字资源开发、利用的生命，没有特色也就没有竞争优势和发展潜力。因此，特色数据库在内容选择和编排上应具有鲜明的特色，形成特色优势，以满足用户对特色文献信息的需求。要考虑该数据库是否在行业内乃至全国高校范围内具有显著特色和权威性，是不是其他综合型数据库不可替代的。

（3）共建性与共享化原则。在网络信息时代，任何一所大学图书馆都不可能也没必要收集到所有的信息资源。在这种环境中，中小型高校图书馆应积极主动地参与到全国性、地区性或者本系统的共建共享活动中，比如特色数据库的合作建设、数据库的联合购买、开展联机合作编目及馆际互借等，遵循共建性与共享化原则，有利于提高图书馆数字资源建设的效率与效益。

（4）标准化与规范化原则。在数字资源建设中，要实现数字资源的长期存储、相互操作及数据交换，达到分布建设、网络存取、资源共建共享的目的，必须遵循一套标准化、规范化的解决方案。因此，在技术平台设计建造以及网络信息服务系统构造等数字化建设中，应始终遵循标准化与规范化原则。

（5）安全性与可靠性原则。在数字资源建设中，图书馆需要处理、存储、传输和管理大量的数字资源，并利用网络为终端用户提供各种信息服务。因此，系统的安全性是非常重要的。在建设过程中，应选用性能稳定、技术成熟的信息存储设备与网络设备，进行数据自动备份，利用先进的网络管理系统的监测、诊断、过滤、故障隔离、在线维修等功能，保障网络系统的安全性以及数据的可靠性。

（6）保护原则。许多历史悠久的高校图书馆保存了珍贵的历史资料，从资源保护的角度考虑，各馆均采取了"只藏不借"的封闭式保护措施，仅面向个别专业研究人员提供阅读服务，这一措施极大地影响了珍贵特藏史料的学术价值和研究价值的开发与利用。对于这类特藏的历史资料，要用数字技术进行处理，并形成数据库，以供用户浏览和检索，如此一来，不仅有利于中国优秀文化遗产的保护，也有利于文化遗产的研究、开发和利用。

2. 加大力度引进中外文数据库

中文数据库商出于自身利益的考虑，所建的大部分数据库都是大而泛的，数据量大，购买费用高。高校图书馆在引进中文数据库时，要考虑数据库的使用效果、经费、学科专业建设、重复引进等问题，从而科学合理地引进数据库。在资金允许的情况下，可根据学科专业建设情况，尽量多引进专业性数据库，以满足多学科教师和学生的科研及学习需求。与此同时，图书馆在引入数据库方面应该由被动转为主动。目前，大多数图书馆在引进数据库方面缺乏主动性，依然处在代理商上门推销的被动试用、接受阶段。高校图书馆应通过多种渠道了解全球专业数据库的出版信息，变被动为主动，做好图书馆数字资源建设工作。

3. 加强高校图书馆自建数据库的建设

目前，国内高校图书馆引进的数据库较多，而自建数据库较少，自建特色数据库的质量也比较差，且本身数据库的资源较少。基于此，如果要加强高校图书馆自建特色数据库的建设，笔者认为应做好以下几个方面的工作。

（1）收集具有某种优势的信息资源。

收集本校师生的论文、著作，并建立相应的数据库，在图书馆主页上设置链接，以供用户检索，是建立特色数据库的一种可行方法。同时，收集本馆数字资源被收录和被引用情况，不仅可以反映学校的科研水平，还可以提高服务水平，更好地展现本馆数字资源的特色。高校图书馆也可以结合地方资源，建设具有地方特色的数据库。例如，湘潭大学图书馆位于伟人的故乡，具有明显地域特色的"毛泽东思想文献信息中心"是一个非常好的特色数据库，既能为本校的教学和科研提供高质量、高效率的个性化服务，也为地区乃至国家图书馆的数字资源共享奠定了良好的基础。

（2）对收集到的文献信息进行深层次加工处理，形成一批高质量的二级、三级文献。

文献信息资源的深层次开发是图书馆信息化建设的重要内容。在高校图书馆数字资源建设中，计算机和应用软件只是主要技术条件和手段，信息的组织、存储、处理、整理、规范和开发才是数字资源建设的重要基础性、关键性的工作，它与数字资源建设的效益存在直接关系，关乎国民经济的发展和科技的创新，是一件比软件、硬件配置更重要、更复杂、更艰苦且更持久的系统工程，深层次开发文献信息资源不仅是为了充分展示图书馆的文献信息资源，还是为了更好地利用这些资源。为做好图书馆数字资源建设，促进文献信息资源的深层次开发，必须按照信息量化的难易程度和数据量的大小，统一规范系统数据，制定各专业数据库的建设规划、开发标准和实施步骤，分工协作，有序、分阶段、分批次地进行文献信息资源的全面建设。

（3）根据重点学科和重点课题，对国内外该研究领域的新思路、新观点和新趋势进行跟踪，提供定性和定量的专题报告和论文汇编。

高校图书馆具有文献资源优势，丰富的特色文献资源为重点学科和重点课题数据库的建设提供了良好的资源基础。图书馆承担着学科建设的资料存储和资源建设的重要任务。某些大学已经在一些学科领域成立了学科文献中心。因此，高校图书馆重点学科的文献资源相当丰富。文献内容的普遍性、系统性和连续性有利于重点学科数据库的建设。例如，清华大学的建筑数字图书馆、北京林业大学的林木育种数据库等，都与本校的重点优势学科紧密相连。

三、智慧图书馆的开放信息资源建设

开放获取（Open Access，OA）一直是图书馆学界研究的热点问题。开放获取的出现从根本上改变了印刷型学术文献的出版媒介、发行渠道、传播方式和服务方式。近年来，越来越多的大学、研究机构、学术联盟、研究资助机构发布并加强了现有的 OA 政策，或者建立了知识库，传统学术期刊出版商也开始向开放获取出版领域转型，以抢占 OA 出版市场，使 OA 资源的数量快速增长。

（一）组织专门力量对 OA 资源进行专门调研

图书馆是外文期刊的主要采购者和服务提供者，印本期刊 OA 化对期刊的订购方式、采购预算、馆藏结构和服务等都产生了一定的影响。哪些期刊属于金色 OA，哪些属于混合式 OA，各自由哪些出版商出版？哪些 OA 刊能长期保存，能否替代部分印本期刊？这些都是摆在图书馆面前的现实问题，急需组织人力进行专门、深入的研究，为合理布局资源收集结构、优化资源配置、提升预算使用效率提供可行、可靠的参考依据。

（二）在图书馆网站首页开设开放获取专栏

根据调查，国内高校、科研机构和图书情报机构对国内外 OA 资源的组织有两种方法：一是在图书馆网站首页的"数据库导航""电子资源""网络资源"或者类似栏目中，对混合排列的 OA 与非 OA 资源逐一进行简要介绍和地址链接；二是在网站首页设立"开放存取"栏目，对 OA 的概念、发展、知识库、自存档及各种 OA 资源等的相关知识进行集中组织和逐一介绍。

（三）现行编目规则的修订或更换迫在眉睫

2010 年 6 月，《资源描述与检索》（RDA）发布，以国际图书馆协会联合会（以下简称国际图联）的《书目记录的功能需求》（FRBR）和《规范记录的功能需求》（FRAR）为框架，专门针对数字资源编目同时兼容印本资源书目数据，适用于各类数字资源的著录，这是目前最新的国际编目规则。与国内现行的著录规则相比，RDA 关于数字资源著录的条款更多，规定更具体，内容更丰富。尽管目前尚不清楚 RDA 是否适用于中文文献著录及其使用效果，但是从发展的角度来看，编目工作的国际化、标准化、统一化已成趋势。RDA 中文版问世后，图书馆应积极探索利用 RDA 著录中文文献的可行性。鉴于 RDA 的灵活性，可以考虑向其制定者英美编目条例修订联合指导委员会（JSC）提供针对中文文献著录的修改细则。RDA 的应用将促进国内外馆际之间书目信息的交流与共享。

（四）OA 资源应当成为馆藏资源建设的重要组成部分

据调查，国内图书馆的平均馆藏利用率为 30%～40%，而理想的馆藏利用率为 70%～80%，这说明信息在传递过程中遇到了阻碍，其中共享方式是一个重要影响因素。开放是共享的先决条件。没有资源的开放性，就无法实现广泛的共享。图书馆应从资源建设的各个环节对 OA 资源进行规划和安排。尤其是科技管理部门的政策支持，是 OA 资源建设快速、健康、可持续发展的重要保障。资源建设有两个基本出发点：一是合理安排预算，尽可能地以有限的资金实现资源的最佳配置；二是立足于用户需求，尽最大努力为用户创造便利条件，使知识交流渠道更加畅通。畅通的交流渠道有利于协同创新。

5

第五章

智慧图书馆的馆员队伍建设

第一节 智慧图书馆馆员的概念

一、智慧图书馆馆员的概念

智慧图书馆的发展需要坚实的基础设施及人力资源支撑，在图书馆的发展演进过程中，总是人力、技术及资金雄厚的大型图书馆走在前列。因此，本章以大型图书馆为例来讨论智慧图书馆的馆员配置。这种范围选择有利于更加充分、全面地揭示智慧图书馆发展的人才队伍需求。中小型图书馆可以根据自身实力及业务需求选择性地设立必要的岗位，以谋求本馆智慧图书馆方便、快捷及全面感知的发展。智慧图书馆是对现有图书馆的发展及传承，是对现有知识服务型图书馆在服务上的革新。智慧图书馆与现有图书馆的服务及馆员能力要求并无冲突，在传承精华的基础上实现更全面立体的感知、更广泛的互联互通、更深入的智能洞察、更高效的协同管理。

二、智慧馆员建设的必要性

侯明艳在《智慧图书馆环境下高校馆员的角色转变》一文认为，智慧馆员是参考馆员经历知识服务阶段的学科馆员之后的另外一次嬗变，是从知识服务走向智慧服务的图书馆新角色。李安在《浅谈智慧图书馆中智慧管理的实现以及智慧馆员的培养》一文中提出，未来的智慧图书馆应主要招收两种类型的馆员：一种是负责为馆内各种硬件系统正常运转提供支持的技术员，另一种是负责馆藏整理、与读者交流的专业馆员。

由以上观点可以看出：①智慧馆员是知识服务环境中的学科馆员或者参考馆员在智慧服务环境下的发展；②对智慧馆员的各方面能力要求更高。

然而，智慧图书馆环境下的图书馆馆员不等于以上学者研究中的"智慧馆员"概念。图书馆各个岗位均要参与智慧服务，在新环境中均有新的职责与能力要求。图书馆的智慧性需要通过服务来体现，智慧性服务的质量与馆员能力息息相关。

第二节 智慧图书馆的馆员结构

传统的图书馆馆员岗位的主要业务范围是围绕着图书馆业务流程分配的，包括馆藏、采编、借阅、流通、咨询及简单技术支持。随着业务发展，编目外包，各馆编目人员的配比正在逐渐降低。智慧型图书馆引入移动互联、无线射频及数据挖掘等先进技术，使图书馆的服务进入了一个全新的阶段。在智慧图书馆工作中，增加了基础服务和自助服务的成分，增强了专业化、个性化服务的需求，服务深度由简单的文献资源服务转变为知识信息服务，服务形式从时间和空间上嵌入用户环境。这些转变对于图书馆馆员岗位变革产生了重要影响。

一、智慧图书馆环境下图书馆员岗位变革

（一）资源建设类岗位配置的变革

1. 自助服务的投入

厦门集美大学诚毅学院于2005年年底开始筹钱，成为国内第一家拥有RFID馆藏管理系统的图书馆；2006年深圳图书馆新馆将RFID标签和阅读器应用于图书馆的文献采访、分类编目以及图书的流通、典藏和读者证卡等各个环节，彻底取代了传统的条码、磁条等设备。RFID技术实现了图书的自助借还、盘点、查找、定位、顺架、分拣等一系列基础性的工作。自助设备的投入减少了原有工作量，也对使用者提出了

新的能力要求。

2. 数字资源建设加强

相对应的数字资源建设、数字资源长期保存、数据馆员等岗位在国内外图书馆中不断涌现。

3. 数字资源建设职责分散

随着知识服务的发展以及嵌入式学科馆员的盛行，数字资源建设不再局限于资源建设部门，嵌入用户环境及时掌握并反馈用户需求的服务部门也开始承担起部分资源建设的责任。

（二）流通借阅岗位的变革

就目前而言，智慧图书馆从根本上改变传统图书馆业务的伟大成就在于应用 RFID 技术完成图书馆采编、借阅、分拣及盘点工作，实现了用户的自主借阅服务，大大缩减了流通借阅低技术含量的人员配置，节省了人力资源成本，并为相对高技术含量的岗位挪出了空间。

（三）参考咨询岗位的变革

自学科服务开始崛起，参考咨询就必然要进行一场伟大的革命。学科馆员 1.0 以学科资源建设、参考咨询、用户培训及院系联络为特征发展为嵌入式学科馆员，融入环境，嵌入用户使用过程。学科服务不仅是对参考咨询的变革，也是对图书馆原有组织架构的一次重组。以任务为导向，集成各业务流程，嵌入用户环境提供服务。因此，发展后的学科馆员任务重、要求高，也是各馆提供知识服务及智慧化服务的关键节点。

（四）技术支持岗位的变革

随着 e-science 展开科研数据管理，到大数据环境下高校图书馆面临的数据处理问题，有必要设置数据馆员岗位，陈锐和冯占英认为，图书馆应当存在专门负责数据收集整理及统一加工、元数据标准、数据共享和重用、研发先进的知识服务引擎等的管理人员，他们通过分析数据集合存储需求、制订科研过程数据的管理计划、收集与传播数据等。陈建新提出，图书馆应当专门设立数据馆员岗位，通过对岗位设置要求来督促数据馆员提高自身素质与服务水平。

二、智慧图书馆环境下的馆员结构

在 21 世纪，为了迅速适应用户不断变化的需求，革新理念与服务是图书馆发展的动力，馆员结构也必须适应这些发展而做出相应的调整。馆员的组织形式依然围绕图书馆业务构建，根据图书馆业务的变更，扩大原有岗位的职责范围或者增设某些岗位，是近年来图书馆内部结构变化的显著特点。

智慧图书馆发展历程有以下几大标志性事件：①智慧图书馆的最早实践来自 2001 年加拿大首都渥太华的智能图书馆（Smart Library）联盟，旨在提供一站式检索服务，即跨平台检索服务。2001 年 10 月，澳大利亚昆士兰州立图书馆建立了"智慧的图书馆网络"，并将物理设施和虚拟社区同时纳入形成一个集成系统。②2002 年，新加坡图书馆在全球范围内首次应用 RFID 技术。③2003 年，在理论研究中，芬兰奥卢大学图书馆馆员艾托拉在人机交互移动设备国际研讨会上发表《智慧图书馆：基于位置感知的移动图书馆服务》，指出"智慧图书馆"是一个不受空间限制且可被感知的移动图书馆。智慧图书馆发展之后，对资源建设部、参考咨询部、数据管理与技术冲击最大。

图书馆知识服务团队是由专题处理人员、信息咨询人员、学科馆员、技术人员、管理人员及外聘专家组成。上海交通大学图书馆于 2008 年起实行岗位分类管理，彻底梳理了 200 多个岗位的职责和要求。首先，根据岗位的专业程度，将馆员划分为专业馆员和辅助馆员。其次，按照各个岗位的具体业务范畴，将馆员横向划分为学科服务馆员、资源建设馆员、技术支撑馆员、图书馆管理馆员四大类；按照岗位内容的专业程度，将馆员纵向划分为辅助型、技能型、特色专业型、专家级、领军型五个层次。

辅助岗主要分布于用户服务部门，其职能是对基础服务等辅助岗位的业务开展进行管理、培训和监督；其他临时性、辅助性和可替代性的辅助型馆员（可以以编制外的形式聘用或者以学生管理员的形式补充），负责书刊上架、整理、流程操作等业务，需要时辅助某些项目的实施。

特色专业型馆员主要包括学科馆员、信息素养和教学支持馆员、学科情报分析人员、外文书刊编目馆员、技术应用及系统研发馆员、电子资源建设和揭示馆员、数字化业务管理馆员、阅读推广和文化活动策划馆员、智能技术研发人员、知识产权服务馆员、科技查新馆员、特色馆藏组织和服务馆员。

智慧图书馆应致力发展专业型馆员，包含学科服务团队（学科馆员、学科情报分析人员、信息素养和教学支持馆员、电子资源建设和揭示馆员、阅读推广和文化活动策划馆员）、科技查新馆员，技术部的技术应用及系统研发馆员，编目部的外文书刊编目馆员，特藏与数字化部的特色馆藏组织和服务馆员，数字化业务管理馆员。这些馆员是及时发现用户需求、紧跟技术发展、调整服务形式及内容，实现更便捷、更全面感知的智慧服务的中坚力量。

三、智慧图书馆的馆员职责及胜任力

美国麦克利兰博士提出了"胜任力"的概念。"胜任力"被定义为担任某一特定的任务角色所需要具备的能力素质的综合，用以明确区分在特定工作岗位和组织环境中杰出绩效水平和一般绩效水平的个人特征。自此，国内外学者展开了对图书馆馆员胜任力的研究。

（一）现有胜任力研究

胜任力是指图书馆馆员胜任图书馆工作岗位的能力。胜任力研究大致可分为以下几种类型。

1. 图书馆馆员某方面的胜任力研究

图书馆馆员某方面的胜任力研究包括以下几个方面。

（1）领导胜任力研究。

有学者通过经验总结及相关的文献分析，将图书馆馆员的领导胜任力定义为适应能力、良好的决策能力以及有效的人际沟通能力。

（2）文化胜任力研究。

有学者通过问卷调查和访谈发现馆员文化胜任力的现状、不足及提升需求，并且有针对性地提出自主选择、加强教育、营造多元文化氛围等建议。

（3）专业胜任力研究。

有学者对比国家学术咨询协会（NAAA）、大学与研究图书馆协会（ACRL）的馆员胜任力标准，对图书馆学硕士毕业生应当具备的专业胜任力进行了探讨和研究。

（4）信息技术胜任力研究。

有学者通过实证探索了在新环境下不同类型、不同角色的图书馆馆员的信息技术胜任力现状，并对需求进行分析，认为网页设计、多媒体、数据库等计算机相关能力是图书馆馆员必须具备的能力。

2. 不同岗位图书馆馆员胜任力研究

不同岗位图书馆馆员胜任力研究包括以下几个方面。

（1）图书馆馆长胜任力研究。

有学者对高校图书馆馆长胜任力评价体系进行了研究，根据文献法确定包括知识、能力、人格一级指标和16个二级指标的胜任力模型，并且利用层次分析法对各个指标进行权重赋值。

（2）学科馆员胜任力研究。

有学者将学科馆员胜任力概括为三个方面，即个性要素、知识要素和技能要素。

（3）参考咨询馆员胜任力研究。

有学者通过文献分析构建了初步的参考咨询馆员的胜任力模型，并在此基础上利用专家访谈对模型进行了补充完善，最终得到包括在线交流能力、评估资源和服务能力在内的胜任力模型。

（4）电子资源图书馆馆员胜任力研究。

有学者通过分析2000—2012年的图书馆招聘广告并进行编码转换，构建电子资源图书馆馆员的胜任力模型，分析了随着时间的变化各维度胜任力的需求变化。

（5）图书馆资料管理人员胜任力研究。

有学者对高校图书馆资料管理人员的胜任力素质进行了研究，依据冰山模型从显性和隐性两个方面提出了专业知识和人格特质两个一级维度的胜任力模型。

3. 通用的馆员胜任力研究

有的学者采用专家小组访谈法结合问卷调查法，在文献分析的基础上建立知识型馆员通用胜任力模型，并通过问卷调查进行实证研究，构建了以学习能力与交流能力、专业服务才能、服务改善能力、服务心智品质、服务资源管理能力、服务执行能力为一级维度的通用的馆员胜任力模型。

有的学者采用行为事件访谈法，建立以专业素质、沟通与协调、领导与管理、职业基础、认知能力、个人特征为一级维度，包含18个二级维度的胜任力模型。

有的学者通过探索性因子分析将图书馆馆员的胜任特征划分为几个不同维度的冰山模型：基本知识和业务技能、相关学科知识、计算机运用能力为冰山上的部分，这部分容易被了解和测量，能通过后天培训和个人努力来获得和发展，是有效执行工作必须具备的能力；职业态度和服务精神、情绪适应能力、组织沟通能力为冰山下的部分，是个人内在难以测量的精神品质，但却是区分绩优者和绩效平平者的关键因素。

4. 总结

这些胜任力研究都试图解释胜任图书馆岗位工作需要具备的能力，并且这些能力的划分可以在人员选拔、培训、开发及绩效评估方面为图书馆提供参考。通过他们的研究可以有以下发现。

（1）不同工作岗位的馆员的胜任力存在差异性。

最为明显的是学科馆员与技术型岗位馆员。业内认为学科馆员在专业知识、服务能力及团队协作能力方面要求更高，这是他们与其他馆员有所区别的显著特征；而技术型岗位对计算机技术的要求更高，不能期望每个馆员都精通数据挖掘、移动互联技术。

（2）不同岗位同样存在胜任力共性。

协调沟通能力、服务创新能力及学习能力在每一个岗位工作中都很重要。这是图书馆作为一个整体运作的润滑剂。

这些能力的描述都比较抽象，不能结合馆员职责展开。

（二）智慧图书馆环境下图书馆馆员胜任力研究

1. 基本胜任力

伊恩·约翰逊认为，为适应快速变化的现实环境，图书馆馆员不仅要能胜任对现有体系和服务的执行、管理，还应当具备卓越的洞察力和执着的献身精神，能够时刻关注所在城市有哪些信息需求，了解如何通过建设新信息源来提升图书馆的服务质量,并聚焦那些能有效传播信息的新技术。

归纳而言,智慧图书馆环境下的图书馆馆员应具备以下几种能力。

(1) 服务意识及执行能力。

图书馆的宗旨就是服务于用户,因此每一位图书馆馆员都应当具有良好的服务品质,以优良的服务品质向用户传达"以用户为中心"的服务理念。智慧服务的开展高度依赖具有较强专业技能和胜任力的馆员。馆员的执行能力是组织战略目标得以实现的重要保障。

(2) 专业服务能力。

近年来数字资源的兴起以及出版行业的发展打破了传统图书馆的资源垄断地位,图书馆从业者不得不将"以资源为中心"的服务理念转变为"以用户为中心"。网络技术的快速发展打破了图书馆的馆藏和服务界限。在智慧图书馆时代,用户需求不再是简单的借还书,已发展为对经过深度加工增值的知识信息资源的需求。因此,图书馆馆员应当与时俱进,不断更新自己的服务能力。现阶段应当提升信息筛选、收集及整理加工能力,利用信息处理工具实现合理的知识增值服务。

(3) 学习与交流能力。

学习能力指的是以高效的方式获得知识信息,并将其转化为自身知识的能力;交流能力指的是能够听取他人看法,理解对方传递的信息,并且有效表达自己想要传递的信息的能力。通过持续地学习交流,创造具有生机的学习型组织,图书馆才能成为一个有机生长的个体。

(4) 服务改善与创新能力。

提升服务品质、提高组织效率的关键是改善能力。不断尝试新的技术,积极寻求解决问题的方法,激发组织成员的潜在能力,以提升整个组织的核心竞争力。

(5) 服务资源管理能力。

图书馆馆员在执行复杂的需求及工作任务时，需要具备一定的资源管理能力，以便对于自己掌握的资源进行有效配置；与外部协作，提高资源获取的便利性与持续性。

（6）团队协作能力。

随着服务的深化，服务内容的知识含量、科技含量及专业化程度要求更高，图书馆馆员经常需要以团队的形式展开服务，所以团队协同能力是不可或缺的。

2. 学科馆员的职责及胜任力

学科馆员从发展之初即具有以下六项最基本的职责。

（1）学科资源建设。

学科馆员在资源建设上具有两个方面的优势：其一是较强的学科知识背景和文献采选能力，其二是深入院系了解用户需求。学科资源建设是开展学科服务的基础；学科服务反过来联络学科用户，熟悉学科资源和用户的特点与状况，促进学科资源的利用。在开放的大数据环境下，学科资源丰富多样，为学科建立集成的信息资源平台并定期更新维护是学科馆员的重要职责。

（2）参考咨询。

参考咨询是学科馆员最原始、最基本的职责。学科馆员应当具备一定的学科背景，还应有相应的服务能力和手段，可以为用户提供专业化的咨询服务。

（3）用户培训。

用户培训的主要目的有三个：其一是提高资源的有效利用，实现效益的扩大化；其二是帮助用户了解、熟悉图书馆的资源及设施；其三是让用户学习利用资源及设施的方法与手段。

（4）院系联络。

院系联络是现代图书馆根据以用户为中心的理念，改进图书馆与院系工作人员之间的关系，促进图书馆与学术界的交流，增强图书馆面向用户的形象。

（5）嵌入教学过程的信息素养教育。

（6）嵌入科研过程的情报服务。

关于胜任力，孙坦在2013年中国高校图书馆发展论坛所做的《学术图书馆与嵌入式知识服务》报告中总结了学科馆员应当具备的九个方面的技能和知识，即在该学科或专业具有良好的书目和其他发现工具的知识；具有良好的设计信息素质教育的技能；具有良好的信息发现、文献检索方面的技能；具有对引用和参考文献提供咨询的知识，以及利用文献管理软件的技能；能够能动地向科研人员提供咨询服务并宣传推广图书馆的服务；具有良好的该学科或专业数据源的知识；具有良好的有关该学科或专业内容的知识；了解本单位当前和变化的科研兴趣；能够获得每个科研人员或项目的需求。

3. 学科情报分析人员的职责及胜任力

学科情报分析人员具有以下职责。

（1）决策支撑。

面向学科、院系，为学科发展规划、科研评估、人才评估提供数据和文献信息情报支撑。学科情报分析人员采用现代情报分析方法及分析工具对该学科或专业相关信息进行搜集、整理，为领导决策提供参考。

（2）动态监测。

面向课题、面向个人，提供学科发展前沿动态监测。最早期的课题服务即可视为学科情报服务的一种。学科情报分析人员可以根据学校规划，为重点学科提供学科态势分析以及学科动态追踪报道。

（3）与学科馆员协作提供嵌入科研过程的学科服务。

学科馆员嵌入科研过程服务的初期和中期都需要大量的数据及信息服务支撑。学科情报分析人员在学科馆员与用户的沟通、数据源的选取与整理、数据分析处理以及关键情报点的识别方面都能为学科馆员提供优良的技术支持。同时，学科情报分析人员与学科馆员可以协作构成服务团队，共同为重大项目及课题服务。

关于胜任力，作为学科情报分析人员应具备以下专业知识和技能。

（1）具有某方面专业背景。

学科服务的专业背景十分重要，这是与相对应的院系或者课题组人员建立联系的重要软实力。

（2）具有互补性的外语特长。

学科情报分析服务有大量的数据源或信息源需要整理。在互联网时代，学科的发展同样是交流互通的。国外信息收集需要一定的外语基础。

（3）对学科发展趋势有一定见解及跟踪能力。

（4）情报分析工具使用能力。

（5）情报数据筛选、解读能力。

（6）良好的沟通能力及协作精神。

4. 信息素养与教学支持馆员的职责及胜任力

信息素养与教学支持馆员具有以下职责。

（1）图书馆培训与讲座。包括日常培训、新生培训、数据库商培训、学科服务讲座、图书馆宣传推广系列讲座等。

（2）提供教学参考工作。

关于胜任力，作为信息素养与教学支持馆员应具备以下专业知识和技能。

（1）文献分析工具使用能力。

（2）数据库使用能力。

（3）宣传策划能力。

5. 电子资源建设与揭示馆员的职责及胜任力

电子资源建设与揭示馆员具有以下职责。

（1）数据库商联系、日常管理、试用评价、故障排查。

（2）负责电子资源的调研分析，参与电子资源采购谈判。

（3）自有电子资源建设工作。

关于胜任力，作为电子资源建设与揭示馆员应具备以下专业知识和技能。

（1）基本计算机处理技术。

（2）谈判及合同草拟能力。

（3）资源收集、整理及处理能力。

6. 阅读推广和文化活动策划馆员的职责及胜任力

阅读推广和文化活动策划馆员具有以下职责。

（1）日常资源推介工作。

（2）专题性宣传推广活动。

（3）宣传片及宣传资料制作。

关于胜任力，作为阅读推广和文化活动策划馆员应具备以下专业知识和技能。

（1）绘图及广告制作等软件应用能力。

（2）宣传文案写作能力。

（3）活动策划能力。

7. 科技查新馆员的职责及胜任力

科技查新馆员的职责包括承接各类型科技查新、论文收录引用检索，为校内外科研人员申报项目、申报奖励、成果鉴定、课题咨询提供科技查新服务。

关于胜任力，作为科技查新馆员应具备以下专业知识和技能。

（1）外语能力。

（2）文献检索与分析能力。

（3）专利检索与分析能力。

（4）某一学科专业知识背景。

8. 外文书刊编目馆员的职责及胜任力

外文书刊编目馆员负责馆内外文书刊的编目和整理工作。

关于胜任力，作为外文书刊编目馆员应具备以下专业知识和技能。

（1）外语能力。

（2）掌握熟练的编目技巧。

9. 技术应用及系统研发馆员的职责

技术应用及系统研发馆员具有以下职责。

（1）图书馆网站群管理，包括图书馆网站群的设计、维护、信息发布、二级网站的开发，学术资源门户系统的开发与维护，等等。

（2）图书馆服务器设备、有线网络、软件平台、专用设备和系统、中心机房的管理和维护，数据安全管理，应用系统开发和维护，馆内技术培训，IT设备与系统采购，等等。

（3）数据图书馆相关项目的管理和实施，提供系统架构设计、软件开发、数据分析等方面的技术和平台支撑。

（4）跟踪、推广新技术在图书馆中的应用，提升服务与管理的效率和便捷性。

（5）数据平台的学术研究、技术研发、对外协作、宣传推广及专题培训。

（6）与科研机构合作，提供科研数据管理和服务的咨询、培训和技术支持，以及数据管理相关项目的规划、方案设计和实施。

10. 特色馆藏组织和服务馆员的职责

特色馆藏组织和服务馆员具有以下职责。

（1）负责协调本馆特藏资源的搜集、整理、研究及保存。

（2）提供特藏文献的服务。

（3）发掘特藏文献的学术价值和使用价值。

（4）特藏文献的维护及修补。

（5）阅览室读者服务工作。

（6）负责馆内文献资源数字化制作工作（包括数字化扫描、资源制作、数字化标引等）。

（7）与数据管理和技术部沟通协调，参与制定数字化工作流程以及数据加工、储存、发布、服务等规范。

（8）与数据管理和技术部沟通协调，参与数字化加工平台的评价选型，负责平台功能管理和数据安全管理。

11. 数字化业务管理馆员的职责和胜任力

随着数字图书馆的发展，以数字化形式存在的馆藏资源越来越多。数字化业务管理馆员的主要职责是馆藏的数字化以及数字化资源的整合管理。

关于胜任力，数字化业务管理馆员必须具备数字化技术处理能力。

第三节 智慧图书馆馆员队伍建设

一、馆员引进机制

在引进馆员的过程中应该考量以下几个方面的问题。

（一）未来发展目标

在制度不断变革的情况下，各个馆编制都相对紧张饱和。在引进图书馆馆员的过程中，首先应关注图书馆未来的发展目标。图书馆在每个阶段的变革都是一个循序渐进的过程，人力是其必不可少的资源储备。如同发展目标一样，在人才储备上也应有长期的规划目标，根据图书馆的未来发展规划，配置合适、出色的馆员。良好的馆员配置是智慧图书馆发展的基石。全面感知的智慧系统、个性化的推送服务系统都依赖于信息技术处理馆员、服务内容规划执行馆员的业务处理。在适当的时间有目的、有规划地引进优秀的人才，是图书馆规划的重要内容。

（二）现有馆员配置

在考虑配置新馆员的同时，也应该考虑现有馆员配置。现有馆员的技术结构、年龄结构、学科结构、外语结构等内容都是应该认真统计分析的项目。同质性过高是对人力资本的浪费，因此技术结构是相当重要的考量因素，学科结构也是如此。要在不同的年龄层次合理分布，才不会出现人才断层的情况。在学科情报服务中，外语能力是了解世界各国发展状态的桥梁，因此外语结构也是考量因素。

（三）本馆发展前景

图书馆应当认识到自身的发展前景，合理定位招聘要求，实现应聘人员的心理预期与本馆实际的对接，最大限度地招揽合适的人才。

图书馆事业需要专业人员的维护，所以各个图书馆应当建立合理的准入门槛，让具备优秀素质的人才得到合理利用。

二、馆员能力培训机制

合理的馆员能力培训机制是吸引优秀人才进入图书馆工作的"法宝"。馆员能力培训机制在图书馆馆员事业生涯发展中具有重要价值。

（一）培养以计算机技能为核心的综合能力

以计算机管理为核心建立起来的图书馆自动化系统是由人员、数据库、计算机设备、程序和规程几大部分组成的一个整体。人员、计算机及其软件规程是图书馆自动化系统环境中的三大支撑力量。其中，人起主导作用，能够将其他部分有机地组合在一起。人员对于自动化管理系统的发展起到直接的影响作用，是自动化系统运行并获得成功的关键。

为适应新型环境的整体要求，各类图书馆馆员必须熟练掌握计算机技术，并使自身的图书馆专业管理水平上升到现代化水平。智慧图书馆馆员不仅要具备过硬的业务能力，还应具备计算机信息处理的特殊能力。智慧图书馆需要负责整个系统正常运行的系统维护管理员和应用程序设计员、具有图书馆业务技能的计算机操作人员、具有计算机的简单操作技能和图书馆读者服务工作技能的一般操作员等各类人才。

（二）强化信息服务观念、新型服务意识和敬业精神

智慧图书馆和传统图书馆在图书馆工作方式、工作内容和服务观念上有着根本性的区别。智慧图书馆存储知识信息的载体多种多样，有传统意义上的视听和缩微资料，有历史悠久的书本文献，更多的则是以数字代码方式和数据库结构方式将图、文、声、像信息存储在磁、光、电介质上，只有通过计算机或者类似设备才能阅读使用的电子文献信息，因此图书馆馆员不能把目光局限于传统出版物，还应注重新型的电子出版物。藏书结构也应考虑注重多介质、多形式的出版物，并量力采购；不能仅注重书店采购，更应多关注互联网上的公开电子书刊、电子出版机构的各种多媒体光盘出版物。鉴于此，图书馆的采访馆员只有具备多载体服务意识，多渠道、多方面收集信息的能力，才能更好地满足多功能图书馆的需求。

藏以用为目的。流通服务馆员必须突破"借借还还"的局限，注重多形式的文献信息服务，服务观念应基于多层次、多方位的服务方式且图书馆流通实行全开架借阅的自动化管理，实现"管、藏、借、阅"四合一体制的工作模式。工作人员的服务价值主要体现在信息咨询、开发管理、定题服务，从而实现更深意义上的为"书"找人和为人找"书"。简单化的"扫描借还"手续，可以由用户自动操作，甚至用户在家就可以自己进行借还操作。在此种情况下，应当加强文献加工工作，深入"书"中了解其精华，才能提高服务及导读水平。因此，流通服务馆员要发扬传统职业道德和敬业精神，突破"借借还还"的局限，不断提高自身服务及导读水平，最终成为"书"和读者的好向导。

（三）培养遵守操作规范和原则的严谨工作作风

面对多功能、多类型的图书馆系统软件，图书馆应当根据自身的特

点和具体情况，采用合适的系统软件，实现自动化建设。作为系统软件使用者的馆员，必须按照软件规定的工作方式、程序规范进行操作，且必须遵守现行的国际国内行业标准，如数据通信格式、卡片格式等，甚至仍有必要继承传统的、严谨的行业服务准则。

图书馆自动化系统涉及多方面的规范、约定俗成或者明文规定的标准。无论从事哪种工作都有一个规程，也就是行业标准。图书馆计算机系统中的"规程"的意义是工序、步骤、过程、方法、措施、处置和行动等，即按照管理实践所应遵守的规则和工作规律编写的应用程序，以及未能由计算机程序化的各种各样的人工处理操作规范、标准，甚至包括工种要求限定的馆员学识水平和能力。数据处理是整个信息系统中最重要的基础工作，其质量的好坏直接关系到系统的好坏。数据处理有各种各样的程序化的和未被程序化的数据规范。各种约定俗成或明文规定的标准，对数据从"人"识别变为"机"识别具有指导性、规范性、导向性作用。此外，数据源来自多种途径，具有数据多源性。如果著录的数据项未能标准化，就要视具体信息对象，再按照规程力求著录项全面。此外，著录处理的信息不仅应用于本地信息库，还应满足国际、国内不同地域、不同规模图书馆和各类用户的需要，即数据要具有国际通用性。进行数据录入的编目著录馆员必须遵守规范，并使用多种程序化的格式，如卡片式、填单式等。按照各馆的要求采用分类法，如科图法、杜威法、中图法等。另外，在获取和处理数据时涉及更多的是执行标准和规则，常见的标准和规则有以下几种：①卡片式著录时的规则GB/T 3792（有一系列的著录总则、规则）。②国际标准书目著录（ISBD）规则：ISBD（G）总则、ISBD（CF）计算机文档著录规则、ISBD（S）连续出版物著录规则、ISBD（NBM）非书资料著录规则。③MARC著录时的规则：中文书刊采用CNMARC，西文书刊采用LCMARC。④文档类型定义（DTD）标准：DTD（ANSI/NISO Z39.59书、文章和丛书的文档类型定义规定)、HTML(DTD 文献屏幕显示规定)。对于图书馆在版编目(CIP)数据的标准和规范,也是编目著录馆员必须熟悉的基本业务准则。

编目著录馆员不仅要严格遵守这些程序化的规范和标准,还应遵守另外一些未被程序化的规范或行业标准,这是最基本的业务素质要求。另外,编目著录馆员要有认真严谨的工作作风以及兢兢业业的工作精神,只有人和规程两者协调配合,才能提高整个信息系统的工作效率和运行质量。

(四) 提高以开发利用为目的的科研能力

科研能力是图书馆馆员应具备的基本素养之一。传统图书馆馆员忙于应付日常业务,而新型图书馆馆员除了日常工作之外,还要具备对所从事业务的深入研究精神。

从研究中提高自身业务水平,从研究中发掘信息资源,再将研究成果传递与服务于用户,为用户提供高层次的、高水平的服务。图书馆员应以"为读者服务"的宗旨为前提来开展各自的工作,如编目著录馆员研究怎样才能更好地揭示文献资源中所含的信息,采访馆员研究如何获得对读者有价值的文献资源,流通服务馆员则研究如何为"书"找人和为人找"书",以使文献资源得到更好的利用。重视文献信息资源的开发和利用,并建立和完善主书目数据库及特色文献信息库,对于图书馆的生存与发展有着直接的、深远的影响。采用现代化的手段,使图书馆由存储型转变为开发型,由封闭型转变为开放型,由传统型转变为现代型。此外,开发信息资源是高校图书馆和研究型图书馆的一项核心工作,也是衡量图书馆工作好坏的主要标准之一。高效的开发工作可以使信息资源发挥其应有的价值,充分满足教学科研、创造发明、经济建设的要求,也促进了图书馆自身的发展。因此,图书馆馆员应当具备较强的科研能力,并将信息开发与处理视作图书馆的一项产业。文献开发要坚持以社会效益为主、兼顾经济效益，使文献产品的商业价值和使用价值相统一、产品的数量和质量相统一的原则。信息产品可以有多种表现形式，包括传统纸介形式、电子文本文件、多功能数据库系统、超文本库等。高水平、高层次的图书馆馆员应当进行更深入的文献开发深加工，专门从事开发文献资源的深加工工作、二次文献处理和进行信息资源开发及信息技术服务。此外，对于古籍特种文献或外文文献等比较独特、高深的文献开发，应当聘请专家来进行相关工作；可以利用申报科研课题的部分科研费来支付部分报酬；借助学校的科研力量，联合进行文献资源开发利用，使图书馆丰富的文献资源能够充分发挥其信息作用。另外，还可以采用征集相关研究资料、文献、文摘的方法，通过间接收集研究成果进行文献开发。图书馆是一个"三分技术、七分管理、十二分数据"的集成系统。图书馆馆员只有具备较强的科研能力，才能充分挖掘出此系统中蕴藏的海量资源，发挥出它们的潜在价值。只有研究怎样迅速准确、有效且适量地提供所需的信息，同时发现信息之间的潜在联系，才能为用户提供智能化的信息检索服务。因此，为适应文字挖掘、数据挖掘、多媒体信息挖掘的图书馆业务工作，新型馆员必须具备出色的文献信息处理和开发能力，注重培养随时进行文献深加工科研工作的业务素质。

（五）拓展以电子阅览为手段的全球多媒体操控能力

纵观近年来的出版改革史，激光照排出版使得排版技术得到了极大的改进：CD-ROM 出版，载体变为光盘，信息从文字形式变为多媒体形式，极大地缓解了信息爆炸引发的认知危机；Web 出版（网络出版），载体的发行流通渠道和阅读方式都发生了巨大变化，网络电子书刊可以随时更新，用户可以同时浏览、实时交互，真正实现了出版者至读者之间的零等待；互联网出版成为未来的主流，建立虚拟图书馆和虚拟学校，将对人类文明史产生不可估量的推动作用。

近年来，全世界的光盘中教育学习类占50%，知识类占20%，游戏类占20%，其他类占10%。另外，随着国内外电子出版物产业的快速发展，光盘产品在技术上取得了较大的进展。我国前后诞生了几十种互联网中文报纸，多种互联网电子杂志和电子图书、网上图书馆检索系统和地区性图书馆互联检索服务系统，有远程登录和Web浏览两种方式，既有免费使用的资源，也有有偿使用的文献信息。

图书馆电子阅览室的计算机通过服务器或者网络管理中心与互联网进行互联，可以直接检索和共享全球网上图书馆的数据资源，同时允许其他馆访问本馆的资源，从而形成了全球性的"公共图书馆"。另外，还可以通过各种互联网漫游方法直接阅读网上出版物，如电子图书期刊和数据库。

因此，智慧图书馆必须具备操控、使用和管理多形式多媒体电子出版物的技能，只有这样，才能更好地为读者服务。另外，网上图书馆信息员需要具备在互联网上漫游、检索的本领，掌握并使用互联网和浏览器进行交互式多媒体和超媒体馆际信息相互检索，用互联网远程登录进行信息处理和联机服务，用E-mail进行馆际联络，用FTP文件传输获取文献信息，等等。

综上所述，图书馆和馆员自身都要加强对馆员各种素质的培养和提高。从计算机工作技能入手，加强服务意识革新，按照系统规范开展工作，提高馆员的科研能力，充分利用信息高速公路，达到全面信息资源共享和利用的目标。

6

第六章

智慧图书馆的技术应用

第一节　5G应用

一、5G 相关概念及政策

第五代移动通信技术（5th Generation Mobile Communication Technology，5G）是新一代宽带移动通信技术，将现有接入技术与新型无线接入技术进行高度融合，并引入 D2D 通信（Device-to-Device communication）、M2M 通信（Machine-to-Machine communication）、信息中心网络（information-centric network）、自组织网络技术（self-organization network）、软件定义网络、超密度异构网络、移动云计算等高新技术，具有低时延、大容量、高速率等优点。5G 低时延对应的应用场景是超可靠低时延通信（uRLLC），5G 环境下端到端的时延可达到毫秒级，理论网络时延是 0.001 秒（1 毫秒），基本等同于实时传输，5G 的低时延让远程医疗、无人驾驶等服务成为可能。5G 大容量对应的应用场景是海量机器类通信（mMTC），5G 环境下网络容量增加了 1000 倍，并且可以接入千亿级的设备容量，以满足物联网通信的需求。5G 高速率对应的应用场景是增强移动宽带（eMBB），5G 下载速率理论值可以达到 10Gbps，是 4G 下载速率的 100 倍，5G 的高速率使得 VR 虚拟现实技术成为可能。

2013 年，华为公司率先投入资金对 5G 技术进行早期研发；同年，工业和信息化部、国家发展改革委成立 IMT-2020（5G）推进组，鼓励国内机构开展国际合作，以推进 5G 国际标准发展。2015 年，华为、中兴等公司启动对 5G 的产业投资和技术研发；2016 年，联合部分企业和研究机构启动了为期三年的 5G 技术试验。2019 年，我国完成 5G 标准最终版 R16；同年，工业和信息化部向四大运营商颁发了 5G 商用牌照。2019 年 10 月，5G 基站入网正式获批，华为公司率先获得了工业和信息化部颁发的国内首张 5G 基站设备进网许可证，这意味着 5G 基站设备将正式接入公用电信商用网络；同月，三大运营商公布了各自的 5G 商用套餐。2020 年 1 月，由中国通信标准化协会主办的"5G 标准发布及产业推动大会"在北京召开，会议发布了中国首批 14 项 5G 标准，涵盖天线、核心网、终端等领域。

作为新型基础设施建设之首，5G 对我国数字经济的发展具有重要意义，在过去的几年中，获得了我国政策的大力支持。2018 年以前，我国政策注重鼓励企业从事 5G 技术及标准研发，比如 2017 年，工业和信息化部颁发了《信息通信行业发展规划（2016—2020 年）》，支持 5G 标准研究和技术试验，推进 5G 频谱规划，启动 5G 商用；2017 年、2018 年连续两年在政府工作报告中提出要加快 5G 技术研发和转化，做大产业集群，推动 5G 产业发展；2018 年 7 月，工业和信息化部、国家发展改革委联合发布《扩大和升级信息消费三年行动计划（2018—2020 年）》，提出"加快第五代移动通信（5G）标准研究、技术实验，推进 5G 规模组网建设及应用示范工程，确保启用 5G 商用"；2018 年 10 月，国务院办公厅发布了《完善促进消费体制机制实施方案》（2018—2020 年），提出要进一步扩大和升级信息消费，加大网络提速降费力度，加快 5G 商用。

2018 年以后，我国政策倾向于鼓励 5G 网络建设和 5G 应用的开发，相关政策如表 6-1 所示。

表6-1　我国5G建设相关政策

时间	颁发部门	政策名称	相关内容
2019年11月	工业和信息化部	《"5G+工业互联网"512工程推进方案》	提升"5G+工业互联网"网络关键技术产业能力、创新应用能力、资源供给能力，加强宣传引导和经验推广
2019年12月	国务院	《长江三角洲区域一体化发展规划纲要》	到2025年，5G网络覆盖率达到80%，基础设施互联互通基本实现
2020年2月	工业和信息化部	《关于有序推动工业通信业企业复工复产的指导意见》	重点支持5G、工业互联网等战略性新兴产业的发展，为5G网络建设、5G终端产品上市检测开辟绿色快速通道
2020年3月	工业和信息化部	《关于推动5G加快发展的通知》	从5G网络建设、5G应用场景、5G技术研发与5G网络安全四个方面明确了未来我国5G建设发展的重点方向，指明国家层面的18条5G发展建议，提出要加快5G网络建设进度、加大基站站址资源支持、加强电力和频率保障、推进网络共享和异网漫游
2020年3月	国家发展改革委、工业和信息化部	《关于组织实施2020年新型基础设施建设工程（宽带网络和5G领域）的通知》	发布了七项5G创新应用提升工程
2020年5月	工业和信息化部	《关于深入推进移动物联网全面发展的通知》	推动2G/3G转网，推进NB-IoT、4G和5G协同的移动物联网体系
2020年7月	工业和信息化部	《关于举办IMT-2020（5G）大会的通知》	聚焦5G商用和应用创新，通过应用大赛、高峰论坛、展示交流等方式进一步汇聚产业力量，深化产学研用合作，推进5G发展

续表

时间	颁发部门	政策名称	相关内容
2021年2月	工业和信息化部	《关于提升5G服务质量的通知》	主要针对5G用户服务质量不高的现状，明确要以用户为中心提升服务质量，建立三类监测体系，准确把握服务态势
2021年3月	工业和信息化部	《"双千兆"网络协同发展行动计划（2021—2023年）》	到2021年，5G网络基本实现县级以上区域、部分重点乡镇覆盖，新建5G基站超过60万个
2021年5月	工业和信息化部	《"5G+工业互联网"十个典型应用场景和五个重点行业实践》	具体介绍了10个典型场景及5个重点行业"5G+工业互联网"的实际应用情况
2021年7月	工业和信息化部联合中央网信办、国家发展改革委等九个部门	《5G应用"扬帆"行动计划（2021—2023年）》	从标准体系构建、产业基础强化、信息消费升级、行业应用深化、社会民生服务、网络能力强基、应用生态融通、安全保障提升等方面提出了八大专项行动。在专项行动中设置了四大重点工程，包括实施5G应用标准体系构建及推广工程、面向行业需求的5G产品攻坚工程、5G应用创新生态培育示范工程和5G应用安全能力锻造工程，重点明确了主要突破方向，以及需要产业各方合力推动的重大事项：到2023年，每万人拥有5G基站数超过18个；建成超过3000个5G行业虚拟专网；打造10~20个5G应用安全创新示范中心，建设一批5G融合应用创新中心

续表

时间	颁发部门	政策名称	相关内容
2021年11月	工业和信息化部	《"十四五"信息通信行业发展规划》	建成全球规模最大的5G独立组网网络，实现城市和乡镇全面覆盖、行政村基本覆盖、重点应用场景深度覆盖；5G网络规模商用；到2025年，每万人拥有5G基站数26个、5G用户普及率56%、5G虚拟专网数5000个
2021年11月	工业和信息化部	《关于印发第二批"5G+工业互联网"十个典型应用场景和五个重点行业实践的通知》	对5G的规划主要集中在通信网络基础设施方面，提出到2025年，要建成全球规模最大的5G独立组网网络，实现城市和乡镇全面覆盖、行政村基本覆盖、重点应用场景深度覆盖

二、5G应用领域

"4G改变生活，5G改变社会"，5G移动通信技术作为目前最先进的移动通信技术，其应用范围相当广泛。2021年7月，工业和信息化部、国家发展改革委等九个部门联合印发了《5G应用"扬帆"行动计划（2021—2023年）》，提出将在信息、工业互联网、融合媒体、车联网、智慧城市、智慧教育、智慧医疗等十五个重点领域赋能5G应用。其中，在"5G+智慧教育"方面，从5G教学终端设备建设、AR/VR教学数字内容研发、5G在线教育关键环节技术规范、场景化教学手段，以及5G在智慧课堂、教育管理、校园安防等教育整个环节中的应用推广等方面阐述了5G技术在智慧教育中的要求。利用VR/AR/全息影像等技术，不但能够突破时间和空间上的限制，实现随时随地共享教学资源和实时传输影像信息，还能让学生在远程课堂教学中感受到较为真实的互动体验。

此外，通过 5G 技术的大面积部署及应用，一些教育资源相对匮乏的地区的学生也能享受到高质量的线上教育，从而实现教育公平的目标。"5G+人工智能+物联网终端设备"等可以通过 5G 网络收集教学过程中产生的全场景数据，与大数据等技术相结合，既可以为教学质量评价提供依据，也有助于提升教学精准度；同时，5G 技术的应用也推动了校园安全水平的提升，通过使用物联网、人工智能、无人机、边缘计算等技术设备，实现全场景高清视频监控、智能视频分析、入侵探测报警、电子巡查等，以提升校园人员管理、远程巡考、门禁管理的效率，并有效解决目前视频模糊无法进行人员识别、危险探测不及时、陌生人进校发现不及时等安全问题。

三、5G 技术在图书馆领域的应用

5G 技术在图书馆领域的应用主要体现在智能门禁、无感借阅、智能选座，智慧书屋，智能导航导览，精准服务，智慧云课堂、云直播、云培训、云观展，智能安防，机器人服务，阅读推广等方面。

在智能门禁、无感借阅和智能选座方面，借助 5G 技术的高速度优势，使读者在享受图书馆服务时无须携带证件，而是通过高效的人脸识别技术来完成刷脸进馆、出馆即借、入馆即还等服务，从而实现图书借阅"零停留"；通过与选座系统对接，实现入馆即签到成功等功能，从而有效减少用户的等待时间。

在智慧书屋方面，同样是利用 5G 高速率、低延时、大带宽等优势，为书屋提供网络安全保障。河北移动联合新华书店于 2019 年在雄安新区建立了全国首家 24 小时 5G 无人智慧书屋，该书屋由 5G 技术提供智能借还、网上阅读、购书等场景应用的网络保障。

在智能导航导览方面，同样是利用 5G 低延时、高速率的优势，结合蓝牙、Wi-Fi、RFID 等技术，快速定位读者在图书馆的实时位置，并通过 3D 导引图为读者提供最佳导航路线，帮助他们尽快找到所需图书。

在精准服务方面，利用 5G 技术高速的数据处理能力，分析读者的行为数据和借阅数据，从而结合图书馆服务为读者推荐"千人千面"的图书信息和活动信息。2019 年，株洲市图书馆建成集感知、分析、预测、推荐功能于一体的"5G 智慧墙"，读者通过微信或支付宝图书馆等渠道录入人脸信息，当读者靠近智慧墙时，智慧墙通过感知摄像头进行后台比对，实时显示读者的借书、还书及活动参与情况，并对读者阅读数据和活动参与数据进行分析、预测，根据读者的兴趣爱好推荐其他图书和活动。同时，依托 5G 数据高速传输的优势，智慧墙可以实时展示中心馆以及各县市区 8 个总馆和市县 100 余个分馆、流通点、24 小时自助点的读者信息、借还书信息等。

在智慧云课堂、云直播、云培训、云观展等方面，通过开展"5G+VR"智慧教育同步教学，创新教学模式，更加关注学生的体验和感受，助力多区域学生同步享受高质量的教育资源，同时让学生沉浸式体验 360°全景高清教学内容，以 VR 方式进行直播互动，激发学生学习的自主性、积极性。

在智能安防方面，5G 技术的应用能够弥补现有安防系统中的带宽和速度局限性问题，使得高清图像、视频传输成为现实，大幅提升视频监控的传输和反应速度，实现远程实时控制，并能做出提前预警；5G 的高接入特性使得接入更多的视频监控设备成为可能，有利于扩大监控范围；5G 的多连接特性也使得接入更多类型的传感设备成为可能，这将会采集到更大的数据量及更多维度的数据，通过对大数据进行整合和分析，使判断决策更加准确，有利于预警机制的建立。

在机器人服务方面，当前图书馆用到的机器人服务主要有参考咨询机器人、盘点机器人、分拣机器人、搬运机器人、导航导览机器人等，但大部分机器人用的是无线网络，而在图书馆无线网络信号较弱的位置，服务通常会受到一定程度的影响。5G技术的稳定性和高速率能够更好地满足机器人灵活移动的需要，从而提高机器人的工作效率和工作质量。

在阅读推广方面，5G技术为数字阅读推广服务提供了更加优质的技术保障，为读者提供了更流畅的阅读体验；5G技术使得线上数字阅读推广成为现实，其低时延、高速率、大容量等特性让信息传播不受时间和空间的限制，使线上互动像线下互动一样流畅，也使互动的内容更加丰富，更容易让服务主体采集到读者行为轨迹，以提升活动效果和服务精准度；同时，5G环境下VR技术的广泛应用，可以进一步创新数字阅读推广方法，为读者提供虚拟沉浸式体验，优化读者的感官体验。

第二节 RFID技术

一、RFID技术概述

RFID即射频识别技术，又叫无线射频识别技术，是一种通信技术，也是物联网的核心技术，通过无线电信号来识别特定目标并读写相关数据，不需要识别系统以及在特定目标之间建立机械或光学接触，就可以实现高速的数据采集，并且其过程无须人工干预。即使是在高速运动过程中也能实现穿透性和无屏障阅读，具有远距离非触控性的自动感知能力及加密存储能力，还具有信息载体身份的唯一性等特点，这些特点催生了智慧图书馆的实际应用，被认为是21世纪最具有发展潜力的战略技术之一。

RFID系统由电子标签、阅读器、天线组成。电子标签又称射频标签、数据载体、应答器；阅读器又称读出装置、通信器、扫描器、读写器（取决于电子标签是否可以无线改写数据）。电子标签与阅读器之间通过耦合元件实现射频信号的空间（无接触）耦合，在耦合通道内，根据时序关系实现能量传递和数据交换。

RFID技术的基本工作原理是利用射频信号及其电磁感应、空间耦合特性，实现对静止或移动中的待识别目标对象的自动机器识别。

与传统的磁条技术（EM）相比，射频识别技术具有很大优势，如表6-2所示。

表6-2 射频识别技术（RFID）与磁条技术（EM）对比

名称	扫描速度	存储容量	安全性	重复使用	穿透性
EM	一次只能扫描一个条形码	50字节	加磁条防止携带出馆	一经使用便无法更改	要求近距离且没有物体阻挡
RFID	支持批量处理	数兆字节	承载的是电子式信息，其数据内容可设置密码保护，使其不被伪造或篡改	芯片内存储的数据可以多次修改、删除或更新	能够穿透纸张、木材和塑料等非金属或非透明材质

在图书馆应用中，RFID电子标签取代了传统的磁条和条形码，附着在所有需要管理的物品上，如纸质书刊、借阅证、音像制品等物品，以识别独特的电子编码，这样每个物品都成为一个终端节点，根据图书馆的工作需要，经过授权的图书馆馆员可以添加、删除或修改电子标签中记录物品的信息，比如纸质书刊的信息、架位、馆藏地等数据。与磁条相比，电子标签具有较强的读写率，可以多次修改和重复使用。电子标签的阅读器分为手持式和固定式两种类型，可以读取（有时也可以写入）标签信息。天线作为连接点，在电子标签与阅读器之间传递射频信号。RFID系统与互联网相连接，使每个终端节点不仅具有感知信息的能力，还具有处理信息的能力，真正实现了读者和文献资源之间、读者之间、读者和图书馆馆员之间、图书馆馆员和文献资源之间、图书馆馆员之间、文献资源之间的互联互通。

目前，RFID技术已逐步应用于图书馆的日常管理中。与条形码系统相比，RFID系统更加方便、高效，省时省力，极大地提高了图书馆的服务质量和工作效率。特别是RFID技术在图书馆自助借还部分所产生的经济效益和社会效益，在图书馆界已获得广泛共识，成为现代图书馆的应用趋势之一。

二、RFID 技术在图书馆的应用体现

RFID 技术在图书馆的应用可以体现在以下几个方面。

（1）可精确定位文献，便于文献的馆藏管理和读者查找。

RFID 电子标签中有文献的精准定位信息，能够帮助读者快速定位文献的位置，有效节约读者找书的时间；同时，文档的准确定位也有助于馆藏管理，比如图书馆馆员使用扫描器就能很快找出馆藏图书的错架情况，快速完成图书盘点工作。

（2）实现图书的自助借还，简化了借还流程。

从本质上来说，自助借还机就是 RFID 阅读器加上自助借还的应用软件，无须图书馆馆员干预，读者可以自行使用自助借还机对图书进行扫描，同时自动消磁，完成借还书流程。部分自助借还机还可以进行批量借还处理。

（3）突破图书馆开放时间、地点局限，方便读者还书。

自助还书机可分布在不同的场合以满足读者还书的需要，并且 24 小时开放使用，读者可以随时就近还书。

（4）其他读者自助服务。

RFID 技术还可以帮助读者完成自助办证、自助目录查询、自助打印、自助复印、自助扫描、自助缴费、自助充值等其他项目的自助服务。

（5）为读者提供"手机图书馆"服务。

手机图书馆又称为"移动图书馆"或者"无线图书馆"。随着智能手机的普及，手机图书馆可以使手机读者更方便地利用图书馆的信息资源，比如为手机读者提供在线书目查询、预约、续借、催还、即时通知等服务。

（6）电话服务。

电话服务即通过电话向持有RFID借阅证的读者提供服务，包括电话语音服务、流通服务、目录查询服务、馆际互借服务、文献传递服务、缴费服务、咨询服务、手机短信服务等。

（7）一卡通管理服务。

借阅证可采用RFID技术制作，对RFID借阅证的分发、激活、管理、使用进行管理就是RFID一卡通管理，这种借阅证还具有身份识别、图书借阅、充值消费等功能。借阅证可以通过绑定二代居民身份证、手机号码等来激活。

（8）安全检测服务。

图书内嵌RFID标签以后，无线射频装置、安全检测门、声光报警设备等设备通过自动监测软件即可对其进行监测，从而实现对图书的安全管理。

（9）提高图书馆管理水平。

图书馆应用RFID系统，尽管增加了后台加标签等的管理工作，但仍然大大提高了图书馆管理水平。RFID系统能够有效促进图书馆信息管理系统的交叉融合，推动图书馆流通服务的业务流程重组以及图书馆馆员的岗位调整，促使图书馆服务模式由人工服务向自助服务转变，从而提高图书馆服务效率和效能。

三、RFID技术在图书馆中的应用

在智慧图书馆出现之前，图书馆一般可以提供人工服务和网络咨询服务。人工服务主要包括人工借书、还书、办证及挂失、遗失赔偿等服务。网络咨询服务主要包括读者信息查询、数据库查询、书目查询、预约图书等服务。

有人认为，未来的图书馆应该是触手可及、灵活感知的"泛在智能图书馆"，"智慧图书馆"的概念与之相似。智慧图书馆应当是全面的感知和智慧化，而非部分感知和部分的智能化。图书馆应用RFID系统会极大地促进智慧图书馆的建设。在图书馆关键区域使用RFID技术或相关设备设施部署RFID传感器，将RFID电子标签嵌入图书等文献中，利用RFID对文献进行管理，可以实现全面的感知和全面的智慧化，使图书馆工作人员摆脱机械化、高强度、烦琐重复的工作，从而显著提高图书馆现代化管理水平，使图书馆的管理和服务更高效、更智慧。

智慧图书馆的核心要素在于可感知、可传输、可应用，分别对应智慧图书馆的三层功能架构，即感知层、网络层和应用层的功能。感知层主要用于完成对文献、设施、设备的信息感知，目前基于RFID的自动非触控型操作和定位技术在图书馆中得到广泛应用，可以实现自助借还、消防防盗、门禁检测、温度调控、移动盘点等功能。可传输是基于网络层面的应用，图书馆可以采用任何合适的网络与通信技术来传输信息。在应用层面，要对获取的信息和数据资源进行挖掘、传输、获取、整合、利用，生成智慧知识，从而提供智慧管理和服务。

基于RFID技术的智慧图书馆系统架构由四部分组成，分别是RFID标签及数据采集组件、RFID系统硬件设备、RFID系统应用软件和RFID软件中间件系统。

（一）RFID标签及数据采集组件

RFID技术是物联网感知层的核心技术。一个最基本的RFID系统由RFID标签、阅读器、RFID的数据传输和处理系统三部分组成。RFID标签一般有主动标签和被动标签两种方式，阅读器读取信息并经过解码后，将其送至RFID的数据传输和处理系统进行技术处理。

使用RFID标签时，将极薄小的芯片嵌入黏性标贴中，并固定在文献上。标签一般拥有 1KB 的超大容量，可以反复擦写 10 万次，一般写入对应图书的 ID 号码、索书号、书名、所属区域、架位信息、借阅率、借阅者信息、借阅和应还日期以及更多其他的内容。

与 RFID 标签相关联的 RFID 阅读器由发射机、接收机、天线、译码器构成，用于识别和读取标签信息，其工作范围一般为距标签 30~45 厘米，读取时间小于 100 毫秒，可同时批量读取标签信息。

（二）RFID 系统硬件设备

图书馆使用 RFID 硬件设备的目的是更好地完成图书馆的管理或服务工作，RFID 硬件设备一般包括自助借还机、图书分拣设备、24 小时还书分拣设备、移动式盘点设备、馆员工作站、RFID 监测安全门等。

（三）RFID 系统应用软件

RFID 系统应用软件主要包括 RFID 图书自助借还系统软件、24 小时还书分拣系统软件、馆员工作站系统软件、馆员助理系统软件、OPAC 检索系统软件等。

1. RFID 图书自助借还系统

RFID 图书自助借还系统整合了射频识别、网络、计算机、软件和触摸屏控制操作技术，自动识别粘贴在每本书上的 RFID 标签进行信息管理，同时利用智能环形轨道技术实现图书的自动上、下架。读者可以全自助式办理证件、查询目录、借书、还书、预约、续借等，借书就像在银行 ATM 机上取钱一样便捷。

2. 24 小时还书分拣系统

24 小时还书分拣系统采用先进的物联网技术，软硬件均采取模块化设计，可兼容 ISBN、二维码、条码、RFID 标签等多种标识、多种码制，使读者通过自助形式享受阅读、办证、借书、还书、续借、预约等自助服务，从而最大限度地节省人力成本，提供24小时全天候服务。24小时还书分拣系统还可以实现图书的自动收集、分类和整理，从而减少图书馆馆员的工作量。

3.馆员工作站系统

馆员工作站系统是馆员直接操作的工作平台，主要用于完成读者的图书借还、续借、标签转换操作以及借阅证办理等工作。其中的标签转换是指将RFID标签与原图书信息绑定的过程。

4.馆员助理系统软件

馆员助理系统软件是指日志管理，包括记录系统启动时的系统日志和各个设备当前运行状态的设备日志。

5.OPAC检索系统软件

OPAC检索系统软件主要为读者提供书目检索服务。一旦和RFID技术相结合，RFID的三维智能导航系统就能直接嵌入OPAC检索系统，该系统可以根据读者的位置和目标图书的架位信息，以精美的图像和精确的路径为读者提供最优的寻书导航路线。

（四）RFID软件中间件系统

RFID软件中间件系统可以与图书馆系统后台无缝对接，并为终端设备扩展业务应用。RFID软件中间件系统主要包括馆际互借系统、图书馆借阅流通系统、图书馆流通管理系统、图书预约系统、自助办证系统等。

第三节 物联网技术

一、物联网技术的概念

物联网技术的基本原理其实就是在计算机互联网的基础上利用射频自动识别、无线数据通信等技术，构造一个可以覆盖上万座建筑的物联网。在这个网络中，建筑（物品）能够彼此进行"交流"，而无须人的干预。

物联网就是通过 RFID、定位技术、红外感应器、激光扫描器等信息传感设备，按照约定的协议将物品与互联网连接起来，进行信息交换和通信，以实现对物品的智能识别、定位、监控、跟踪及管理的一种网络。物联网技术应用领域广泛，包括公众社会服务（家居建筑、金融保险、医疗健康等）、公共事务管理（交通管理、节能环保等）、经济发展建设（能源电力、物流零售等）。物联网技术作为新一代信息技术的重要组成部分，也被广泛应用于图书馆中。

物联网的关键技术与领域有三项，即传感器技术、RFID 标签系统及嵌入式系统技术。传感器技术将传输线路中的模拟信号转换成可处理的数字信号，转化为数据，再交给计算机进行处理。基本的 RFID 标签系统由电子标签、阅读器、天线三部分组成。电子标签由耦合元件和芯片组成，每个标签都有一个独特的电子编码，高容量电子标签有用户可写入的存储空间，附着在物体上标识目标对象；阅读器是用来读取（有时可以写入）标签信息的设备，分为手持式或固定式两种类型；天线在标签和读取器之间传输射频信号。嵌入式系统技术是以应用为中心、以计算机技术为基础，软、硬件可裁剪，适用于对可靠性、功能、成本、功耗、体积等方面有特殊要求的专用计算机系统。

二、物联网的体系结构

物联网主要由三个层次组成，分别是感知层（感知控制层）、网络层和应用层。物联网的体系结构如表 6-3 所示。

表6-3 物联网的体系结构

层次		内容	共性技术
感知层		各种类型的传感器、RFID标签与读写设备、智能手机、GPS、智能家电与智能测控设备、各种类型的智能机器人	共性技术有信息安全网络管理、ONS、QOS
网络层	接入层	802.15.4标准、6LoWPAN标准、蓝牙标准或ZigBee标准、局域网或无线局域网、移动通信或M2M接入、其他（电话线、光纤或电力线）接入	
	汇聚层	无线个人区域网、无线局域网/城域网、局域网、无线移动通信网、无线通信网、电话交换网	
	核心交换层	专用IP+虚拟网络+互联网+移动通信+专用无线网+异构网络互联	
应用层	行业应用层	各行各业的应用	
	管理服务层	中间件、数据存储与处理、数据挖掘与智能决策、智能控制	

- 155 -

（一）感知层

人类利用五官和皮肤，通过视觉、嗅觉、味觉、听觉和触觉来感知外界信息。物联网的感知层就像人类的五官和皮肤一样，用于感知外界物体和采集信息，从而解决人类世界和物理世界的数据获取问题。

物联网的感知层设备的种类众多，主要分为两类：一类是自动感知设备，此类设备可以自动感知外部物理信息，包括 RFID、智能机器人、智能家电、传感器等；另一类是人工生成信息设备，包括计算机、智能手机、平板电脑等。

传感器作为物联网中获取信息的主要设备，可以说目前的应用无处不在。传感器利用各种机制把被测量信号转换成电信号，然后交由相应的信号处理装置处理，并产生响应动作。据悉，目前全球传感器有 2 万多种，这些传感器被广泛应用于航空、航天、医疗设备、国防科技及工农业等各个领域，为实现智慧校园、智慧城市及智慧图书馆做出了重要贡献。常见的传感器包括压力传感器、湿度传感器、温度传感器、光电传感器等。

（二）网络层

网络层，也称为传输层，位于物联网三层结构中的中间层，是连接感知层与应用层的纽带，主要功能是传送信息，即通过通信网络传输信息。网络层相当于人类的神经中枢系统，由各种私有网络、互联网、有线和无线通信网等构成，负责把感知层获得的信息安全可靠地传输到应用层，然后根据不同的应用需求进行信息处理。网络层可分为三层，即接入层、汇聚层和核心交换层。

接入层相当于计算机网络的物理层和数据链路层。接入层网络技术分为有线接入和无线接入两类。有线接入有现场总线、电力线、电话线和电视电缆等，无线接入有无线局域网、移动通信网中的 M2M 通信等。感知层的 RFID 标签、传感器等与接入层设备构成了物联网感知网络的基本单元。

汇聚层位于接入层与核心交换层之间，主要负责对接入层和感知层的数据进行分组、汇聚、转发。汇聚层技术也分为有线和无线两类。有线包括局域网、现场总线等，无线包括无线城域网、无线局域网、移动通信网中的 M2M 通信、专用无线通信等。

核心交换层为物联网提供安全、高速及具有服务质量保障能力的数据传输，可以为虚拟专网、IP 网、非 IP 网，或者它们之间的组合提供信息交换与数据传输。

（三）应用层

应用层分为管理服务层和行业应用层。

管理服务层通过中间件软件来实现感知硬件与应用软件之间的物理隔离及无缝连接，提供海量数据的高效汇聚和存储功能；通过数据挖掘和智能数据处理计算等来为行业应用层提供安全的网络管理和智能服务。

行业应用层可以为不同行业提供物联网服务，比如智能教育、智能交通、智能医疗、智能警务、智能家居、智能物流等。行业应用层主要由应用层协议组成，不同的行业需要制定不同的应用层协议。

在整个物联网体系结构中，网络管理、信息安全、服务质量（QOS）、对象名解析服务（ONS）是必用的共性技术。

第四节 智能机器人技术

一、智能机器人技术的概念

智能机器人技术主要涉及多传感器信息融合、导航与定位、路径规划、智能控制及人机接口等技术。

（一）多传感器信息融合技术

智能机器人通常具有多个传感器，以获取外部数据信息，并根据外部数据信息调整其内部状态。多传感器信息融合即通过计算机技术将来自多个传感器的数据根据一定规则进行自动分析和综合，以完成所需决策或行为的过程。

（二）导航与定位技术

导航与定位技术主要用于移动机器人，包括 GPS 全球定位系统、超声波导航定位技术、视觉导航定位技术、光反射导航定位技术和 SLAM 技术。其中，超声波导航定位的原理与激光和红外线定位类似，是由超声波传感器的发射探头射出超声波，通过超声波在传播过程中遇到障碍返回接收装置的过程来判断距障碍物的距离。发射装置和接收装置可以同时安装在机器人上，也可以分开安装。分开安装时，发射探头既可以安装在环境中，也可以直接安装在机器人上。超声波传感器不受环境、天气等外界因素影响，具有测距速度快、距离分辨率高、成本低等优点，被广泛应用于各种移动机器人中。

GPS全球定位系统是通过接收机观测4颗GPS卫星，并利用一定算法算出机器人的位置，因此当GPS信号较弱时，定位的精确度会受到一定影响，可靠性较低。

目前，视觉导航定位技术主要的应用方式是在机器人中安装车载摄像机，并在机器人上安装传感器和控制设备，由车载控制计算机进行图像识别、路径规划等。其工作原理是通过摄像机对机器人周围的环境进行图像采集，然后对获取的图像信息进行处理，再通过内部系统将图像信息和实际位置相联系，完成导航定位。

光反射导航定位技术利用激光或红外传感器进行距离测定。激光测距具有光束窄、测距方向分辨率高等特点，但易受环境影响，且存在一定的盲区，因此常应用于特定范围的工业环境。红外传感技术常用于多关节机器人避障系统，用于检测机器人手臂运行中遇到的各种障碍。

SLAM（Simultaneous Localization and Mapping）技术，即同步定位与地图构建，是VR/AR、无人机、无人驾驶等领域的关键技术之一，负责回答"我在哪儿""我周围是什么"的问题。SLAM技术包含三个过程，即感知、定位和建图，机器人从未知环境的某个地点出发，在运动过程中通过传感器获取周边环境信息，并通过重复观测的环境特征对所处位置进行定位，再根据自身位置构建周边环境的地图，在此过程中检测并避开障碍物，以实现定位和地图构建的目标。应用SLAM技术的机器人拥有激光雷达、超声波、立体视觉等深度传感器，信标、摄像头等视觉传感器，陀螺仪等惯性传感器以及GPS等绝对坐标。

（三）路径规划技术

路径规划是移动机器人的基本功能，需要根据一定的评价标准，比如行走路径最短、工作代价最小、行走时间最短等，找到一条从起始位置到目标位置的无障碍路径，需要解决确定起点和终点位置、避开障碍物及路径优化三个问题。传统路径规划主要基于图论的思想，通过动态规划算法、图搜索法、自由空间法等方法建立几何模型，从而进行空间路径搜索。随着近年来人工智能的深入研究和不断实践，智能路径规划得到了迅速发展，包括神经网络法、模糊逻辑法以及蜂群算法、蚁群算法、免疫算法等仿生算法。根据对环境信息掌握程度的不同，路径规划可分为全局路径规划和局部路径规划。全局路径规划又称静态路径规划或离线路径规划，作业环境信息完全已知；局部路径规划又称动态路径规划或在线路径规划，作业环境部分未知或完全未知。

（四）智能控制技术

智能控制一般包括智能信息处理、智能信息反馈及智能控制决策等，指的是机器人在感知周边环境的基础上，根据采集到的信息和自身知识库做出相应的决策，并按一定要求准确地、动态地完成一定的行为。智能控制涉及模糊控制理论和人工神经网络理论的应用，一般用于对机器人的速度、精度有一定要求的环境中，如烹饪机器人控制、月球机器人控制、多关节机器人跟踪控制等。

（五）人机接口技术

人机接口技术主要解决的是人机交互的问题，要求机器人具有人性化、智能化的人机界面，并能理解人。人机接口是为了使机器人更好地为人类服务，对各项指令和任务及时地做出反馈，这项技术大幅降低了人机之间的沟通难度。人机接口技术主要包括语音识别、文字识别、图像处理等，已广泛应用于现实生活中，为人们提供了诸多便利。

二、智能机器人技术的应用领域

智能机器人技术在国外一般应用于智能书库、自动分拣和搬运机器人、自动存取机器人、自助盘点机器人及参考咨询服务机器人等。其中，智能书库已在国外大型图书馆得到应用，主要是基于自动存储和检索系统（ASRS），采用箱式存放法，可根据所存储图书的尺寸自动对图书进行存取，而无须人工干预。它有以下几个优点：①存放灵活。由于采用智能光标定位，图书可以放在任何一个金属箱里，增加新书时不需要倒架，也不需要像图书分类法一样按顺序存放图书。②快速存储。通过自动化存取设备，能够快速地完成金属箱中图书的存取。③空间利用率高。由于是金属箱存储，并且由堆垛机放置箱子，大大节省了书架占地面积，同样大的空间的存储容量是普通书架的 10 倍以上。④用于存储流通图书，使图书馆服务由人找书向书等人转变。

ASRS 在国外图书馆的应用主要是将一些利用率较低的图书存储在 ASRS 系统中，而将利用率较高的图书放置在开架环境中，由此节约出的物理空间可以被重新设计利用，以满足读者自习、小组讨论、协作学习研究等的需求。美国加利福尼亚州立大学奥维亚特图书馆于 1991 年引入 ASRS 系统，以解决不断增长的图书量与有限空间之间的矛盾。用来装书的金属箱被设计成五种不同尺寸，分为随机和永久两种存储类型，前者用于存储流通图书，后者用于存储特藏文献。美国索诺玛州立大学图书馆于 2000 年对 ASRS 系统进行了安装调试，于 2001 年将利用率低的图书存储在该系统中。加拿大不列颠哥伦比亚大学图书馆建设的 ASRS 系统拥有约 160 万册图书的存储空间，按照该馆目前的纸质文献增长情况，该存储容量能够解决图书馆未来至少 15 年的物理馆藏问题。日本国际基督大学的奥斯莫图书馆于 2000 年开始使用 ASRS 系统，在此之前，奥斯莫图书馆主要是依赖外部仓储公司来缓解自身存储压力，通过预约借书的方式进行图书借阅。应用 ASRS 系统以后，将放置在地下室的存放图书的金属箱通过传送带和升降机运送到工作台，工作人员挑出图书并放置在 ASRS 取书架上供读者取阅，整个过程只需要两分钟，与以往的隔天预约借书方式相比，极大地节省了时间。同时，由于 ASRS 被用于存储流通文献，日常存取需求急剧增加，系统的高效存取能力也得到了充分体现。苏州第二图书馆是我国首个使用大型智能书库的图书馆，该智能书库项目历时七年，总存量约 700 万册，不仅存储流通性差的文献、保存本图书等，还将部分库区用于存放高流通性文献。通过应用"RFID+视觉识别技术"，可以实现对图书的精确定位和跟踪。据该图书馆介绍，从到馆读者发出借阅需求到取书成功，需要 5~10 分钟；同时，依托于该系统，该图书馆还提供了 24 小时无人值守取书柜取书、快递寄书上门、在线预约等服务。2020 年，该图书馆智能书库服务到馆读者已达上万名，服务线上读者 6 万多名。2020 年，贵州省图书馆也引入智能立体书库，设计总存量约 300 万册。智能立体书库将智能书库和智能分拣机器人相融合，由货架、穿梭车、堆垛机、智能分拣机器人及物联网控制系统构成，通过开启自动传送系统及分拣系统，实现图书的高密度存储和高度利用。

智能分拣和搬运机器人在图书馆中的应用主要是通过自动导引运输车（Automated Guided Vehicle，AGV）来完成图书的分拣和搬运。AGV 是指装有电磁或者光学等自动导航装置，可以沿着规定的导航路径行驶，并具有安全保护及各种移载功能的运输车。德国洪堡大学图书馆和日本大阪市立大学图书馆较早地使用了 AGV 图书馆机器人。在我国，滨海图书馆、宝安图书馆、南沙图书馆、汕头市图书馆、贵州省图书馆这五家图书馆已引入 AGV 智能分拣系统。其中，宝安图书馆于 2019 年率先建成 AGV 智能分拣还书系统，该系统由分拣区和换箱区构成。分拣区分为上下两层：上层有 28 台分拣机器人，根据图书分类和馆藏地点设置了30个分拣格口；下层有4台搬运机器人，设置了4个自助还书口和1个馆员还书口。读者归还图书后，分拣台会读取RFID芯片中的图书信息，后台系统调度上层分拣机器人接收图书，并安排最佳路径将图书放入下层书箱，整个过程无须人工参与，分拣机器人可实现自动避障、自助充电等功能；下层书箱装满图书后，搬运机器人将图书移至换箱区与工作人员交接，与此同时，另一台空箱搬运机器人迅速前往空格口下方补位。据该图书馆介绍，4个自助还书口满负荷使用时，该系统每小时大约分拣2000册图书，其效率是人工分拣的10倍以上。汕头市图书馆实现了从读者还书、图书分拣归类、图书搬运到架的全自动化管理；在路径导航上，分拣采用"二维码+惯性"方式进行导航，搬运一般采用"二维码+惯性+激光SLAM"的导航方式。

自动存取机器人是指能够自动完成图书搬运、存取、上架、下架等全流程操作的机器人系统，比较有代表性的应用有西班牙海梅一世大学的UJI（Universitat Jaume I）系统、美国约翰霍普金斯大学和科罗拉多大学合作研究的综合获取印刷资料（Comprehensive Access to Printed Materials, CAPM）项目以及日本筑波大学的U-RT机器人系统。通过整合视觉伺服、视觉跟踪、混合控制、多传感器抓取等技术，UJI机器人系统可以在没有人为干预的情况下实现图书的精确定位，在此过程中，通过红外线、声呐和激光测距传感器等来避开障碍物，利用图书馆特征物找到书架后，通过视觉系统和力传感器从书架上取出图书并交给读者。CAMP项目主要是结合机器人技术来实现异地材料的高效浏览、扫描、点播，该机器人由升降、移动等装置加机械手和视觉系统等构成，通过对书架的适应性设计，可以实现图书抓取与存放、图书浏览、设备自主导航等功能。U-RT机器人系统则是由机器人、智能环境等组成的系统，基于RFID技术，构建了含有智能地板、智能书架、环境传感器等的泛在智能空间。首先，利用RFID技术的智能书架来获取书架中图书的 RFID 标签信息，识别图书分类，实时获取图书位置的变化信息，并更新服务器中的图书特征数据；其次，在抓取机器人托盘中的图书时，先从数据库中获取拟抓取图书的大致范围，同时读取托盘上图书的 RFID 标签，并确定机器人抓手的位置和力度；最后，根据视觉系统、激光传感器等确定图书的精确位置，通过扭力传感器实现图书的精准抓取。目前国内的主要应用是迷你型自助图书馆，基于 RFID、条形码及智能机械手技术，实现了在柜图书的自动外借以及归还图书的自动归架，最早的产品是东莞图书馆于 2007 年推出的国内首台容量为 500 册图书的自助图书馆，目前，许多地区和图书馆相继推出了该产品。

  自动盘点机器人主要用于图书盘点工作，采取机器人自动盘点的方式，及时反馈图书错架信息。使用自动盘点机器人，提高了图书盘点工作的效率。图书盘点是图书馆一项非常重要的工作，主要解决图书定位问题，是图书馆提供有效图书借阅服务的基础。在传统的人工盘点阶段，由于完全依赖人工盘点，盘点的频次有限，存在人工工作量大、耗时长却依然找不到图书等问题；在盘点车人工盘点阶段，尽管盘点车辅助定位解决了完全依靠人工定位的问题，但仍然存在一定的漏检率和误检率，并且后期需要投入大量的人力对盘点报表进行复查，同时，由于该工作仍需人工参与，盘点工作无法及时、高效开展，读者获得的位置信息极有可能是过期信息；而在自动盘点机器人阶段，通过利用无线射频识别、图像感知和导航定位等技术，机器人可以实现自主寻书、自主导航、自主盘点、自主回充等功能，从而将图书馆工作人员从烦琐重复的劳动中解放出来。国内南京大学智能机器人研究院联合南京大学图书馆自主设计研发了智能图书盘点机器人——图客，该机器人能够实现精确的全自动化盘点和定位。该产品已发展到第五代，每小时可以盘点 2 万多册图书，漏读率不超过 1%，定位精度高达 98%，目前在同济大学、武汉大学等高校中均有应用。

参考咨询服务机器人早期主要是软件机器人，后来随着机器人服务范围的扩展以及趣味性的需要出现了实体机器人。参考咨询服务机器人最早出现于欧洲图书馆，德国汉堡市公共图书馆上线了名为"INA"的虚拟聊天机器人，可为读者提供7×24小时的参考咨询服务，其功能类似于搜索引擎，主要是提供网站导航服务，并在与读者对话过程中为读者提供问题的解决办法。美国内布拉斯加大学林肯分校推出的聊天机器人可通过对聊天记录进行分析来优化问题库，从而为读者提供更准确的答案。日本法政大学设计的聊天机器人系统也可以根据读者交流信息更新语法规则库。国内图书馆在参考咨询服务机器人方面比较有代表性的有上海交通大学图书馆的"小交"、清华大学图书馆的"小图"等。"小交"是基于MSN的聊天机器人，可以进行自主聊天、借阅提醒、学科导航等服务。"小图"自2010年年底投入试运行，将人工智能技术引入咨询服务系统，并注重中文自然语言处理情况，把AIML（人工智能标记语言）作为知识描述语言，具有较强的可扩展性和相对完善的推理语法。此外，四川省图书馆、浙江省图书馆、深圳图书馆、上海闵行区图书馆都基于不同的平台开发设计了参考咨询服务机器人，并在实际应用中取代了部分人工，极大地减少了简单重复问题的人工咨询工作量。实体参考咨询服务机器人出现得较晚。日本科南大学图书馆和日本电子通信大学图书馆都推出了实体参考咨询服务机器人，为读者提供馆内导航、图书检索、远程人工服务等服务。欧洲、北美、日本等国家和地区的图书馆多次引入日本软银的Pepper智能机器人，该机器人通晓四种语言，并且与图书馆存书数据库相连接，可以为读者提供合适的媒体建议。为了解决人工工作量大的问题，上海图书馆也引入Pepper机器人，为读者提供自助借还书和图书查询等服务，并通过语音、图像完成引导服务。上海图书馆会根据线上读者的咨询数据整理总结常见的问答知识，并将其导入机器人知识库。同时，上海图书馆的Pepper机器人通过定制开发，还可利用 3D 摄像头来实现图书借阅功能。上海图书馆的另一款参考咨询服务机器人"图小灵"于 2018 年上线，每天工作 4 小时，在中文书刊室和办证处接受读者的咨询，由专门的带教老师收集无法解决的问题，并帮助机器人完善知识库系统，以提高服务质量。湖北省图书馆于 2017 年在馆内数字体验区引入试用智能机器人，该机器人是根据儿童阅览区需求定制的，能够满足读者的咨询解答、讲故事、图书检索等需求，并能对图书馆一些常规性的问题进行解答，如图书馆开闭馆时间、借阅规则、借阅证办理等内容。

第五节　云计算技术

云计算技术是一种基于互联网的计算方式，它可以提供高效、灵活、可扩展的计算资源，用于支持各种应用程序和服务。云计算技术的出现，彻底改变了传统的计算方式，为企业和个人带来了诸多便利和机会。

一、云计算中的主要技术

云计算这种超大规模的计算方式有多种特殊的技术，如虚拟化技术、分布式海量数据存储技术、海量数据管理技术、编程方式、云计算平台管理技术等。下面主要对上述5种技术做简要介绍。

（一）虚拟化技术

虚拟化技术是使计算机原件在虚拟的基础上运行，它可以扩充硬件的容量，优化软件的重新配置过程，支持更广范畴的操作系统，同时相对减轻了软件虚拟机的相关费用。通过虚拟化技术可以实现软件设施和硬件平台的分离，能将单一资源划分成多个虚拟资源的裂分模式，也可以将多个资源整合成一个虚拟资源的聚合模式。虚拟化技术根据对象不同可以分为网络虚拟化技术、计算虚拟化技术、存储虚拟化技术等，计算虚拟化技术又可分为应用级虚拟化技术、桌面虚拟化技术、系统级虚拟化技术。虚拟化技术的应用包括CPU、操作系统、服务器等多个方面，是提高服务效率的最佳解决方案。

（二）分布式海量数据存储技术

大量的云端服务器组成了云计算系统，这些云端服务器被用户分配给大量的小用户使用，分布式存储成为云计算系统存储数据的重要方式，并用冗余存储的方式（集群计算、数据冗余和分布式存储）来保证数据的可靠性。通过冗余存储的方式实现任务分解和集群，使用低配设备代替超级计算机来降低成本，这种方式保证了分布式数据的高可用性、高可靠性和经济性，即为同一份数据存储多个副本。云计算系统中流行使用的数据存储系统是谷歌的 GFS，以及 Hadoop 团队开发的 GFS 的开源系统 HDFS。

（三）海量数据管理技术

云计算需要处理、分析分布的海量的数据，因此数据管理技术必须能够高效地管理大量的数据。云计算系统中的超大规模数据管理技术主要是 Google 的 Big Table 数据管理技术和 Hadoop 团队开发的开源数据管理模块 HBase。

目前数据管理技术也面临新的问题：第一，云数据的存储管理方式有别于传统的 RDBMS 数据管理方式，如何精准地在超大规模、分布式数据中找到指定的数据？第二，如何确保大量分布式数据的安全和高效访问？第三，由于管理方式不同，传统的 SQL 数据库接口和云管理系统无法兼容，此类研究也需要关注为云数据管理提供 RDBMS 和 SQL 的接口，如基于 Hadoop 的子项目 HBase 和 Hive 等。

（四）编程方式

云计算应用了分布式的计算模式，必然需要有配套的分布式的编程模式。云计算采用了由谷歌发布的 C++、Python、Java 编程模型，即分布式并行编程模型 MapReduce，这种模型简化了设计理念，具有高效的并行运算能力和并行任务调度性，可并行运算大于 1TB 的单位量。因为该编程模型的这些特点，使得在云计算环境下的用户只需要自行编写 Map 函数和 Reduce 函数即可进行并行计算。MapReduce 模型的过程就是先用 Map 程序将数据分割成不同板块并定义各节点分块数据的处理方法，达到分布式计算的目的，然后通过 Reduce 程序整合各节点结果的保存方法及最终结果的输出方法。

（五）云计算平台管理技术

云计算资源规模庞大，服务器数量众多且分布在不同的地点，又同时应用于多个领域，使这些服务器如何有效地运行，并保证整个云系统不间断地提供服务，是该领域需要解决的一大难题。

云计算系统的平台管理技术能够使大量的服务器协同工作，方便地进行分布式计算和任务分配，快速发现和恢复系统故障，通过自动化、智能化的手段实现大规模系统的可靠运行。

二、云计算技术在图书馆中的应用

云计算系统的应用在给图书馆的未来发展带来冲击的同时也为其带来了机遇。云计算为图书馆资源的长期保存、有效利用、合作共享等提供了强大的支撑，这为今后图书馆的飞速发展注入了新的活力。图书馆利用云计算进行技术和服务改革主要体现在以下几个方面。

（一）资源存储

在云环境中，云中心可通过任务分配策略将数万台甚至上百万台普通计算机整合起来，从而为图书馆数字资源的存储提供巨大的存储空间，这种超大规模的分布式计算机群可以容纳无限量的数据，并且其支持随时更新和增加数据，以满足数据量的增长需求。另外，云计算系统有可匹配的超强计算能力，当用户提交检索、计算请求时，云计算中心利用高速网络同可用的计算机资源进行链接，并运用各种不同的方法为用户提供尽可能完善的搜索结果。

图书馆利用云计算系统这两个方面的优势可以实现价值最大化。一方面，所有的存储服务都在"云"上运行，各类资源可随时获取、按需付费，图书馆花很少的费用就可以享用云计算系统中的巨大存储空间及高性能响应服务，且不用担心服务器瘫痪和软件升级等问题；另一方面，存储及检索服务的软硬件设施和服务都由云计算服务商提供，省去了图书馆设备购买、软件升级、维护等所需的人力和物力，可以大大降低图书馆的运行成本。

云计算系统的强大存储功能及极快的响应速度，使图书馆纷纷加入该技术的应用行列。

（二）资源整合

通过云计算平台，图书馆不仅可以实现对数字资源的存取，还可以完成数字资源的信息组织和加工。利用这一平台用户可以根据统一标准对数字资源进行组织、描述和关联，从而为向用户提供一站式检索服务、信息资源导航、馆际互借、信息资源共享等奠定基础。

（三）资源保障和共享

云计算系统可以调动数以万计的计算机上的信息资源，并将不同地域的信息资源整合在一个资源池中，只要用户提交检索请求，即可在这个海量的资源池中搜索资源以满足自己的信息需求。此过程可以屏蔽信息资源格式的多样性，实现图书馆资源的云端存储，同时云端也支持信息资源的无障碍传输，消除了信息孤岛，全世界的图书馆都可将本馆资源存储在"云"中，而其合作馆可以通过云计算技术快速获得所需资源。用户可随时随地使用世界各地图书馆内的资源，这样就真正保证了数字资源的全面共享，大大提高了图书馆资源的利用率。

（四）用户服务

云计算系统随时待命为用户服务，其也可以全程跟踪用户的信息行为。云计算改变了目前各个图书馆数据库分布式访问的情况，将这些异构数据整合起来，为用户提供统一的资源检索入口，实现了一站式检索服务。云计算系统同时自动跟踪用户的检索行为和需求，可通过 RSS 技术跟踪指定的期刊、网站、出版社、研究机构的最新动态。另外，通过分析用户的信息行为可以为其提供更精准的智能服务。

总而言之，各类型图书馆利用云计算技术可以建立全国或区域性质的共享"云端"，真正实现资源的长期保存和合作共享，并促进图书馆服务模式的全面改革。计算机云计算技术的日趋成熟，定将促进图书馆朝着智能化方向有序、健康地发展。

第六节 AR技术

一、AR概况

增强现实（Augmented Reality，AR），是一种实时地计算摄影机影像的位置及角度并加上相应图像的技术。这种技术的目标是把虚拟世界投放在屏幕上，与现实世界进行互动。

增强现实技术借助计算机图形技术和可视化技术产生现实环境中不存在的虚拟对象，并通过传感技术将虚拟对象准确"放置"在真实环境中，借助显示设备将虚拟对象与真实环境融为一体，从而呈现给使用者一个感官效果非常真实的新环境。因此，增强现实系统具有虚实结合、实时交互、三维注册的新特点。

二、AR技术在图书馆中的应用

（一）个性化阅读指导服务

1. 个性化导读服务

随着图书馆事业的发展，国内图书馆的规模越来越大，资源也愈加丰富，常用的指示牌、平面地图和馆员指引已经远远满足不了读者的导读服务需求，数字化导读可以为读者提供实时准确的引导，使读者对馆藏分区、服务分类和功能信息了然于心，并且有身临其境的体验。在图书馆内引入 AR 技术，可以将馆内指引信息叠加到现场视频中，就如有一个真正的图书馆员在读者身边为其提供馆内指引服务、资源导读和定位服务。

2. 信息推送服务

通过 AR 技术开展信息推送服务，一方面可以通过挖掘图书馆的业务数据和读者的个人信息，及时给读者推送相关的数据资源；另一方面，通过扫描图书二维码，搜集与图书相关的借阅记录、图书摘要、读者留言等信息，在提高资源利用率的同时促进图书馆提高服务水平。在国内，北京邮电大学曾祥满、杨强应用 AR 技术，为该校图书馆开发了个性化服务平台，向读者推荐其可能感兴趣的图书，而读者可以直观地浏览当前书架上的图书信息。

3. 可视化信息检索

传统的信息检索方式获取的信息交互性比较差，只有文字和图片注释，未来利用 AR 技术构建三维模型，可为用户提供可视化信息检索服务。读者利用手机扫描馆内物体，AR 软件会根据图片或者文字进行搜索，最终将所得信息推送到读者手机上，读者在信息检索的过程中获得专业指导，更容易掌握学科内部的科学规律。同时，对图书馆任意物体进行扫描，屏幕上均可显示周边的馆藏室、自修室和办公室等信息，这也是一种新型的信息检索方式。

（二）个性化借阅手续

1. 刷脸借阅

区别于传统的扫描读者借阅证的方式，利用 AR 技术可以识别读者的脸部特征，进而确认读者身份信息。AR 技术的应用使图书馆撤销了过往的计算机工作平台而改用平板来替代，进而提高了借阅效率。

2. 工作评价应用

传统的设置意见箱、网站意见反馈、日常监督考核等评价方式效果并不理想，读者的参与度不高，而且结果也不准确。图书馆可以利用AR技术将"评价"图标放置于工作台面上，并且简要注明评价操作流程，读者只需要利用手机中的AR应用扫描"评价"图标即可登录评价界面，进而在界面上对工作人员的服务进行评价，提出意见和建议等。

（三）资源的全面开发融合

1. 纸质资源和数字资源的融合

利用基于AR技术的App可以非常便捷地实现纸质资源和数字资源的融合，因为此类App包含了识别、检索、翻译和阅读扩展等功能。基于AR技术的App利用光学字符识别技术识别对象所包含的文字，再通过智能检索、翻译功能翻译所识别的文字，最后利用AR技术将翻译后的文字和扩展阅读内容覆盖在原有文字上，实现了纸质资源与数字资源的融合。

2. 馆藏历史和古籍的展示

移动AR技术下的图书馆资源是相互连通的，可以将馆内历史资源全部整合起来，读者通过手持移动终端扫描图书馆建筑或馆内实物，图书馆所搜集到的图像资料信息、图书馆的历史和现在的故事等珍贵的资源都将通过移动AR呈现。利用AR技术，古籍资源可以突破原稿保护的限制，将数字图片、文本及其相关资料在古籍周围显示，读者还可以对虚拟信息进行翻页浏览，如同手握实体古籍一般。

3. 纸质资源的数字化和多元化

目前，图书馆的馆藏主要有纸质资源和电子资源两大类，大多是以二维平面的方式显示，这种显示方式限制了资源的利用，如陈旧下架的图书、珍贵的原版外文书和工具书、一些珍本和手抄本都难以外借。利用 AR 技术对馆藏资源进行数字化，不仅可以保持图书的原有内容不变，还可以将原有的二维的、呆板的信息资源以立体、动态的形式展示给读者，使读者在不直接接触文献资源的情况下也能查询和阅读文献。

第七节　移动互联网技术

下面以移动图书馆为例，探讨移动互联网技术在智慧图书馆中的具体应用。

一、移动图书馆概况

移动图书馆是通过互联网和多媒体连接到个人的移动终端上，读者将电子书、音频、视频等数字资源下载到平板、手机、Kindle、iReader等设备上进行查询和阅读的服务方式。人们可以通过4G、5G或无线网络在移动终端进行图书馆馆藏、个人借阅信息的查询，图书、报刊资源的阅读和获取等操作。读者可以通过网络根据自己的需要随时随地获取信息资源内容，不受时间和地域限制，其便携性、可移动性和信息多样性深受读者喜爱。最常见的移动图书馆有超星移动图书馆、书生移动图书馆和汇文移动图书馆。目前，移动图书馆主要提供OPAC移动书目检索、短信息咨询服务、移动数字馆藏、我的图书馆、QR二维条码应用等服务。

二、未来移动图书馆的功能

4G、5G和Wi-Fi（校园WLAN、图书馆WLAN、无线城市、家用无线）

提供更高的数据传输速率以支持无线互联网接入和无线多媒体业务，使智能化水平越来越高的个人终端能够在全球范围内的任何时间、任何地点高质量地实现移动阅读和视听。

未来移动图书馆将具有以下几项功能。

（一）增加用户实际需要的服务设置

增加用户实际需要的服务设置是完善当前我国移动图书馆服务体系的当务之急。未来移动图书馆可以提供图书馆具体方位的谷歌地图导引以及工作时间、联系方式及常见问题解答等实用型服务，还可以针对读者日常生活需求提供诸如餐饮、交通、医疗、租赁等的个性化服务。

（二）广泛采用二维码

二维码具有高容量、高精度、纠错和加密性好等优点。读者通过摄像头将二维码图形扫描进移动终端，然后通过解码软件还原移动图书馆相关的各种原始信息，如移动图书馆访问网址等，省去了手动输入网址的烦琐操作。二维码识别软件通过摄像头对准二维码图片进行拍照，会自动识别出图片中的内容。

（三）可视化参考咨询

将 4G、5G 的可视电话业务引入图书馆的参考咨询服务中解决了传输延时问题，并且使交流更加直观流畅，通过声音和画面就像是面对面地解答读者的咨询问题。

（四）弱势群体服务

图书馆要考虑社会弱势群体的需求，采取有效措施，如设立下载站、提供硬件借阅服务、成立体验中心等，为社会各界读者均等地获取数字资源提供便利。另外，数字资源对于改善社会信息获取和利用的不均等状况亦有帮助，图书馆要为各类有特殊需要的用户提供无障碍的资源和服务，如有声书服务（听书服务、TTS 功能）等。

（五）移动服务

超速驱动（Overdrive）图书馆移动阅读解决方案和 I-Mode 服务模式，对中国移动图书馆的建设或许有很大启发。

（六）图形化显示馆藏位置

图形化显示馆藏位置的 OPAC 改进方法，结合 TD-HSDPA 的移动定位可以确定每一本书的具体架位，并可以在手机终端显示图形化路线图，以帮助不熟悉排架方法的读者快速准确地获取文献。

（七）流媒体下载与在线播放服务

移动流媒体技术的最大特点是能够实时播放音频、视频和多媒体内容，并且播放的流媒体文件不需要在客户端保存。移动网络的高速传输为流媒体服务的开展提供了可能。

（八）客户端的开发和安装

针对不同智能终端操作系统开发相应的客户端，供广大读者下载安装，结合利用 J2ME、Servlet 等服务器端技术，可以提供比 WAP 更友好、更灵活的服务方式，还可以减少网络流量的使用。

（九）读者远程教育服务

读者可以利用移动终端设备，不受时间、地点限制获取多种类型的教育数字资源，为读者随时随地提供学习环境。

第八节 资源整合技术

一、Summon 网络级发现服务系统

Summon 学术资源发现系统是全球首个网络级发现服务系统，2009 年 1 月在 ALA 大会上正式宣布问世，2009 年 7 月开始商业化上市，目前知名用户有北京大学、密歇根州立大学、哥伦比亚大学、休斯敦大学、悉尼大学等。

Summon 学术资源发现系统遵循谷歌及其他网上开放式解决方案的设计理念，根据图书馆的馆藏进行个性化定制，利用一个简单的检索框迅速发现图书馆里可信赖的资源，无论资源类型和馆藏位置如何。

Summon 网络级发现服务系统具有以下特点。

（一）Summon 以软件即服务模式（SaaS）为用户提供服务

每隔 2～4 个星期 Summon 就会有新功能或改良功能推出，Summon 用户可以自动获得并使用最先进的技术和最新的服务版本。通过开放式 API，Summon 服务能够与图书馆的任何现有系统（如应用课件和下一代目录）无缝集成。

（二）Summon 的发现与获取服务均基于 Web2.0 标准构造

检索过程会检索与图书馆资源有关的信息，从而使检索结果与馆藏

资料保持一致。

(三) Summon 的架构与平台

Summon 网络级发现服务完全基于成熟开放的系统体系结构，支持 Open URL、XML、OAI、RSS、SOAP、SRU/SRW、CSS 等标准和协议，支持图书馆各种类型数据所需要的各种体系结构。单一模式，不掺杂联邦检索；统一框架下的整合索引 Unified Index，是全部基于元数据和全文数据的仓储。因此，Summon 具有高可用性、高可靠性、高速结果返回性，支持图书馆联盟的可扩展性；同时具有集成扩展性，能与其他应用软件系统（如用户认证、移动图书馆等软件系统）实现集成。

(四) Summon 具有丰富的资源

Summon 网络级发现服务是一种可以提供图书馆的馆藏资源、订购电子资源、开放获取资源及其他馆外资源、图书馆的特藏资源等全部类型的中外文资源的统一发现与获取服务，为读者提供集成的、单一入口的资源发现与获取服务用户环境。用户只需一个检索框、一个结果显示屏、一种方式，即可获得图书馆提供的最佳资源。其简单的检索方式、丰富的资源类型得到用户的青睐。

二、WorldCat Local

WorldCat Local 是 OCLC 于 2008 年推出的一站式发现与传递服务，是纸质资源和电子资源的一站式解决方案，通过检索可以将本地、区域内和全球的相关资源呈现给读者。

WorldCat Local 具有以下特点。

（一）一站式检索和结果分析功能

类似 Google、百度的单一搜索框，一站式检索既可囊括本馆及成员馆所有纸质资源及电子资源，同时还可以整合其他授权的电子资源、搜索引擎、图书网站等多种类型的资源。

对检索结果进行优化处理。WorldCat Local 可提供分面细化浏览功能，其从著者、格式、年代、内容、使用对象、语种、主题等方面提供子类目供用户选择，以实现搜索结果的最优化。检索出的每条书目记录中均有作者和主题条目链接，用户还可以进行相关条目的浏览和下载。同时，WorldCat Local 还提供了多种排序方式，如按相关性、地理位置、著者、题名、日期等排序。

（二）与本地服务兼容，无缝链接

WorldCat Local 可与现有的图书馆系统兼容，如流通、馆际互借、本地数据库等，为用户提供简单、便捷的检索、获取服务。用户只需在 WorldCat Local 中进行相关检索，检索结果会将本地可获取资源排在前面，然后是区域资源、全球资源。对电子资源来说，WorldCat Local 支持 Open URL 协议，借助图书馆的链接管理工具，可以直接从检索记录链接到馆内购买的数据库资源，并进行全文下载；对纸质资源来说，用户不需要知道图书馆的流通流程，只需检索即可看到纸质图书的流通信息，并进行相关借阅。

（三）用户个性化服务功能

用户可以在 WorldCat Local 建立个人账户，成立个人图书馆，创建书单、评论、建立标签、RSS 订阅、保存历史检索记录等。同时，用户可以通过手机移动设备访问 WorldCat Local，并进行检索、预约借书、查看和下载电子资源、评论等。

WorldCat Local 服务对图书馆界意义深远,到目前为止,WorldCat Local 服务已覆盖几千家图书馆。

三、图书馆系统整合

图书馆资源整合的另一大趋势是实施自动化基础设施的共享。未来图书馆在运行独立的自动化系统时,更需要考虑集中共享其资源及发现系统。2013 年美国启动了几个关键项目,在一定程度上影响了图书馆未来的发展轨迹。丹麦集成高校图书馆、公共图书馆资源的国家系统正在实施,挪威面向高校图书馆的 BIBSYS 项目正在计划中,爱尔兰 2014 年发布了公共图书馆的共享系统。

丹麦的图书馆自动化系统汇集了 88 个市(覆盖了丹麦约 90%的人口)的高校图书馆、公共图书馆,为其提供共享平台。以服务为导向的图书馆自动化系统与丹麦图书馆的专业需求一致,其功能包括采集资源和相关事务性工作,比如图书流通、资源检索等。该系统集成了物理资源和数字资源,进行集中部署,每个城市的自动化系统也会根据本地需求进行个性化定制,这就对系统资源的集成提出了挑战。

四、更准确地了解用户需求

在各馆开发独立的整合检索系统的同时,也应注意一个数据发展趋势。图书馆整合检索系统囊括了馆内的流通信息、信息组织内容、用户浏览记录等数据,这些数据无不反映了图书馆的运行情况、用户行为等信息。如何对系统中的记录数据进行统计分析,从海量的数据中总结用户的行为特征、信息需求,进而为用户提供个性化的学科服务、知识服务等？如何通过馆舍监控信息、智慧图书馆用户使用日志等去研究图书馆系统的运行情况，为未来的图书馆运营、决策提供依据？这些都是图书馆面临的大难题。

对此，期刊解决方案（Serials Solutions）发布了Intota评估体系。Intota是以数据为导向设计的图书馆服务平台，它扩展了数字资源、网络发现的产品和服务，其创建目的是获取图书馆馆藏资源（包括纸质资源），节约图书馆自动化管理成本。另外，Intota评估系统基于图书馆数据信息，使用图书馆系统多方面的操作数据和指标，为馆藏发展提供决策支持。

资源、数据的大整合是智慧图书馆发展的重大趋势，是走向图书馆智能化的重要一步。将图书馆中不同类型的资源纳入统一开放的平台，在国内各图书馆已成流行趋势，但各图书馆都是各自为政，没有建立全国及区域化的大型整合系统，这是我国图书馆界需要考虑的问题。随着整合标准规范体系的建立和推行以及更多实践、研究的不断开展，相信未来图书馆将无国界获取资源。

7

第七章
RFID技术在智慧图书馆中的应用

第一节 RFID技术对智慧图书馆的影响

一、服务的提升

作为非接触式自动识别技术,RFID技术通过发射和接收无线射频信号,能够自动识别单个图书和特定读者,并获得相应的图书馆藏书、书目和读者信息,具有可同时识别多个标签、读取速度快、非接触式读取以及信息存储量大等优点。

RFID技术在智慧图书馆建设中的应用使图书馆的服务模式向更好的方向转变,从读者被动地接受服务转变为主动地、自助式地接受服务;同时,图书馆馆员不再需要在诸如借阅、归还和查找图书等低知识含量、高手工操作的工作上花费大量时间,使其有更多的时间来完成个性化信息咨询、学科推送服务以及开展读者信息素养培养等更有创意的活动,让读者在感受到新技术带来的便捷的同时,也能享受到更人性化、智能化的高效服务。

(一)自助服务可以节省读者的时间

目前,流通服务环节是RFID技术在图书馆中应用得最为成功的领域。与以往"以防盗磁条为安全标志+以条形码为标志"作为基础的流通服务模式不同,以RFID技术为中心的自助服务模式具有明显的技术优势,更加便捷高效。

1. 流程简化，操作时尚

以前借还图书的过程是非常复杂和麻烦的。图书馆工作人员需要检查读者的身份，判断其借阅权限，然后逐本翻开图书，用扫描光源仔细扫描图书条形码，检查基本书目信息和图书的充消磁等情况。如今，配有触摸屏和语音提示系统的自助借还设备，使用方便快捷，单次就可以实现多本图书的借还操作。

2. 解放馆员，省力省时

读者可以在没有图书馆人员参与的情况下独立完成自助图书借还操作。RFID系统可以自动识别和检查与读者及图书有关的信息，在图书管理系统中实现同步更新和无缝链接，并能一次完成多本图书的充、消磁工作，不仅缩短了读者等待的时间，而且大大节省了图书馆工作人员因纯手工机械操作和简单重复性工作所浪费的时间。与条形码系统相比，RFID系统可以节省大约85%的劳动力。深圳图书馆在应用RFID技术后发现，与传统的条形码扫描设备相比，自助借还设备可以在高峰期为读者节省80%的等候时间。

3. 一机多能，高效方便

自助借还设备中出现了多种功能模块，使读者可以方便、自由地选择借还、续借、预订、自助付款、书目查询等多种流通业务，不会再发生读者在几个柜台前来回奔波的现象。

4. 保护隐私，避免矛盾

在过去的流通服务中，读者与馆员之间的话语冲突是固有的一大难题。特别是在服务高峰期，读者往往因为等待时间过长而心烦意乱，而图书馆工作人员也很容易因为工作压力过大而情绪失控，因此在沟通中经常出现问题。RFID技术的自助服务的实施，使读者的自我服务成为可能，突出了读者的主要地位。读者可以自主参与图书馆的相关服务，不仅降低了服务成本，而且提高了读者的自主参与程度。在这个过程中实现了方便自我、实现自我、满足自我的目标，恰当地体现了智慧图书馆"以人为本"的服务理念。

5.主动学习，自我教育

传统的流通服务模式以图书馆馆员为主，读者的自我教育意识不强，不注重对自身基本信息素养的培养，而RFID自助服务设备的应用，使读者由被动接受转为主动获取。读者自觉检索图书馆资源的能力得到了极大的提高，且更加熟悉图书流通业务的运作过程，从而有效地提高了自身对图书的利用率。

（二）服务时间的延长和服务空间的延伸

传统图书馆的开放时间有限，无法实现7×24小时开放，因此只能通过数字图书馆模式来满足读者全天候的网上信息查询、图书预约及续借、数字化文献检索与阅读的需求。24小时自助还书设备的应用，将真正实现图书馆7×24小时不间断开放，随时随地满足读者的图书借还需求，从而建设一个更加人性化、现代化的图书馆。

24小时自助还书机与银行的24小时自动提款机非常相似，一般设置在图书馆馆外。这样一来，当图书馆关闭时也可以满足读者的服务需求。它是一个自助服务设备，用于阅读、识别和退还配置了RFID标签的图书。如果配有自动分拣系统，它还可以对归还的图书自动充磁或根据馆藏地进行图书分拣。同时，它还具有多种配置和可选的功能模块，以满足读者对检索、续借、预约和自助付费的综合需求。将RFID技术、计算机网络技术、自动控制技术等一系列先进技术与现有的图书馆自动化管理系统相结合，有效地实现了图书馆服务空间、服务时间、服务广度和服务深度的延伸。图书是图书馆最基本的物质资源，图书借还服务也是图书馆最基本的服务项目。回顾图书馆的历史变迁，我们可以发现，服务方式的每一次重大变革都与先进技术的引进有着密切的关系。条形码技术和防盗磁条的应用，使开架式借阅和自动化管理从理论走向现实。RFID 技术的应用使图书馆的自助服务模式发生了质的飞跃，图书馆服务更加人性化、数字化、智能化。

（三）书目信息在系统中的精准定位展示

将阅览室的书架划分为多个排架单位（基本区）是书目信息在系统中精准定位的前提，它需要把书架单面的一层作为一个基本区域。按照空间位置制定的方位走向和文献分区范围规划，将书架的一层作为基本排架单位和文献单位。

应用 RFID 系统可以满足读者在图书定位、书架管理、图书查询等方面的需求。当读者和图书馆馆员使用联机公共目录查询系统（OPAC），输入索书号和书名进行文献查询时，RFID 系统可以记录文献的流通状况，并且能够准确地提供文献在图书馆的具体位置（某个书架的某一层），有效地解决了开架阅读方式带来的文献定位不准确、整架困难等问题。因此，无论是工作人员引导读者或者读者自己阅读都会更加方便快捷。同时，在楼层中加上分区标志，不仅方便工作人员根据区位进行文献上架操作，还能引导读者快速找到图书存放的具体架位。当工作人员进行文献上架和归架操作或者读者查找索取文献时，可以以书架之间的巷道作为行起路径，而系统可以以书架之间的巷道作为编码参考实体，便于路径指引和导航。

（四）书刊架位信息的智能判断和读取

为了使教学和研究工作更加便捷，使图书馆的馆藏文献得到充分利用，并提高对读者服务的工作效率，智慧图书馆实行开架借阅管理。开架借阅实现了图书馆馆藏资源的充分开发利用，同时也引发了"错架、乱架"的现象,增加了阅览室管理人员上架、理架的工作量。另外,图书上架的质量将会影响到读者在知道有书的情况下能否找到他们所需要的图书。如果图书上架过程中出错,会给读者查找图书带来困难。图书上架的效率也直接影响到上架图书的更新率,进而间接影响读者的借阅行为。利用 RFID 技术可以指导阅览室管理人员以最便捷的方式做好图书上架工作。使用 RFID 读取器读取图书标签中的信息,根据所获得的图书存储架位信息,准确地确定和显示图书在书架上的具体位置。例如,如果是一本没有书架位置信息的新书,那么可以通过分类号来判断应该上架的架位;如果是预约图书,则提示上预约书架。

(五)实现资料随手可得

1. 图书实时精准定位

将 RFID 标签作为流通管理的介质,对文献定位使用便携式的扫描、统计设备,就可以改变传统的依靠人力来搜索所需图书和资源的工作方式,在新书上架、改变图书架位、改变馆藏地点、图书删减、图书清点等工作中实现精准、快速、高效的定位。

2. 三维导航

图书馆馆员遇到最多的问题可能就是"××索书号的书具体放在哪个架位上"。如果馆员逐个为有问题的读者查找所需要的图书将会耗费大量的工作时间。即便是在读者非常熟悉图书馆布局的情况下,找书也需要很长时间。应用 RFID 系统的三维导航功能可以很好地解决这类问题,根据阅览室内的图书架位体系结构和分布,在书架各分区和各巷道内设置分区指引、编码指引及导向,指引读者找到架位,并且利用 RFID 系统对图书馆的每个书架进行编码,然后将其与书架上的图书相关联,可以快速、准确地定位图书,帮助读者特别是初次到馆的读者快速定位并获取所需的文献。

通过图书馆检索系统中的嵌入链接，读者可以快速获得其所需图书在图书馆阅览室中的准确位置（可以用图片准确表示）。三维导航通过三维定位技术精确定位图书所在的楼层、区域、架位、层位以及该书是在这一层的前区、中区还是后区，从而极大地缩短了读者查找图书的时间，实现自助式查找图书及文献。

3. 智能查询

人们总是希望能很快找到自己所需要的信息资源。我们经常看到图书馆馆员为了寻找某些特定的文献或图书而忙碌，尤其是当他们碰到系统显示状态为"在架上"，而实际并不在相应架位的图书时。

RFID图书管理系统给每一件图书档案都安装了一个电子标签，电子标签内含微小芯片和天线，系统能够准确地获得这本图书的行踪。它记录了这本图书的旅途过程，以便准确定位图书所经过的每一个地方。图书经过不同的阅览室或者检查点时都会被记录下来。利用RFID的智能图书查找器，图书馆馆员只需要输入索书号就可以知道图书的当前位置和存储位置，并确认图书的取出或存入状态，这为读者提供了极大的便利，同时减轻了图书馆馆员的工作量，使他们不必再为寻找一本图书而翻遍整座图书馆。

（六）为智慧图书馆服务奠定技术基础

随着科学技术的发展，智慧城市、智慧校园的建设已成为未来的发展趋势，图书馆服务将更加智能化、人性化、个性化，与之相适应的智慧图书馆建设成为人们关注的热点，RFID技术以其巨大的应用潜力和高科技含量成为建设智慧图书馆的基石。

1. 智能化

图书馆的智能化服务包括自动识别、目标定位、超介质等一系列技术，其中RFID技术的应用为智能化服务的实现创造了新的条件。这些技术间的相互协同作用是建立图书馆智能化服务系统不可或缺的。RFID技术取代了条形码，旨在创造一种新的服务理念和业务模式，在内容与形式上促进读者服务质量的提升，加强文献管理，赋予图书馆智能化的内涵，赋予数字图书馆更多的功能。文献定位导航、自助借还、精确典藏、智能查询、快速盘点、简化文献加工流程等功能可以通过RFID技术在图书馆中的应用实现。

2. 人性化

RFID技术的应用不仅提高了图书管理的效率，而且为图书馆资源的流通带来了更加人性化的服务模式。RFID技术结合计算机、自动控制技术和触摸屏技术可以实现图书的自助借还，无须经过管理员操作，读者通过显示屏即可办理借阅手续，既减少了人力成本以及工作中产生的误差，又实现了更为人性化的交互式服务。事实上，7×24小时开放打破了传统图书馆受到的开放时间的制约，使自助借还书设备与移动书亭的启用得以真正实现，读者能够随时完成借还图书的操作。计算机网络技术、RFID技术、自动控制技术等先进技术与图书馆现有自动化管理系统的结合，显著提升了图书馆的工作效率和人性化服务水平。

3. 数字个性化

读者在一个开放的环境中可以直接面对信息资源，能主观、能动地处理信息的基于RFID技术的图书馆系统是一种集多种高科技于一身的新时代产物。这种新型的图书馆系统不仅提高了文献信息资源的利用率，而且能够满足多方的需求，充分体现了图书馆"读者至上，服务至上"的服务宗旨。书目查询、文献复印、藏书借阅以及各种数据库资源的使用、下载等活动均可以根据读者的个人兴趣、研究重点、需求、爱好及时间安排灵活能动地完成。

二、管理的变革

（一）图书流通管理的智能化

图书流通管理是图书馆最基本的业务管理，一般包括归还图书的充磁与典藏、流通图书的安全管理、预约图书的管理、破损图书的管理等工作。图书流通管理长期以来一直停留在传统的手工工作方式。图书总量的快速增长、读者总量的增长与借阅合一的开放式服务模式大大加剧了流通服务与管理之间的矛盾，RFID技术的应用将会给图书流通管理带来新的机遇和挑战，使流通图书的精确管理成为可能。

1. 归还图书按馆藏地自动分拣识别技术

归还图书的充磁与典藏工作十分繁重和枯燥，一直制约着流通借阅量的发展，尤其是在流通借还服务的高峰期，即便投入大量的人力资源，也不能有效地保证精确典藏和图书安全，但使用含有RFID技术的自动分拣装置极有可能解决这一流通管理中长期存在的问题。

自动分拣装置是一种一次可以对单本粘贴有RFID标签的图书进行自动识别并按照图书馆馆员自定义的规则进行自动分拣的设备，主要由分类装置、控制装置、分拣道口、输送装置等部分组成，在分拣过程中可同时实现自动充磁及自动识别图书的功能。RFID标签上存有馆藏地点和图书分类号等书目信息且读取标签没有位置、方向上的严格要求，图书馆馆员只需要将归还的图书放在传送带上，馆员们以不同的自定义通过装置识别RFID标签中的信息并对图书进行分类，准确地将它们传送到相应的容器中，以便进行上架工作。图书馆馆员还能根据工作需要随机制定图书分拣规则，实施图书的二次、三次甚至多次分拣。整个流程完全由设备自动控制和运行，极大地简化了图书分拣的工作流程，提高了馆员的工作效率，不仅节约了大量的人力和物力资源，而且避免了人为因素造成的分拣错误和漏充磁现象的发生，使图书的精确典藏成为可能。

2. 智能预约图书管理技术

预约图书管理一直是制约流通服务质量提升的"瓶颈"问题，由于单纯采用条形码和安全磁条技术的流通管理系统无法实现预约图书实体物流与预约信息的同步和实时更新，因而也就无法实现真正意义上的精确管理。图书馆馆员每天都要花费大量的时间和精力在各分馆之间寻找那些系统已经自动更换了的预约信息，而图书实体却仍然保留在原有分馆预约架上的预约图书。这也是影响读者对图书馆流通服务满意度的主要因素之一。RFID智能预约管理设备的研发也许能解决这一流通管理上的难题。

当图书馆馆员把自动分拣系统分拣出来的预约图书放在智能预约管理设备上时，该设备就会协同图书馆自动化管理系统一并自动识别，激活预约图书的当前预约者信息，并自动发送信息告知读者。在读者刷卡读取信息时，智能预约图书管理设备可以准确找到符合预约要求的图书，在确定读者的证件有效后，按照正确的程序办理借阅手续，并取消防盗措施，将图书推送给该读者。如果读者临时取消了已被满足的预约请求，或者已被满足的预约请求因超时而失效，系统会自动提醒图书馆馆员，将那些已经更改了取书地的预约图书及时地送到其相应的分馆，而无须馆员每天手动检查预约图书，并手动发送预约通知。这种技术不仅能大大减少馆员无效工作的时间，也能够精确掌握每本预约图书的位置，便于读者借阅，从而提高读者满意度。

3. 破损图书的自动识别技术

破损图书的识别是人工借还图书的一大优势。图书馆馆员在柜台处理借还的图书时，会直观地观察每一本书是否有损坏或缺页的现象，并修复破损的图书，对实施损坏行为的读者进行说服教育。鉴于目前自助借还设备尚未具备识别破损图书的功能,迫切需要研发出一种能够自动识别破损图书的技术。该技术将利用RFID标签信息存储容量大的优点,将单本图书的页码、开本等相关物理信息写入标签中,使得设备在还书的同时,利用红外线扫描等高新技术对图书的外观进行自动检测并核对相关信息,以判断书中是否存在缺页、散页、人为污损等现象,从而更好地保障图书高效、安全地流通。

4. 安全门禁功能

与安全磁条相比,使用RFID标签能够有效避免因不完全充、消磁导致的误报和漏报现象。安全门禁系统可以扫描贴有RFID标签的图书,安全识别标签中的防盗码,并快速判断图书是否已办理相关手续。该系统还将配备CCTV闭路电视监控系统和音频、光电双重报警显示,用于流通部门安全控制图书资料,从而达到防盗和监控的目的。

世界上的任何事物都不是完美无缺的,RFID技术也有一个致命的弱点。RFID标签的读取极易受到金属的影响,在借阅图书的过程中,用多层厚实的物品包裹图书以阻隔电子标签,或者通过外力挤压电子标签,或者用包括锡箔纸在内的金属物质阻隔电子标签,甚至借助利器切断天线线圈,都会使RFID标签丢失信号,无法读取和识别。因此,为了保障图书的安全,所有的自助设备及安全门禁系统都将采用安全磁条加RFID标签双重防盗系统,以最大限度地保证流通图书的安全。

(二) 阅览室管理的科学化

1. 理架有的放矢

目前大多数图书馆已经实现了开架借阅,给读者带来了很大的便利,但这样一来也容易出现乱架和错架现象。图书馆馆员需要花费大量的时间和精力来归位乱架、错架的图书。馆员必须用眼睛反复检查书架上的图书,当碰到页数较少的图书时,还要拿出来查看索书号。RFID

技术可通过无线波感应及手持设备——便携式理架器的协作配合，发现图书的确切位置，使查找文献以及顺架、理架的过程变得更加轻松。利用RFID系统进行理架，图书馆馆员只需手持阅读器读取书架上的图书的RFID标签中的数据，系统会自动发出提示音表明图书排错并在显示屏上告知该图书应放置的架位，这将极大地提高馆员在书架管理中的工作效率。

2. 盘点准确

使用条形码阅读器扫描条形码时必须在一定距离内操作且在没有遮挡物的情况下才能读入数据，因此在获取图书信息时，需要将所有图书拿出来依次扫描。然而，对于存书量较大的图书馆来说，这样做非常困难。借助RFID自身拥有的推车式图书盘点系统，能够很好地解决图书馆长期存在的图书盘点问题。在进行盘点统计时，图书馆馆员只需要手持阅读器在书架附近横向移动，就可以获得所需的全部信息，大大节省了人力和物力。使用无线网络将相关盘点记录传回数据库中，以建立相关报表，如在架清单、未在架清单、错架清单、遗失图书清单等，可以将图书馆的所有图书借阅信息发送到系统中，并与相关数据进行比较，可以设置多个设备同时进行盘点。此外，系统可以根据遗失图书清单更改单册状态，如果在以后的盘点中找到丢失图书的相关资料，系统可以自动更改状态。在操作界面上，可以使用不同的颜色来表示图书信息的不同状态，如墨绿色背景项的为外借图书信息，红色背景项的为盘点过程中读取到的错架图书信息，灰色背景项的为该层标下应有但未读取到的图书信息，这样一来，不仅使用户对该架标下图书的具体信息一目了然，也给图书馆馆员的盘点工作带来了极大的便利。RFID技术在图书盘点中的应用不仅简化了图书盘点工作，而且便于图书馆馆员准确地掌握图书馆馆藏资源，为学科服务，为读者、采编提供准确的信息，也为图书流通率、文献遗失和馆藏分布等相关课题的研究提供了大量精准、客观的第一手资料。

3. 剔旧精准

图书信息资料是图书馆的物质基础，各馆都在想方设法建设高质量、藏书量丰富的馆藏体系。图书剔旧工作是图书馆藏书建设的一个重要环节，是增强藏书活力、优化藏书结构的重要措施之一。利用RFID系统中图书的年份、使用频率等详细信息，可以给出详细的剔旧图书清单。在图书盘点过程中，碰到剔旧图书清单上的图书便会给出提示，让图书馆馆员将其剔除，系统还会同步改变图书信息，从而提高剔旧工作的效率，保证剔旧工作的准确性。

（三）便捷的统计功能

图书馆中各种基础的统计数据可以为图书馆管理模式的改进提供有效的数据支持。在日常工作中，由于管理对象——图书和读者的总量和流量都比较大，因此确保统计数据的精确获取是非常困难的。应用RFID技术后，每台自助设备和安全门禁都将配备流量计数和各种统计日志，精准的盘点及智能书架的使用也可以提供一系列统计数据，这将使图书馆的业务统计工作变得更便捷，准确性更高。

图书借阅历史的统计能够帮助图书馆确定流行图书的种类，图书流通时系统将自动修改RFID标签中的借阅状态标志，以便获取某种图书之前的借阅记录，从而有效地处理数据以明确流行图书的种类，为采编部门进行图书采购提供第一手资料。

RFID智能预约图书管理设备的启用，方便了预约图书的种类和预约次数的数据采集，采编部门可以根据某一时段高预约请求图书的类型，在采购图书时增加复本量，以满足读者的借阅需求。

利用RFID智能盘点装置，可以便捷地获取图书的流通和阅览率的数据，从而在馆藏调整时制定更加科学合理的图书剔旧政策。

利用RFID系统，后台数据库在完成流通总量统计的同时可以获得图书借阅的各种相关信息，系统还可以根据读者的类型对图书种类进行划分，分析图书借阅情况，了解读者的阅读偏好和倾向，进而对各种统计信息进行组合和分析，以便更好地开展个性化导读和学科书目推送等服务。

传统的图书管理模式难以获得图书的阅读统计数据，大多数图书馆对外文图书的阅览量只能进行人工统计。相对于其他部门而言，以学科为背景的阅览部对图书利用率是最敏感的，因为学科专题推送服务、学科博客以及VIP用户个性化推荐服务等一系列服务都需要基于对图书利用率的统计报表的分析和研究展开。该功能可以通过以下两种RFID应用来实现。

1. RFID智能书架

书架上的RFID阅读器采用轮流询问读取机制，可以准确地检测读者获取图书的每一次操作。为了获得每本书的阅览信息，存储在后台数据库中的图书借阅和归还记录可以通过系统进行读取，准确排除正在借阅的图书记录，并给出答案。

2. 智能统计书车

读者只需将阅读完毕的图书放置在阅览桌上，智能统计书车能够定时围绕阅览室内的每张书桌运行，通过车上装载的RFID阅读器读取到书桌上放置的图书的具体信息，从而获知图书取阅率。对图书取阅率进行分析，就能获得热门、冷门图书的统计数据，并为读者提供人性化的服务，按照更合理的排架规则排列热门图书，从而使读者获得更好的阅读体验。同时，可以建议采编部重点增加该图书库存量、更新版本以及增加作者的其他有关作品，或者对该种图书实行特殊的流通和阅览政策，以提高读者满意率。

利用RFID技术可以方便地获得自助复印信息的统计数据。只要将自助复印机和 RFID 信息读取装置相结合，在 RFID 标签内写入每本图书的载体信息，就可以实现对复制和扫描资料页数的控制，从而达到在图书馆公共场所实行版权保护的目的。此外，还可以实现读者对技术加工方面的需求信息的统计。如果将 RFID 标签应用于光盘、DVD 等一些音像制品的管理，技术加工部也可以方便地获取这些非书资料的借阅统计信息，从而有效地改善非书资料的采购和管理。

三、智慧图书馆（业务）转型

随着 RFID 技术的应用，图书馆的传统服务模式趋于多元化、现代化，有效地促进了图书馆事业的发展。在服务业多元化和科技的冲击下，图书馆必须制定适应新形势的发展政策，以使图书馆事业不断进步。我们从以下几个部门来说明图书馆业务的转型。

（一）读者服务相关部门

读者服务相关部门的图书馆（业务）转型如下。

（1）流通部的业务将由简单的重复劳动转型为设备使用方法培训以及读者信息素养教育。

长久以来，不同部门按照资料流动顺序的"物质流、工序流"而相互分离，导致部门之间没有交流沟通且服务空间封闭，产生了很大的弊端。许多研究人员和学者已经肯定了重组图书馆业务流程的重要性，但由于操作困难，拟议的方案难以实现。

传统图书馆中最主要的工作便是图书馆管理，RFID 技术的应用使得读者能够自主借阅和归还图书，图书流通环节自动化也将大大削弱图书流通管理的难度。由于柜台式借阅的消失，图书馆馆员和读者之间的交流机会减少了。为了更好地服务读者，流通部的业务应该在原有业务的基础上进行调整，增设专门针对RFID应用的服务势在必行。流通的弱化为图书馆节省了大量的人力资源，因为RFID技术的引进，流通部的业务从简单的图书借还转向资源导读、宣传等服务，如何合理配置人力资源，直接涉及图书馆的业务流程重组问题。

实施RFID系统以后，智慧图书馆可以有序整合总服务台的人员编制，流通部的业务会大幅缩减，其工作人员可以向读者信息素养教育方面转型。从庞大而复杂的信息资源中识别、获取、评估和有效使用信息的能力，以及使用各种信息工具或检索方法的能力，就是所谓的信息素养。信息素养教育亦是图书馆学科服务中的重要一环。只有先人一步掌握了能够快速获取有效信息的方法，才能在这个信息大爆炸的时代掌握先机，从而决胜未来。流通部的工作可以拓展和充实到读者的信息素养教育中去，其工作人员可以参与到读者的信息咨询和信息素养培训服务中去。

实施RFID系统以后，原流通部的工作人员也可以向图书馆的馆际互借工作方面发展，馆际互借与文献传递在智慧图书馆的业务中呈上升趋势，是目前智慧图书馆需要加强的部门，流通部人员可以充实到该部门，广泛宣传该项服务，为资源共享做好基础工作。

实施RFID系统以后，流通部还可以利用自己可以直接接触到更多读者的优势，在图书馆文献资源导读、导引方面多做工作，积极推荐图书馆文献资源，从而提高资源利用率。

（2）阅览室的工作更加精准，工作效率提高，管理员可以为读者提供更高层次的个性化服务。

为了实现自助清查馆藏、自动化整序排架、智能化统计书车等一系列自动化管理功能，RFID系统合并了馆藏架位管理系统；同时，由于RFID技术的应用，使书目信息在系统中精准定位显示，文献馆藏地精确定位，书刊架位信息智能判断、读取，图书智能查找、三维导航等得以实现，阅览室的工作效率和工作质量将会产生质的飞跃。

阅览室的传统管理模式逐渐弱化，阅览室的业务将从以前的图书、期刊上架与理架等基础性工作转型为组织一批骨干力量充实到个性化服务中去。例如，对于智慧图书馆，阅览室工作人员可以充实到学科服务及咨询队伍中去，使其投入读者培训、创新支持等服务中，特别是阅览室现有工作人员中具有专业背景的图书馆馆员可以对自己所学的专业知识进行深入学习和详细研究，也可以开展相应的主题服务，以满足高水平读者的需求。

（二）技术服务相关部门

技术服务相关部门的图书馆（业务）转型如下。

（1）采编部的工作程序和工作量增加，但准确性和效率提高了。

为了使采购馆员能够更有针对性、更准确、更完整地在网上选购图书，可以通过网络将含有著录内容的 RFID 标签传递给他们，并将这些标签植入图书资料当中，这样做不仅可以完美解决小型图书馆技术人员不足的难题，还可以确保信息的准确性、统一性和标准化，从而减轻大中型图书馆的工作量。不仅如此，从全国图书馆联合编目中心下载相关编目信息之后编写进标签，可以使图书资料分编、著录的内容达到统一的效果，使收集本地区及跨地区的馆藏资料时的分工合作与共建共享变得更加方便，大大简化了资料分编的业务工作，提高了工作效率，节省了大量的时间和人力成本。

RFID 系统实施以后，重任就落在了采编部员工的头上，他们的工作比以前更多了。他们需要对图书进行管理，包括各种相关的工作，还需要对新进入图书馆的图书进行管理，包括给它们贴标签，将图书信息录入系统，等等。在完全应用 RFID 系统的图书馆中，采编部也需要对期刊进行同样的管理。因此，在实施 RFID 系统以后，随着图书加工流程的变化和新书加工量的增加，采编部对人才的需求也会相应地增加。

（2）系统部在图书馆的地位更加重要，逐步彰显了"技术支持服务"的理念。

实施RFID系统之后，会出现与之前所应用的管理软件的对接问题，在工作进行期间，读者在网络方面的帮助需求会非常大，工作人员需要及时为读者提供新系统使用帮助方面的服务，如系统使用指导、新系统维护，还需要根据图书馆的实际情况及时开发新系统。系统部的工作与其他部门紧密联系，随着图书馆自动化程度的逐步提高，系统部工作的重要性逐渐显现出来。RFID技术的实施应用使系统部的工作变得更加重要。系统部不仅要对所有的计算机、硬件和网络负责，还要确保其正常有序运行。因此，在实施RFID系统的同时，还需要充实系统部的研发工作人员。

（3）技术加工部可以将光盘等资料加装RFID，以方便流通及借阅统计。

技术加工部负责电子阅览室、视听室、缩微资料室和声像资料室数据库的自建、购置、维护与更新。技术加工部可以将光盘等资料加装RFID，以方便流通及借阅统计。

第二节　RFID技术应用与智慧图书馆管理

一、图书馆对RFID技术的需求

RFID技术指标涵盖多个方面。RFID技术在以下三个方面的应用是最广泛的，也是人们关注的焦点。

（一）数据传输速度

数据传输速度是RFID系统的一项关键技术指标。先进技术的价值在于提供更快的速度。读速和写速是RFID系统中的两种数据传输速度，这两种传输速度都受到代码长度、标签数据发送速度、读写距离、标签与天线间载波频率、数据传输的调制技术等因素的影响。

（二）读写距离

在RFID系统的应用中，对读写距离有一定的要求。阅读器和现有标签之间的读写距离从几毫米到几百米不等，其性能主要与天线和频率的选择有关。标签价格越高，读写距离就越远。

（三）多个标签识别

由于在实际应用中识别区域内会同时出现多个识别对象，因此多标签识别能力成为RFID系统的一项重要且必要的技术指标。

基于以上三项技术指标，可以提取出以下三个技术要求。

1. 识别能力

识别能力反映在阅读距离、状态和信息质量等方面。RFID 的识别距离可以从几厘米到几千米。在不同的状态和距离下，信息读取的质量会有显著的不同。因此，识别能力是 RFID 系统的一项关键技术指标，这使得 RFID 标签比传统的条形码更具有明显的优势。

2. 识别环境

外借的图书可能会受到湿度、腐蚀等许多外界因素的影响，由于所处环境具有不确定性，RFID 的另一项技术指标就是识别环境。RFID 标签内部的芯片和天线通常隐藏在塑料等介质中，外部环境对其的影响很小，因此其适应能力很强，但由于 RFID 应用无线的方式进行数据传输，在数据传输过程中有时会受到其他无线信号及金属等的影响。不过，总的来说，与传统的条形码相比，RFID 标签仍然具有明显的优势。

3. 识别效率

有一个不可避免的问题，那就是效率。RFID 应用的服务模式是自助服务，在整个识别过程中，无须人工干预即可读取目标的信息，并且可以同时读取多个目标的信息，而条形码技术需要人工干预，因此相对而言，RFID 应用的识别效率比条形码要高得多。

二、智慧图书馆的特殊性及其特有需求

与公共图书馆相比，智慧图书馆具有对象群体稳定的特点，其服务对象一般是学生或教师，属于学习型和研究型读者；而公共图书馆的服务对象较为复杂，涉及不同年龄、不同阶层、不同行业、不同教育背景的读者，即大众性、综合性读者。两者在工作的侧重点上也存在差异。

智慧图书馆扮演的是学生的第二课堂和教师的参考书房的角色，为学术研究和知识传播提供服务；而公共图书馆以普及科学知识和提高人民素质为工作重点。鉴于与公共图书馆相比，智慧图书馆存在上述差异和特殊性，智慧图书馆对 RFID 技术的需求也存在特殊之处。

（一）智能预约图书管理功能

由于同专业的学生和教师人数众多，对几种特定的热门图书的需求相对集中，使得热门图书的现有复本在某一时间段内无法满足众多读者的需求。为了保证这些图书能够得到充分利用，智能预约图书管理系统应运而生。

1. 定义

在预约架上，每个单元格都铺设了可获取预约者身份信息的 RFID 系统。当预约架上有满足读者预约请求的图书时，读者刷卡读取信息后，智能预约图书管理系统就会控制该图书的灯亮起，使读者能够得到他想要的图书。在扫描了读者的证件并确认其有效性后，RFID 系统便会为其办理相关手续，读者即可借到图书。

2. 主要功能

智能预约图书管理系统具有以下主要功能：①读者持证借书时，需输入密码以验证身份；②具有根据索书号、作者、题名等多途径检索图书的功能；③具有向读者自动发送预约邮件和短信的功能；④采用触摸屏感应方式并具有手写输入汉字的功能；⑤预约图书动态实时跟踪，如果有读者取消图书预约或者预约图书到期，系统可以显示动态信息，并提醒图书馆馆员及时处理；⑥在读取读者信息后，智能预约图书管理系统能够准确显示该馆预约图书的确切位置（包括异馆）；⑦借书成功后，可以打印借书凭条或者发送 E-mail。

（二）数据挖掘服务需求

由于智慧图书馆服务对象的性质稳定，所以借阅行为等数据挖掘可以为改进服务、改进管理和合理配置资源提供依据。

1. 学科资源（纸质资源）利用情况统计

RFID 系统中可以生成相应的统计报表，形式上可以定期推送，也可以采用 B/S 形式访问浏览，统计的内容包括以下两个方面。

（1）图书阅览信息统计。

根据图书阅览信息统计结果，当某本书的利用率较高时，图书馆的相关负责人可以适当增加该书的数量或者同一作者的其他图书，以更好地满足读者的需求。

（2）图书流通信息统计。

利用 RFID 系统的后台数据库，可以记录各种图书文献的借阅数据，生成与图书文献的利用率统计相关的各种表格，以获取最新的图书流通信息，也可以根据读者的不同类型进行划分统计。

2. 图书架位地址自动更新

目前，各图书馆经常针对某一学科、某一读者或某一团队举办不同主题的图书展览，从不同角度展示本馆馆藏。然而，大多数自动化管理系统都存在馆藏地址不能随意更改的问题，给读者和工作人员带来了很大的不便。希望 RFID 系统能够实现图书架位地址更新的自动化，这不仅能使工作人员免于备份展览书目的麻烦，而且不会给读者造成不必要的困扰，而实现这一功能的前提是实现文献的定位导航。

实现图书架位地址自动更新的步骤设想如下：一是打开 RFID 系统中的一个软件模块，输入登录信息；二是使用读写器获取需要展览地从各个书架抽取的图书的信息；三是操作软件模块更改馆藏信息，操作过程不应复杂，只需一次到两次的鼠标单击或者回车即可完成；四是当被展示图书被读者借走后，系统会及时提醒图书馆馆员补充图书，将展示的图书放置到展示架上；五是退出登录，关闭程序。

（三）自助罚款

目前，大多数高校已经应用一卡通系统，这使得自助罚款的实现成为可能。通过自助罚款，可以提高罚款支付的工作效率，减少人员投入，并且能有效地减少人工操作过程中产生的差错。

三、RFID技术在图书馆中的应用

自助服务、自动分拣、图书查找与定位、图书上架、架位注册、图书盘点理架、图书剔旧、安全防盗、标签转换、智能书架、人工智能便携式找书器等是RFID技术在图书馆中的应用的主要体现。

（一）自助服务

图书馆服务的主要表现形式是借还图书。提高借还图书的服务质量，可以改善读者的使用体验，对提高图书馆的服务质量有着重要作用。如今，自助服务无处不在，小到饮料自动售卖机，大到自动提款机，都为我们的生活提供了便利。借还图书自助服务可以为读者提供借还图书的便利体验，并能有效地延长服务时间，减少人工误操作等意外的发生。

自助借还设备主要放在图书馆内，以延长图书借还服务时间，并减少读者排队等候的时间，不受人工流通台开放时间的限制。读者可以通过该设备进行自助式的图书借还操作。当发生自助借还设备不能处理的情况时，系统应当引导读者到人工流通台咨询并解决问题。

自助借还系统应具有以下功能：①读者持证借书时，需要输入密码以验证身份，可以与统一认证等其他认证方式进行联动；②具备物理键盘、软键盘任选其一的密码输入功能,支持数字、英文字母、常用符号等输入方式;③支持校园一卡通、条码读者卡等多种借阅证读取;④具有判别读者借阅资格的功能,并显示提示信息;⑤可通过指定类型的接口与后台图书管理系统同步更新、无缝衔接;⑥屏幕显示尽量简洁,只显示图书题名、读者姓名、图书借期等必要信息;⑦采用英、汉双语界面,触摸屏感应方式;⑧设备外观提供多种选择,便于契合不同图书馆的整体风格;⑨借阅图书界面采用限时操作模式,过时自动退出,以提高个人借阅和归还操作的安全性;⑩兼具借书、还书两大模块,并可以同步进行多本图书的充、消磁操作。

(二)自动分拣

自动分拣装置是与自助还书设备配合使用的自动化设备。该设备大大提高了图书分拣的效率,可以说没有与自动分拣衔接的自助还书就不能充分体现出RFID技术的优势所在。

自动分拣装置是图书馆馆员对单本粘贴有RFID标签的图书进行收集、归类、整理并按类别进行图书分拣的一种设备,它可以减少图书馆馆员的工作量。

自动分拣系统应具备以下功能:①可以根据预设的馆址及馆藏地信息对图书进行自动分拣;②可以使用多种自定义分拣规则,支持多级分拣;③采用传送带加还书箱的设计方式,一条单独的传送带可以放置两个还书箱,可以自由加接传送带的长度,以增加分拣的类别;④具有识别图书是否已充磁的功能,并自动对未充磁的图书进行充磁;⑤具有识别图书是否带有RFID标签的功能;⑥具有识别异常RFID出借状态图书的功能;⑦具有识别预约图书和其他特殊用途图书的功能;⑧具有识别图书被人为损坏、涂写及丢失页码等现象的功能;⑨具有箱满报警、实时运行监控、远程故障诊断等智能监控功能。

（三）图书查找与定位

读者咨询得最多的问题便是"索书号×××的书具体放在哪儿？"当读者人数较多时，图书馆馆员如果逐个帮助查找，需要花费大量的精力和时间，而图书查找与定位功能的启用，可以将图书馆馆员从这一日常业务中解放出来。当读者使用图书检索系统检索所需图书时，可以通过嵌入链接查询到图书在阅览室中的确切位置。

图书馆中的大部分图书都可以通过公共查询系统检索。当馆藏状态显示为"在架"时，读者可通过检索系统查看图书的典藏信息。然而，许多读者由于不熟悉馆藏分布往往很难找到所需图书。RFID系统可以通过图层标记关联的方式快速定位图书，结合系统软件导航地图，能够直观显示图书的实际位置，并可嵌入检索系统中帮助读者尽快找到所需借阅的图书。

图书馆馆员或读者可以将他们需要查找的图书信息输入智能查询终端，然后通过内置的导航系统快速查找图书，可以将软件安装到已有检索系统的查询机和阅览室的读者用机上。

（四）图书上架、架位注册

由RFID盘点推车完成图书的上架与架位注册等工作，上架的过程就是把图书定位到书架的某一层，并将它们与相应的层标相关联，以确定图书的位置信息。

该系统应具备以下功能：①设备采用无线网络或者蓝牙方式进行通信；②采用英、汉双语界面，触摸屏感应方式；③使用较大字体将书名、索书号等关键字段用不同的颜色标注出来；④自动识别无RFID标签的图书和非本馆图书，并显示提示信息；⑤以不同的颜色显示异常状态的图书，以提醒图书馆馆员注意；⑥控制读写器的读写范围，以防误读到书架背面的图书；⑦具有图书检索功能，能够进行多级检索，以满足工作人员进行快速检索的需要；⑧实现图书的快速分拣，书架位置图形化，具有上架引导、到达正确位置时自动提示的智能导航功能；⑨具有语音提示功能，上架成功后进行提示，而工作人员无须仔细查看显示屏，提高了图书上架的效率；⑩上架成功后提供OPAC系统（联机公共目录检索系统）的查询显示。

（五）图书盘点理架

手持式RFID盘点装置是一种集RFID标签的扫描、统计功能于一体的设备。通过扫描书架上粘贴了RFID标签的图书资料，对于工作人员查找图书、盘点理架和统计特定的图书资料等有帮助，在图书馆工作人员寻找丢失的资料和图书盘点中发挥着重要作用。

采用该设备进行理架时，图书馆馆员手上的阅读器会自动提示排错的图书。图书馆馆员只需手持阅读器读取书架上的图书数据，系统便可以自动提示排错的图书应该放置的架位，这将大大提高图书馆馆员的工作效率。操作的馆员无须查看显示屏，手持阅读器提示灯闪烁就表示该层有图书错架的现象。

该设备应具备以下功能：①提高手持盘点设备的准确率；②设备使用无线网络或蓝牙方式进行通信；③采用英、汉双语界面，触摸屏感应方式；④使用较大的字体将书名、索书号等关键字段用不同的颜色标注出来；⑤自动识别无RFID标签的图书和非本馆图书，并显示提示信息；⑥以不同的颜色显示异常状态的图书，以便提醒图书馆馆员注意；⑦控制读写器的读写范围，以防误读到书架背面的图书；⑧具有图书检索功能，能够进行多级检索，以满足工作人员进行快速检索的需要；⑨支持图书架位查询、图书定位、智能路径提示；⑩具有语音提示功能，发现图书不在架、错架等情况时自动提示，而工作人员无须仔细查看显示屏，提高了图书盘点、理架效率。

（六）图书剔旧

利用 RFID 系统中图书的年份、借阅频率等详细统计信息，通过预设（或随时设置）生成详细的剔旧图书清单，并给予提示，以便图书馆馆员参考系统给出的清单进行图书剔旧工作。

（七）安全防盗

为了达到防盗和监控的目的，流通部设置的安全门禁系统可以对粘贴有 RFID 标签或者有磁条的图书资料进行扫描和安全识别。该系统通过判断图书借阅状态来确定报警提示信息是否鸣响。

具有磁条和 RFID 标签双重防盗功能的安全门禁系统的检测规则如下：①先检测 RFID 标签状态，如果检测到 RFID 标签安全位正常，则不报警；如果检测到 RFID 标签安全位异常，则报警。②如无法检测到 RFID 标签，则检测磁条信息。如果磁条为消磁状态，则不报警；如果磁条为充磁状态，则报警。

同时支持 EAS（商品电子防盗系统）防盗和 AFI（应用类型识别）防盗功能，单个门禁一次能处理多本图书（大于 20 本）出门的情况，具备较快的响应速度，门禁对于标签安全位和磁条状态的识别准确率较高，具备声光同时报警的功能。

可对现有磁条防盗门进行改造，加装 RFID 读写器与天线，可以实现脱机工作，在发生报警的情况下自动记录图书标签信息。必须控制门禁读取范围，以免出现误读或漏读的情况。

（八）标签转换

标签转换装置主要完成对图书、光盘、定位等多种类型标签的注册、转换、注销功能。RFID 标签通过读取条形码信息与图书、光盘信息进行绑定，完成流通前的处理操作。RFID 系统还应具备对架标、层标标签的注册与注销功能。

标签转换装置集"标签分发器+RFID 阅读器+条形码扫描器"于一体。扫描条形码后，将资料写入分发器上的第一个标签，然后自动将标签剥离下来，无须移动书本就能一次性完成信息的采集、编写工作。按照系统中数据模型的设置规则，能够自动将图书条形码转换为相对应的 RFID 标签数据。

在进行标签转换时，要求 RFID 标签能非接触式读取、批量操作。只有在有必要修改编目或者典藏信息时才需要手动修改操作。RFID 标签编写的成功与否取决于能否成功清晰地指示条形码扫描。标签转换装置应能判断输入的条形码是否为本馆使用的条形码。标签转换装置应能对标签读写范围进行控制，将读写区域控制在读写区域上方，以防出现误读的情况。

（九）智能书架

目前，RFID 图书盘点理架仍需人工操作。虽然相比于传统的书架管理方式节省了一些时间，但仍然需要耗费大量的人力与时间成本。假如一段时间内不对架位上的图书进行盘点，就会发生错乱现象。

智能书架是安装在书架上的多天线 RFID 阅读器，能够使读取范围覆盖整个书架。采用轮询的读取机制，每隔 550 秒扫描一次书架，实时记录书架上的图书情况。

任何取书或上架操作都会被系统记录下来，便于随时掌握书架上图书的动态变化。配合阅览室安装的 RFID 读写器，可以跟踪图书的动向，进行精确定位，并可进行图书阅览量等信息的统计。在书架上安装投影或者安放小型可视屏，可以实时显示书架上的在架图书信息。

（十）人工智能便携式找书器

许多厂家为方便读者查找图书都已经安装了智能定位导航系统，但这始终是不方便的，无法携带，因此为人所诟病。如果有一个能够随身携带的人工智能找书器，将极大地方便读者寻找所需要的图书。除了节省读者寻找图书的时间以外，也能方便图书馆的图书管理，这应该是读者和图书管理者的共同需要。

人工智能便携式找书器可以做成类似苹果平板的设备，也可以采用安卓系统，这样不仅可以降低成本，还可以满足用户的需求。

人工智能便携式找书器可以连接 Wi-Fi，利用 OPAC 系统查找图书，然后通过图书馆的定位导航系统快速定位所需的图书，可以具体定位到哪一个书架以及在书架的哪一层。

图书的具体位置可以在地图上显示出来，图书馆可以在主要的位置安装 Wi-Fi 热点，人工智能便携式找书器能够在很短的时间内通过热点来寻找地图中自身的位置所在，读者也可以手动输入自己所在的位置，地图导航系统一般会给出一条最近的路线。

一般的地图导航系统只具备定位和道路指引功能，而这款定位导航系统能够支持立体式的楼层建筑和道路指引，从原理上来说普通手机和笔记本电脑也可以实现这一功能，只要在联网状态下能够运行该定位导航系统即可。

此款找书器内嵌入了射频识别技术，在书架附近便能找到图书的标签信息，找书器会以语音或者文字的方式提示图书所在的位置。

第三节 RFID技术应用存在的问题及对策

一、RFID技术在图书馆应用中存在的问题

(一) RFID技术在图书馆应用中有待解决的问题

目前，RFID技术已被国内外大多数图书馆采用，大大提高了图书馆的服务质量和效率。然而，由于RFID技术是从物流领域引入图书馆领域，两者在应用场景、服务模式等方面存在差异，加上RFID技术本身也存在一些固有的问题和缺陷，因此很多图书馆在实际应用RFID技术的过程中遇到了许多问题。其中，某些问题在经过研讨与改正以后，可以得到很好的解决。比如，产品设计可以做得更好些，以规避现阶段存在的一些问题；但仍有许多问题在当今技术条件下无法得到妥善处理，比如RFID技术固有的特性缺陷，还需要依靠RFID技术的进步来提高、完善图书馆的应用。

1. RFID硬件设备的设计问题

每一款新产品的开发和市场运作都有一个从不成熟到成熟的过程，RFID技术也是如此。大多数RFID厂商都是将物流领域应用的那一套技术和经验直接照搬到图书馆领域，而不进行改革或更新。然而，物流领域和图书馆领域之间存在诸多差异，因此在硬件设备的设计上会出现很多问题，不能完全适应和解决图书馆的实际需求。

在设置自助借还功能时，许多厂家为了节约空间只设计了一小块区域用来放置图书，如果读者一次性借阅多本书（通常设置为5~10本），除了设备能够一次识读的图书以外，再也没有地方放置多余的图书，这给工作人员和读者带来了极大的不便。从读者的角度考虑，建议厂家在自助借还设备的借还区域下方设置一个平台，用以放置多余图书，或者在自助借还设备旁边放置临时存放图书的小桌子，这对那些一次借阅多本图书或者没有带包的读者来说更加方便。同时，将设备的天线模式设置为只读取借还区域上方或侧面的图书，以避免发生误读，即避免误读到当前操作者之外读者的图书信息。

使用RFID自助借还设备后，图书的污损、破损甚至恶意损坏等情况都不能得到很好的控制，图书馆工作人员经常会发现图书被乱写乱画、掉页、页码丢失、故意损毁等现象。在传统的流通模式下，图书馆馆员可以直接判断读者所归还图书的状况，而自助借还系统只能识别归还图书的数量，而无法对读者所归还图书的状况进行自动判断。

一般情况下，图书被故意损坏的情况并不常见（高校图书馆的读者素质一般较高，图书保护情况通常比公共图书馆要好），但仍不排除不文明的阅读行为存在的可能，比如故意撕掉一些页面，在书中乱写乱画，在页面上留下污秽，等等。为了最大限度地减少和避免这种现象，图书馆可以查阅读者的借阅和归还记录，并对最近一次使用自助借还设备归还损毁图书的读者发出警告甚至罚款，但前提是需要提前告知读者，如果有任何损坏应提前在人工柜台处理，以避免相应的风险；同时，应该对读者进行素质教育，提醒大家珍惜图书。

图书馆有一些非常规的书，这些书又大又厚，无法在24小时自助还书机中归还；如果自助借还设备的还书箱设计得过高、过大，会导致其他图书因直接落入箱内而造成标签与图书损坏。

在设计24小时自助还书机时，为了避免发生多本图书堆叠在一起而将其误判为一本图书的现象（后面通常连接到自动分拣装置，多本书堆叠在一起无法分拣），还书口一般设计得较小，这也造成了较大、较厚重的书无法通过24小时自助还书机归还。图书馆可以要求厂商扩大还书口，并改进软件设计，设定为一次只能归还一本图书。当检测到多本图书时，可以自动停止还书操作，以避免发生多本书堆叠归还的现象；对于还书箱，可以设计缓冲装置，防止贵重图书从高处直接掉落到还书箱中，以保护图书标签免受损坏。

2. 射频识别技术的缺陷

高频技术和超高频技术是目前图书馆使用的两种RFID技术。它们不仅在频率上有所差异，在物理特征上也有很大的区别。由于它们具有不同的特点，在图书馆的应用中也有着各自的优缺点。能穿透非金属是高频技术的优点，目前，这项技术已经非常成熟，可供选择的供应商众多，高频技术在图书馆的使用也较为广泛。工作原理所限是它的缺点：标签尺寸大，隐蔽性差，安全性差，只能近距离读写，且价格昂贵。

标签尺寸较小是超高频技术的优点，它具有高度的隐蔽性和安全性，比高频读写速度要快得多，且读写距离长，标签价格相对便宜；其缺点是由于读写距离远，难以控制，容易产生读写错误。超高频的抗干扰能力低于高频，供应商的选择余地也不多。从物理特性上来看，无论是高频技术还是超高频技术，在图书馆中的应用都存在着不可避免的、固有的特征缺陷。

在实际使用过程中，许多图书馆发现RFID多标签识别中存在相互干扰的现象，且数据不够准确——阅读器读取存在"盲区"，离厂商宣称的超高识别率仍有相当大的差距。高频标签由于识读距离较近，读取的准确率相对还可以接受，但超高频标签由于识读距离较远，且其物理特性为电磁波反射原理，抗干扰能力较差，各种环境因素的干扰都会对图书的识别准确率产生较大影响。

厂商也提出了一些应对措施，但基本都是治标不治本。例如，当自助借还设备无法读取正确的图书数量时，一般只需重新摆放一下图书位置即可读取正确的图书信息；然而，在书架盘点过程中就可能会造成错读或漏读现象，使盘点的准确率显著降低，对此目前还没有有效的解决方案，只能要求管理员在盘点理架时进行多次扫架，以降低出错概率。

设备干扰可能会影响 RFID 安全门的灵敏度。有的图书馆使用射频识别技术的安全门的位置离柜台工作站的工作台很近，冬天工作人员使用电热玻璃板的时候发现接通电源时，采用射频识别技术的安全门的敏感度会降低很多。在测试时，将未借图书的电子标签用双手捂住，安全门竟然不报警。

与传统的条形码和磁条相比，RFID 标签及设备对外界因素的抗干扰性较差，因此图书馆在安装设备时需要考虑到这个因素，尽量不要在射频识别技术的安全门位置使用线圈类大功率、高热量产品，比如电热板、电热玻璃台面等，以免降低和影响安全门天线和读写装置的敏感度和精度，其他具有强磁场干扰的设备也尽量不要放置在 RFID 设备周围。

高频 RFID 标签由于受到工作原理限制，天线设计不能改变，只能做成方方正正的形状，且面积比较大，因此只能贴在书的后页上，隐蔽性较差，很容易被发现，也就起不到图书防盗的作用。

高频 RFID 标签的工作原理决定了其体积无法做得更小，而超高频 RFID 标签可以设计成长条状。目前，最小的超高频标签具有与磁条几乎相同的宽度，且长度比磁条短，可以像磁条一样贴在书缝里，如果不仔细查找很难找到。因此，在隐蔽性和防盗性方面，超高频 RFID 标签更胜一筹。不过对 RFID 技术来说，防盗只是其附属功能，图书馆主要应用的是它的管理与存储功能。任何安全防盗技术都只是防君子不防小人，都有办法破解，所以当务之急是加强图书馆的管理，提高读者的文明素质。

在实际应用中发现，金属书架对RFID标签天线信号有很大的干扰。在盘点理架时，靠近金属书架两端的图书识读率非常低，需要反复读取才能读到正确的信息。

RFID标签的物理特性之一是穿透金属的能力较弱，因此金属架上的图书误读率较高（中间的图书因为离金属较远，所以识别率略高），而木质书架就不存在这个问题。图书馆可以考虑在金属书架的两头放置木质的书靠架，使得图书不直接接触两边的金属，可以有效改善读取效果；对于高频标签，也可以在盘点图书时采用插入式读取的方法，即将盘点设备的天线装置插入图书之间的缝隙中进行信息读取，而不是采用传统的书脊扫描法，相当于近距离与RFID标签接触，这样读取的准确率也会提高很多；图书管理员在上架图书时，应养成将书脊靠外排放的良好习惯，以便后续盘点理架工作更加顺畅。

超高频RFID标签天线的读写距离是可控的，可以调节读写器的功率使之读写距离在1～10m范围内；但是，由于应用场景不同，在使用中还是会出现不少误读的情况，再加上超高频RFID技术本身就存在一个"跳频"的特性，即将它的读写范围限制在某个区域内，但在该区域以外的某几个点可能依然能够读取到标签天线信号，从而增加了误读的可能性。

超高频射频识别技术由于读写距离可以控制、灵活性高，比高频技术更适合于未来的拓展应用；但其对产品的后期部署要求比较高，因此有必要进行实地勘测来调节不同设备的读写器天线的功率，从而将其读写范围控制在一定区域范围内。例如，对于自助借还设备，需要将读写范围限制在读取区域上方的1～2m区域内，以免误读到周围其他读者的图书；对盘点设备来说，也需要限制它的读写距离，从而避免盘点时误读到书架背面的图书；对于智能书架来说，由于要实时监测书架上图书的信息，不仅要避免误读到其他区域的图书，还要充分覆盖本区域内的所有图书信息，因此如何调节读写距离也是一个值得仔细斟酌的问题。

RFID 标签的损耗与寿命。经过长时间的检验，条形码和磁条都已被证明是使用寿命相对较长的标签，但是采用射频识别技术的标签由于自带芯片和天线，其本身是比较脆弱的，很容易坏掉。在电子科技大学图书馆实施 RFID 项目的过程中，发现标签的损耗率比较高，有些标签刚贴上就发生了断裂，证明标签的质量极不稳定，而且在使用一段时间后，标签的性能明显下降，有些标签由于读不出数据而被迫更换。由于 RFID 标签价格高、实施范围大，图书馆在采购时需要仔细考察其使用寿命和质量。

（二）软件系统与安全问题

一套好的硬件设备需要优秀的后台软件系统作为支撑，每一台 RFID 设备上都有一套独立的软件，也有一个总的后台软件与数据库进行管理与调度。当前国内一些厂商开发的 RFID 系统还存在很多问题，且这些问题都是图书馆在实际使用过程中发现的，证明从物流业转型而来的 RFID 厂商尚未真正了解和适应图书馆的实际需求。

使用了 RFID 系统以后，图书的查找与定位似乎变得更加准确和智能化，但事实上并非如此。使用盘点设备手工盘点，单是工作量就非常大，更不用说存在误读和漏读现象，每天全馆扫架一次也无法保证图书位置的正确性，因为读者自行取书、放书就会导致架位上出现图书排列非常杂乱的现象。如果配备了智能书架和导航系统，理论上可以实现对图书位置的精确查询，智能书架可以定时对在架图书进行扫描，在很大程度上节省了读者查找图书的时间，从而使读者能够很方便地实现对某本图书的需求；但是实践证明，这个系统不能对区域内读者手中的图书或者已办理了归还手续但还没来得及上架的图书进行定位查找。

不能精确定位是射频识别技术系统的缺点。目前，供应商开发的图书导航系统多是根据图书上架的书架层位信息对图书进行定位的，在很大程度上能够精确定位图书在书架的哪一层，但无法确定图书的具体位置，也不可能监控图书离开书架或者放错位置的情况；智能书架能够实时监控该层位上的图书存在与否，只要图书在书架上就能快速发现，但如果图书不在书架上，就不容易被发现。智能书架可以采用间隔5～10秒的轮询扫架机制，当图书上架或离架时，图书信息就能自动记录下来，然后在导航系统中将图书状态改为已离架或者已返架状态；每个阅览室的门口和阅览室的书桌上都安装了RFID读写设备，图书进入或离开阅览室、放置在书桌等行为都能被监测到。通过这种方式，可以大致获取不在架图书的位置信息，并精确到阅览室的某个书桌。

数据的安全问题是使用射频识别技术的弊端，包括标签本身的访问缺陷、阅读器内部安全、通信链路安全等。比如，未经授权的非法用户可以使用以前的读写器直接与图书馆的图书标签进行通信，以获取标签数据，有的甚至可以修改图书馆馆内的图书标签；网络犯罪分子可以利用图书馆没有密码的无线传输信号非法获取通信数据；通过发送干扰信号阻断通信链路，使射频识别技术系统超载，无法正常接收到信号；使用假的标签向射频识别技术读写器发送虚假数据，使之无法接收到真实的数据；射频识别技术读写器不能为用户提供自行提升安全性能的接口；等等。如果这些安全问题无法解决，射频识别技术将处于一个比较脆弱的状态。

读者要求保护用户信息，图书馆也应为保护用户信息而努力。然而，由于射频识别技术的使用，无论是借书还是还书操作，都是在非接触环境下进行的，这将产生许多安全和隐私问题。对于读者来说，如果图书馆配备了射频识别系统，那么从读者进入图书馆的那一刻起，此系统的读写器就会找到关于读者的基本信息，这些信息会自动记录在后台数据库中，并被推送到前台，以便图书馆提供适当的服务，但读者却不一定希望这些信息被其他人获知。该系统可以找出读者借阅的图书和其他信息，而这些信息都是读者不愿意被他人知晓的，因此如何保护读者的隐私不被泄露依然是个任重而道远的难题。

RFID系统的功能尚不完善，图书馆需要的大部分功能现有的RFID系统尚不具备。显然，用机器完全取代图书馆馆员的工作是不可能的。例如，在自助借还设备上出现了很多不符合规定的问题，需要读者到专门的服务台处理。为了方便读者阅读，在设计射频识别技术系统时，需要与图书馆原有系统相互交汇，将其原有功能融入新系统中，尽可能地方便读者。

（三）智慧图书馆的特有问题

1. RFID与磁条的混合应用问题

公共图书馆在应用RFID标签后，往往不再使用磁条作为安全手段，而是直接将RFID标签作为唯一的防盗工具；高校图书馆则往往会保留图书原有的磁条，将磁条与RFID标签共同作为安防手段，有的高校图书馆甚至使用双重门禁，同时启用两种标签的侦测技术进行防盗，有的则是将磁条作为RFID标签失效后的备用防盗措施。公共图书馆相对来说经费更为充裕，并且更重视图书的流通和读者的体验。因此，在应用RFID标签之后，具有重复功能的磁条就被舍弃了。对于高校图书馆而言，一方面，由于经费不够充裕，它不会贸然舍弃之前花大价钱投资的图书磁条；另一方面，出于对图书安全性的考虑，它希望两种防盗方法的并存能够降低图书的丢失率。

然而，RFID标签和磁条并存也带来了新的问题。超高频RFID标签的粘贴位置与磁条类似，在实际使用中很可能发生信号相互干扰的现象，使得RFID读写器的读取效率大大降低。因此，在加贴RFID标签时，不能与磁条的位置重合，以防信号受到干扰。厂商提出了几种粘贴标签的方法，能有效避免两种标签之间的信号干扰：一是撕开书皮，将RFID标签粘贴于书脊上，但对图书有一定的破坏性；二是将RFID标签粘贴在与磁条相隔约50页的位置，距离可有效减缓干扰性，但不适用于较薄的图书；三是效仿高频标签的粘贴方法，将RFID标签粘贴在书页上，但这样就丧失了超高频标签的隐蔽性优点。

除了信号相互干扰的问题以外，目前国内的RFID厂商还没有推出比较成熟的"RFID+磁条"的自助借还设备与安全门禁系统。自助借还设备在处理磁条充、消磁时，往往会出现充、消磁不彻底的情况，这与自助借还设备内置的充、消磁仪对不同磁条的兼容性有关，因而不能像人工充、消磁那么彻底。磁条和RFID的双重门禁目前国外也还没有成熟的产品面世，目前的通用做法是设置两道单独的门禁，一道用于检测RFID标签，另一道用于检测磁条，给读者进出图书馆带来了诸多不便。

2. 成本问题

公共图书馆在购买RFID标签与设备时也会遇到成本问题，但不像高校图书馆那样重视。因为公共图书馆资金相对充裕，而高校图书馆的资金主要来源于学校的项目拨款，经济相对拮据，因此其更加关注标签和设备的成本问题，而这也是价格低廉的超高频标签在高校图书馆更受欢迎的原因之一。

与前几年相比，RFID标签的价格下降了很多，但初始投资成本仍然很高。与传统的"磁条+条形码"相比，使用RFID技术需要配备很多相应的设备，如电子标签、服务器、RFID读写器、自助设备、门禁等，初期投资成本很高。目前，高频标签价格在2元左右，超高频标签价格已经下降到1元左右。然而，磁条的成本只有几分钱。三者的使用成本相差极大。如果馆藏资源很多，要全部使用RFID标签是很难负担得起的，在看不到实际应用效果的前提下，会制约大部分高校图书馆的使用。我国许多高校在财政和人力资源方面投入了大量资金，将永久磁条转换成了充、消磁条，并将所有配套管理系统列入以下系统：门禁系统、充消仪、监测仪、磁条、条形码等系统设备，它们在短期内都不会被淘汰。高校图书馆是由政府拨款的，经费拮据，资源购置费相当紧张，学校宁愿把钱花在学校的建设上，也不愿意把钱花在RFID系统上，因此高昂的成本成为推行此款系统的最大障碍。

3.如何开展与学科结合的新服务模式

智慧图书馆引进RFID技术不仅是为应用其自助借还图书、盘点理架等基本功能，这些都是已经被广泛使用的基本功能，没有太多的特色；更重要的是与学科专业相结合，利用高校图书馆所特有的各种专业类图书资源，使用RFID技术来开展学科服务，以改变传统的服务模式，这也是智慧图书馆的特色服务功能之一，这无疑会给RFID技术的应用带来不少亮点，但也会带来很多应用上的问题。

由于没有应用先例，很多构思与设想都是纸上谈兵。例如，个性化学科书目推送，通过RFID后台统计获知某个读者最近都借阅了哪些文献，并据此推知该读者对哪类文献有兴趣，或者获知其关注的专业领域，然后据此推送相关的书目资料和该学科的新书给该读者。然而，在实际应用中必须考虑到读者的个人隐私问题，其个人兴趣与借阅历史是否愿意被其他人获知，是否能与现有的图书管理系统完美结合，从而实现推送图书的目的，有很多功能可能图书管理系统并不开放给RFID系统来使用。例如，专业图书、热门图书的定点推送服务，在院系、教学楼等场所设置专门的移动书亭，为学生和教职员工提供自助借还服务。这个想法很好，但增加了运输图书的人力成本，同时增加了图书馆馆员的工作量。移动书亭里的图书归还点也成了一个问题，读者可能很难弄清楚到底是在当地归还还是在图书馆内归还。

因此，与学科相结合的RFID新型应用模式还需要在探索中克服难题，不断改进和完善。

二、问题的根源与解决对策

上述问题突出了 RFID 技术在图书馆应用中的种种不足与缺陷。尽管 RFID 技术给图书馆带来了更先进的服务理念，改进了传统的服务模式，给读者和图书馆馆员带来了便利，但是该技术存在的上述问题也是不容忽视的，应当探究问题产生的根源，并尝试研究出相应的解决方案或扬长避短，从而最大限度地提高 RFID 在图书馆中应用的合理性。

（一）难以满足图书馆的需要

目前，国内 RFID 行业是供方主导市场，一般情况下，由厂家提供的产品会根据图书馆的要求进行修改，但不会有太大的变化。工厂是按照自己的想法设计产品的，所以产品不能完全满足图书馆的要求，这就使得图书馆更加被动，不得不接受自己不愿意接受的产品。对此，图书馆应该根据自身的情况和设计对制造商做出相应的回应，这才是正确的方法。清华大学、上海交通大学、香港城市大学三个图书馆成立了一个联合大学图书馆 RFID 应用工作小组，专门为 RFID 标签、读写设备库及应用程序制定了统一规格，成立研发基金或研发实验室，建立"生产"机制，以实现图书馆的真正需求，从而促进 RFID 技术在图书馆领域得到更好的应用，不断提高图书馆的服务质量，优化其服务模式。

（二）现有技术的集成和兼容性

RFID 技术本身也存在一些缺点，比如陕西省图书馆指出高频 RFID 标签面积大、隐蔽性差，多标签识别时易出现干扰现象，武汉图书馆指出 RFID 设备抗干扰能力差，这些问题目前还无法得到妥善的解决，但是可以扬长避短，让其充分发挥优点。

特定的标签或设备并不能适用于所有东西，因此最理想的选择和最好的应用方式就是让供应商为不同的场景设计最合适的标签和应用设备。例如，同时安装高频和超高频的标签，可实现自助罚款和访问控制。标签和分离设备通过中间件读取数据到后台，可以让高频和超高频兼具。各种设备的设计应遵循统一的标准，开放接口，使彼此具有互操作性，不仅可以规范 RFID 产品的市场，防止厂商垄断市场，还可以使图书馆产品具有更多的可能性，在服务模式中发挥重要效用，对图书馆的发展产生较大影响。

（三）服务模式的变革对图书馆的冲击

RFID 技术的应用促进了图书馆服务模式的转变。许多传统的服务模式，如借还书、排序、库存等都可以使用先进的机器设备替代，因此如何更好地利用无线射频识别技术改进模型库，提升读者的学习体验才是关键，但相当多的图书馆还没有意识到这个问题，而只是为了节省人力、顺应时代潮流，才引进 RFID 技术。

智能图书馆的服务理念可通过 RFID 技术的智能化、自动化来实现。从读者的角度来说，从一开始就识别信息，并且能够主动预约推到书架上的图书，可以在热推的、读者感兴趣的书架上使用该终端设备，也可以三维寻找图书；而对于管理员来说，在主题服务和咨询服务中使用 RFID 技术，有助于读者获得良好的用户体验。这样就可以使图书馆的服务模式发生翻天覆地的变化，充分发挥 RFID 技术的潜力，以获得最佳效果。

（四）图书馆之间的知识交流

目前大多数图书馆都采用了无线射频识别技术，是因为射频识别技术的垄断。图书馆应该按照自己的标准，使数据模型更加标准化，将所有图书馆标签统一起来，使之可以互相读写，使用类似的"属于图书馆代码"的字段来标示图书馆信息；让制造商根据标准规格设计 RFID 标签和产品。通过这种方式，可以实现图书馆之间的相互借鉴，促进资源共享和知识共享，实现资源的开放获取。

8

第八章

智慧图书馆阅读推广

第一节 智慧图书馆阅读推广概述

一、智慧图书馆阅读推广存在的问题

（一）阅读推广机构人员不完备

加强组织机构和人力资源建设是图书馆发挥阅读推广作用和效益的重要保障。目前，国内高校图书馆独立设置阅读推广部门的并不多，大部分图书馆仅靠非专设部门的临时人员来开展本馆的阅读推广工作。另外，阅读推广工作组织团队人员构成较为单一，缺乏跨专业（如艺术、营销、计算机等）推广人员参与工作，也没有采取措施积极吸引读者、院系和区域内其他高校图书馆、公共图书馆和书店等相关部门加入。

（二）缺乏科学有效的规章制度

尽管有部分智慧图书馆坚持每年单独制订阅读推广工作计划，也编制了专项活动经费预案，但缺乏整体的长期规划和相应的规章制度，因而无法保证阅读推广工作的持续、快速、健康发展。例如，没有经过严谨的调研论证，仅凭个人经验和喜好制定活动方案；活动经费的使用没有具体规定，经费的使用不够科学合理；活动开展缺乏监督机制，无法保证严格遵循公平、公正和公开的活动原则；活动没有相应的评价体系，仅凭活动参与者的数量和参与领导人的规格来衡量，无法进一步提高活动的质量；活动没有相应的成绩认证体系，活动的结果和参与者的成绩得不到宣传与肯定。

（三）阅读推广缺乏资源保障

智慧图书馆读者的阅读需求既分散又集中。大学生读者的阅读需求分散是指不同个体、不同专业、不同年级的大学生读者之间的阅读能力和阅读兴趣爱好存在差异，阅读需求个性化特征比较明显；阅读需求集中是指大学生考证准备、考试复习、毕业求职等活动的前期，往往对某些特定内容的文献资源需求量较大，时间也相对集中。教师读者阅读需求分散是指不同个体、不同年龄层次、不同学科专业的教师读者之间的阅读能力和阅读兴趣爱好存在差异，在承担教学任务期间其阅读需求差异较大；阅读需求集中是指每当节假日来临前或在节假日期间，教师读者往往会较为集中地从事教科研活动，对教学、科研文献的需求较大。校外读者的阅读需求个性化更为显著，与校内读者相比，他们的信息素养普遍较低，为了提升其资源获取能力，需要智慧图书馆有针对性地开展相关培训。校内外读者的阅读需求特性，加上读者资源需求的无限性与馆藏资源的有限性之间的矛盾，使得馆藏资源丰富的智慧图书馆在某一特定周期和时间节点上，往往处于馆藏资源不足的状态。另外，由于图书招标、采购制度不合理等原因，图书馆资源满足读者需求的能力有限，大量资源长期闲置，而需求量大的资源却无法得到及时有效的补充。

（四）阅读推广工作理念不合理

阅读推广的目标是活动的方向，主题是活动的灵魂，内容是活动的躯干，活动目标需要通过活动主题和活动内容来实现，三者相辅相成，缺一不可。因此，智慧图书馆阅读推广活动的工作重心应放在读者及其阅读需求上。

目前，部分高校领导、图书馆领导、图书馆工作人员尚未彻底转变自身的工作理念，而是将阅读推广视为一项政治任务或形象工程，使活动偏离了工作目标。智慧图书馆阅读推广工作理念不合理主要表现在以下四个方面：①活动主题不够明确，主题过于宏大生硬，缺乏针对性，注重点多面广，内容与主题脱节，形神皆散，不能满足读者的实际阅读需求；②活动缺乏自身特色，过分强调活动的连续性，过分依赖其他组织来发挥案例的引导示范作用，活动缺乏创新意识和品牌意识，无法激发读者的参与热情；③存在严重的活动同质化现象，可能是迫于图书馆能力不足、资源紧张等压力，活动内容和项目虽然逐年在增加，但技术含量和学术水平一直不高，长期随意开展低水平、同质化、组织难度低的活动，存在"走场作秀""形象工程"的嫌疑；④活动宣传效果不理想，虽然宣传活动的方式多种多样，如海报、横幅、展板、图书馆网站宣传等，但整体缺乏技术含量，未能充分利用读者喜爱的微博、微信等新媒体，也无法直接渗透到读者的日常生活和工作过程中。

（五）缺乏强有力的阅读推广活动支持

智慧图书馆面向校内外不同类型的读者进行阅读推广，仅仅依靠图书馆的有限力量和资源"唱独角戏"是绝对无法取得预期的效果的，行之有效的工作局面应是由图书馆指挥的一场"交响乐"。然而，在现实中，活动常常得不到应有的支持和帮助，甚至得不到关注和理解。一方面，图书馆内部支持力量不足。由于活动在图书馆内未能事先进行广泛宣传和积极动员，导致图书馆馆员思想不统一、行动不协调，团队协作不足。另一方面，图书馆外部支持力量不足。校领导和其他部门负责人除了参加活动的开闭幕式以外，对活动的具体内容知之甚少，也不会主动给予必要的活动支持。此外，一些部门担心影响本部门的工作，对图书馆开展的阅读推广活动也持不理解、不支持的态度。

二、信息化时代下智慧图书馆的推广应用

（一）信息化时代的读者需求

1. 阅读形态的转变

在信息化时代背景下，网络信息呈现出海量增长趋势，图书馆的纸质资源不断减少，相对地，数字资源越来越普遍，数字化阅读方式逐渐成为主流阅读形态。对于高校图书馆而言，使用任意数码终端均可获得读者所需信息资源，且具有即时性，这就使得读者的阅读形态向着数字化的方向转变。

2. 阅读互动性增强

在当今的信息化时代背景下，阅读与科技实现了融合，借助互联网技术，读者能在网络环境中自由地写作，甚至有机会参与到阅读资源的出版活动中。从这一点来看，读者不仅是阅读资源的接收者，而且可以将其视作信息资源的创作者，这就使得以往传统单一的阅读传播行为转变为当前的双向互动式信息传递行为。在这种模式下，读者能自由地表达自己的想法与观点；而对于高校图书馆来讲，通过网络实现了馆员与读者之间的互动，这就为图书馆服务工作的创新带来契机。

3. 阅读内容呈现泛化趋势

在传统阅读时代，人们依靠纸质媒介实现阅读行为，此时的阅读方式是线性的，借助于纸质媒介使得信息资源得以传播。在信息化时代背景下，借助新媒体技术，读者能随时随地实现跳跃式阅读。根据自己的阅读需求，读者能自由地选择阅读内容跳转、个性化链接等，鉴于此，高校图书馆阅读内容逐渐向着泛化趋势转变，而读者通过手机文学、电子图书、电子报刊等网络资源获取到大量信息，并实现了个性化阅读。

（二）信息化时代阅读推广的优势

1. 读者满意度提高

在信息化时代背景下，借助信息技术就能获取到读者的阅读习惯与阅读兴趣等信息，并能以此为依据有针对性地向读者推送其所需信息。这一阅读推广模式不仅符合当下现代人快节奏的生活与学习习惯，而且为读者节省了以往花费在查找信息、浏览信息上的大量时间，借助互联网，读者能更加充分地对自己所需知识、信息进行深入钻研，提升了阅读效率。

2. 读者阅读成本降低

在当前信息化发展背景下，智慧图书馆的阅读推广模式发生了极大的转变，图书馆阅读服务工作对于人力与空间的需求相对减少，反而对信息技术、人员素质提出了更高的要求，这样一来，图书资源成本有所下降，为读者提供的免费阅读资源、低价阅读资源就会越来越多。除此之外，借助移动 App 软件可以实现随时随地无限制地阅读，读者无须花费时间、金钱进入特定场所阅读。从以上分析可以看出，信息化时代背景下读者的阅读成本大大减少。

3. 阅读推广个性化增强

信息化时代下的阅读推广是以读者为中心的在线服务，因此在推送信息时应该以读者兴趣与意愿为主要依据。对于图书馆而言，借助互联网平台为读者提供在线服务的过程中，应首先做好对读者阅读行为的数据采集与分析工作，调查读者的阅读意愿与阅读兴趣，经过总结与归纳设定兴趣群体，再针对兴趣群体的特征为其推送相关知识资源，这样一来，就能更长远地维护读者的阅读兴趣，保持其阅读行为的持续性。另外，还需要对阅读兴趣群体中的个体进行针对性分析，了解其阅读需求、社会关系类型、休闲阅读兴趣及主攻方向等，通过归类与分析为其提供个性化阅读服务，再经过个性化服务评估与反馈，充分体现信息化时代下阅读推广的个性化优势。

4. 阅读群体开发度广

信息化时代阅读群体开发就是在原有阅读群体的基础上，借助阅读推广的作用对阅读关系网中的读者进行深度开发，实现阅读群体的进一步扩大。在信息化时代背景下，图书馆借助移动 App 软件实现阅读群体的开发，并吸引了一大批社会读者，高校图书馆的服务群体不断扩大，阅读界限不断被打破，使得知识利用率明显提高。这样一来，读者的阅读行为真正打破了时间与空间的界限，全民阅读得以进一步深化。

第二节　智慧图书馆的阅读推广准备

一、智慧图书馆充分发挥阅读推广的主体作用

（一）建设舒适优良的馆舍环境和阅读环境

阅读环境对读者的阅读有很大影响。图书馆应设立阅读交流栏，方便学生交流阅读经验，营造浓厚的阅读氛围，让读者在优雅舒适的环境中放松身心、自由交流，从而获得传统阅读的快乐。

馆舍环境的布置必须宽敞、整洁，馆内陈设上可以摆放古色古香的书桌，在书桌上摆放一盏古典风格的台灯，并在馆内点缀一些人文景观，悬挂名家书画，再将经过精心挑选的经典图书摆放在读者触手可及的地方。在这样一个散发着浓郁书香的阅读环境中，大学生们受到强烈的感染而激发出浓厚的阅读兴趣，愿意徜徉其中，静坐下来，品读经典，体会跨时空的心灵交融。

（二）规范借阅制度

俗话说："没有规矩，不成方圆。"要坚持"以读者为中心"的服务理念，从读者制度人性化的方向出发，只有从制度上体现，才能更深入、更持久、更具可操作性。图书馆的借阅制度必须不断适应时代和社会的要求，充分利用自身的优势，才能真正使图书馆的教育、信息服务及学术研究功能得到充分的发挥。

（三）加强阅读推广的宣传工作

宣传工作是智慧图书馆的窗口，也是阅读推广的必要手段。宣传工作是指对智慧图书馆及其产品和服务的介绍，也是当代智慧图书馆工作的重要组成部分。目前，图书馆比较常用的有传统媒介、多媒体和社交媒介，而无论是采用传统媒介还是社交媒介，智慧图书馆都应根据现有技术和管理水平，结合自身需要，选择多种推广方式，最大限度地扩大推广范围。宣传工作应注意传递信息的准确性、新颖性、易用性，还要有一定的计划性，在不同时期确定相应的主题，围绕着主题开展各项宣传工作，营造良好氛围和创新服务。只有这样，图书馆才能得到读者的信任，形成良性循环。

二、阅读推广的基本保障

阅读推广已成为图书馆的日常工作。然而，如何做好阅读推广工作仍然是图书馆工作人员面临的一大难题。要做好阅读推广工作，除了以图书馆作为阅读推广主体，以大学生读者作为阅读推广客体以外，还要有以下几点基本保障。

（一）人力保障

图书馆应着眼长远，采取更多长效机制，以促进阅读推广人力资源的发展。图书馆不仅要设立阅读推广专门岗位，还要设立阅读推广部门，配备优秀的阅读推广馆员。除此之外，还可以发挥学科馆员的阅读推广优势，同时规划阅读推广人才的培训机制，并开展培训人员集中受训项目。有了这样的人力保障，才能更好地实现阅读推广工作的目标性和长效性。

（二）管理保障

为了推动全民阅读，更好地履行图书馆推广全民阅读的义务，图书馆管理者需要转变传统的管理理念，将阅读推广纳入管理视野中，对阅读推广进行顶层设计，图书馆管理者应当给予阅读推广更加自觉性的管理。此外，要想顺利开展阅读推广工作，不仅需要规划和管理团队，而且需要团队的默契合作，更需要管理者对学生组织、校园广播、社团、社区、电台等可利用资源进行有效整合，还需要阅读推广主要负责人调动宣传、策划等各个环节人员的创造性和参与热情，特别是需要图书馆馆长进行全面统筹，全方位参与协调图书馆内部和学校其他部门的任务分工。以上问题都应纳入图书馆的日常管理工作中。

（三）技术保障

智慧图书馆依赖于信息技术的支持，通过大众传播媒介和网络等信息技术为读者提供传统服务和电子文献服务。作为阅读推广人员，应当时刻关注并了解图书馆信息服务支撑技术的变化发展，紧跟时代步伐，不断探索新的信息技术。同时，要建立健全智慧图书馆服务机制，营造良好的阅读氛围，重点培养图书馆以人为本、以读者为本的主动服务思想，形成智慧图书馆新的共识和发展动力。此外，需要在政策方面加以引导，有效提升智慧图书馆服务的内涵，增强其教育服务功能，加紧学习、掌握新技术和新阅读载体，不断适应以新技术、新媒介为根基的数字图书馆的快速发展，不断提升图书馆的服务质量。

（四）物质保障

不同的阅读推广项目需要不同的物质支持。一方面，从优化阅读环境、资源建设到提供电子阅读器、笔记本电脑等移动设备免费服务，智慧图书馆应最大限度地消除读者的物质障碍，引导数字阅读；另一方面，智慧图书馆可以根据自身的发展情况量体裁衣，在研究的基础上做好方案，尽可能争取到学校的经费支持或优化组织方案。

在倡导全民阅读的时代背景下，阅读推广已成为图书馆的根本任务之一，"阅读推广是图书馆的生命力"这一论断，是对阅读推广和阅读推广人员的高度肯定，也是一种激励，它对智慧图书馆阅读推广人员提出了更严格的要求，鼓励阅读推广人员秉持爱心和奉献精神发挥自己的能力，使阅读推广获得可持续的发展。

第三节　智慧图书馆阅读推广策划

一、策划原则

智慧图书馆开展阅读推广活动是为了吸引大学生注意和参与，活动需要精心地创造和策划。制定周密详细的阅读推广方案是阅读推广活动顺利开展的有力保障。

（一）针对性与整体性的协调

要开展阅读推广活动，智慧图书馆首先要设定明确的目标群体。不同年级、不同知识积累水平的大学生在阅读倾向和阅读规律上存在明显差异，因此应针对不同的群体开展不同内容、不同形式的阅读指导活动。新生到达学校后，重要的任务之一就是了解图书馆，提高自身信息素养，而高年级学生在这方面已经有了一定的基础，他们更希望找到自己想看的图书，大学三年级和四年级的学生则更想要在写论文、考研究生、找工作等方面获得指导，即使是同一年级的学生，人文学科和理工学科的学生也有着不同的阅读需求。

阅读推广还需要考虑整体性，其中包括与图书馆服务宗旨保持一致，兼顾图书馆各阅读群体，阅读推广工作中的各个环节都具有整体性。大学生层次存在着明显的差异化，在策划活动时要做到统筹考虑，而不能仅只考虑某个群体的需要，不能只考虑新生的需求，也不能只考虑高年级学生或者毕业生的需求，在布局阅读推广活动时，要在通盘考虑各阅读群体需求的前提下做到适当地倾斜，如到了秋季，大批新生进入校园，可以多布局一些面向新生的活动，再适当地布局一些面向高年级学生的活动。等到了春季，活动内容可以适当地向高年级学生倾斜，再适当地布局一些面向低年级学生的活动。

（二）科学性与前瞻性的结合

首先，阅读推广活动策划要保证导向正确和宗旨明晰，旨在引导阅读和促进阅读。其次，阅读推广活动的策划内容和形式应具有可操作性，图书馆要在人、财、物等方面保证活动的顺利开展。

阅读推广活动的策划也应具有前瞻性。图书馆不仅要针对纸质图书等开展阅读推广活动，也应时刻关注网络环境下新技术的发展以及读者阅读习惯的改变，跟踪数字阅读、新媒体、掌上阅读等的发展，创新活动形式，策划出新的主题活动。

（三）兼顾计划性与可持续性

每项阅读推广活动都需要花费很长时间来筹备。为了确保获得好的活动的质量和效果，应未雨绸缪，在规划之初就考虑到经费、人员、资源、空间、时间等条件，提早为规划活动创造相应的条件。

通过阅读推广，能够促进读者阅读习惯的养成，推动阅读文化的建设，但这是一个非常漫长的过程，绝不是开展一两次读书活动就能实现的。因此，阅读推广不能只是应景、应时的节日型、运动型活动，而应建立起长效机制，在经费、人员、资源等方面进行统筹安排。在策划时，可以考虑将一些能反复开展的活动做成品牌，形成口碑。通过阅读推广活动的反复刺激，可以提高读者参与活动的积极性。例如，"一城一书"这样的活动就可持续性开展，可以以年、季、月、周等不同周期开展活动，不同的活动周期需要用到不同的图书，这样就可以显著提高图书的阅读率。在智慧图书馆也可以持续打造"一校一书"的立体阅读模式，使阅读成为一种习惯。

（四）创意性与常规性的平衡

阅读推广活动的开展旨在引导更多的人参与其中，阅读推广活动具有创意，可以大大提高宣传成效。要衡量一项阅读推广活动是否具有创意，要看它是否在大学生群体中引起了广泛的共鸣，是否给大学生留下了深刻的印象，是否受到了广泛的关注，等等。

图书馆可以定期策划一些具有创意性的活动，阅读推广活动的策划要大胆创新，打破常规，寻找创意突破，才能够抓住大学生的眼球。在策划活动时，活动方案应个性化、趣味化、新颖化且富有挑战性，以达到"惊异效果"。

创意性的活动往往要耗费更多的人、财、物，对于技术方面也有着更高的要求，因而不可能图书馆的所有活动都是具有创意性的。阅读推广活动本身就有常规与非常规的区别，在图书馆内经常性地开展常规性活动，更有利于建立品牌和形成口碑。

图书馆阅读推广活动的策划应在创意性和常规性之间找到一个平衡点，将常规活动打造成品牌，而在人力、财力、物力等条件适宜的情况下再开展创意性活动，从而获得锦上添花的效果。

二、策划模式

策划模式不一而足，可以由某个人或者一个团队来策划，然后通过讨论最终定稿。策划需要不断地创新，切忌闭门造车。要开展精准化、多样化的阅读推广工作，需要内部人员和外部人员的共同努力，从而最大限度地宣传和利用图书馆的资源及服务。

（一）头脑风暴法

成功的阅读推广活动首先需要创新性的思维。在目前阅读推广活动需要经常有新点子注入的情况下，更要求我们具有创新开拓、独树一帜的精神，在形式和内容上实现突破。为了激发创造力，图书馆在确定阅读推广的主题后，由不同专业或者岗位的人员组成小组进行讨论，在轻松、和谐的气氛中就活动方案自由发表意见和讨论。在较少限制的情况下，集体讨论能够激发人们的热情，每个人都可以畅所欲言，在相互影响和感染的过程中可以掀起思想热潮，打破固有观念的桎梏，从而最大限度地发挥创造性思维能力，碰撞出创新思维的火花。

（二）引入众包模式

众包模式出现于2006年，是指机构或公司将以前由工作人员执行的任务自愿外包给大众网络的做法。简单地说，就是让更多的人参与到一个组织或机构的活动中来，以达到集思广益的目的。引入众包模式来吸引不同文化背景的人参与到阅读推广创意的工作中来，特别是吸引图书馆外部的人才参与其中，广泛挖潜，使他们积极参与合作过程，策划出适合同龄人心理的活动，从而吸引更多的同龄人参加活动，帮助图书馆打开局面。

在阅读推广的策划方面引入众包模式，意在汇集大家的智慧，让每个人都参与进来，贡献出新的想法。图书馆引入众包模式，在活动方案、活动名称、活动文案等方面广征活动创意，并获得了一些成功的实例。例如，清华大学图书馆曾举办"我让小图更聪明"创意征集活动，有40多位师生的创意获奖，且优秀创意可进入小图语料库，成为"小图"的知识点。又如，山西大学图书馆、复旦大学图书馆都曾在图书馆网站征集馆徽创意。

把读者和粉丝作为宝贵的资源，巧妙利用外部力量，可以使策划的内容更贴近学生的感受，更受学生的欢迎。对于一些技术或设计要求较高的项目，可以以项目制的形式转交给学生团队策划。

三、策划流程

（一）"知彼知己"，做好前期调研

1. "知己"——对图书馆的资源与服务特色进行梳理

策划人员要对图书馆的资源和服务有充分的了解，才能有针对性地开展阅读推广活动。一是依托大众性的资源和服务来进行阅读推广策划。例如，结合获奖图书、好书榜等开展读书会和书展。二是挖掘图书馆的特色资源和服务来进行阅读推广策划，并推出专题活动。例如，2013年，清华大学图书馆在第102周年校庆日来临之际，推出第一期专题书架——"清华人与清华大学"，该活动从校图书馆（老馆、逸夫馆）馆藏中精心挑选了138本图书，这些图书有的是官方校史，有的是校史研究著作，有的是校友忆作，还有的是清华学子的回忆文章。

2. "知彼"——了解读者才能进行有针对性的推介

在新的信息环境下，互联网上的新思想、新创意层出不穷，很容易吸引读者的注意。许多图书馆在策划活动时往往依据惯性思维，而没有事先对学生的阅读兴趣和实际需求进行认真、严谨的调研，没有与读者进行充分的沟通，用户体验较少，缺乏双向的深入沟通，导致策划活动的参与者较少。

图书馆应跟上时代的发展步伐，深入了解"90后""00后"的心理特点，融入快乐推广的先进理念，在图书馆与读者之间建立一个友好、

亲和的"媒介",搭建一个良性互动的平台,将活动的推广方式打造得有趣、活泼,以迎合读者的喜好,从而使读者产生共鸣。

(1)通过前期调研了解读者的需求。

阅读推广活动的前期调研是非常重要的,强调以读者为中心,关注读者的体验,充分了解大学生的阅读兴趣和阅读爱好,根据高校读者的兴趣爱好来进行选题策划,使读者真正成为阅读推广活动选题策划的参与者。

通过观察或读者调查、座谈、访谈,设置建议箱,图书馆流通数据分析等方法,从多个方面了解读者的需求。调研可以采用问卷调查、现场采访调查、有奖问答等方式进行,通过社交网站、图书馆主页、微信页面、手机短信发放调查问卷和电子邮件展开调研,并获得调查数据,也可以充分利用图书馆的官方微博和图书馆馆员的个人微博与读者进行互动交流,以获取读者的意见或建议。在进行调研时,调研者应对大学生阅读群体进行细分,如本科新生的座谈会,高年级本科生的调查表,硕士生、博士生的需求访谈等。另外,还应特别注意了解理工科学生与人文社会科学学科的学生之间的需求差异。

(2)根据大学生阅读类型进行推介。

大学生阅读可以分为从众阅读型、目的阅读型、随意阅读型三种类型。大部分从众阅读型读者是别人读什么,他就跟着读什么,对于这类读者应当重点进行荐读服务。目的阅读型读者有较为明确的阅读目的,需要根据他们的需要选择图书,如阅读考试类图书、论文写作类图书、英语学习类图书、小说等。这类读者往往有明确的书单,图书馆可以根据此类读者的需要补充馆藏,并引导他们阅读更多相关图书。随意阅读型读者数量众多,这类读者去图书馆往往没有明确的目标,在书架上看到感兴趣的图书就会随意翻看,而且一般不会深入阅读一本书,对于这类读者应当通过书单来引导其阅读。

（3）阅读推广时机的选择。

阅读推广时机的选择非常重要。比如，为刚进入校园的大学生推荐论文写作方面的图书，是非常不明智的，适时、适宜地开展荐读活动会收到更好的效果。每年的9月，当新生进入大学校园时，图书馆的阅读推广重点可以放在新生身上，以帮助他们更好地适应大学的学习和生活；到了11月，可以针对研究生进行开题或者专业写作方面的书目推荐；每年的5月至6月，可以针对毕业生开展创业方面的讲座或者书目推荐活动。

（二）确定活动意向

图书馆阅读推广的总体目标是推广本馆的资源和服务，但是在开展某一项具体活动时，需要确定清晰明确的意向，这样在策划活动时才有方向。

从近几年阅读推广活动的开展情况来看，可以将活动意向初步归纳为以下几种。

1. 引导阅读

引导阅读主要是开展专题书目推广活动或者举办书展。这些活动的策划要立足于大学生读者阅读推广，倡导健康的阅读风气，兼具思想性、知识性和趣味性。

2. 引导学术、思想、文化的交流和分享

引导学术、思想、文化的交流和分享，经常有以下几种形式。

（1）大型讲座。举办各种类型的文化讲座，促进文化传承与创新。

（2）小型读书沙龙。小型读书沙龙是欣赏文艺作品、分享阅读心得、培养人文素质的阅读交流平台，强调交流与分享。

（3）真人阅读。举办面对面交流活动，分享各种人生经历和感悟，励志成才。人即是书，书即是人，人书合一。

3. 阅读感悟和分享

关于阅读感悟和分享，常见的有以下两种形式。

（1）读书征文。强调以阅读思考和阅读感想为中心，写出自己不同的观点和真实的感受，具有很强的可读性，对同龄人有一定的启发。

（2）书评大赛。可以是不同主题的书评大赛，或者网上微书评活动，不限字数，强调感悟。

4. 提升资源的推广利用率

要提升资源的推广利用率，可以参考以下方式。

（1）对于电子资源推广，可以举办"学术搜索之星"挑战赛或者数据库有奖竞答等活动。

（2）对于纸质资源推广，可以举办"找书达人——图书搜寻大赛"或者书山寻宝类活动，让新生通过游戏比赛的方式学习索书号知识，以便更快、更准确地找到自己所需要的图书。

5. 加强阅读资源的循环传递

图书互换会和图书漂流活动可以使读者得到他们所需要的东西，让图书流动到最需要的人手中。

6. 增强阅读的示范效应

"读书之星"比赛、"借阅之星"评奖等活动可以以身边的实例来激发学生的阅读兴趣。

（三）确定选题

在实践中，初步确定要开展某些活动，如书展或者读书征文活动，但面临"选题"时通常又是一个难点，策划人员往往会因为想不出一个好的主题而犯愁。如果不想活动落入俗套，使活动不仅接地气，而且兼具学术性、知识性、时事性、趣味性，可以参考以下方法。

1. 关注社会热点

在网络环境中，大学生能够通过多种途径获取所需信息，微信、微博及各大主流媒体每天都会推送各种新闻，如果图书馆能够将活动与热点有机结合，就能瞬间把握住大学生的兴趣点。例如，在 2015 年，凭借中国药学家屠呦呦获得诺贝尔医学奖的契机，武汉大学图书馆举办了中医药图书的专题书展，并且产生了相当不错的反响。

2. 关注文化机构的热点

一些文化机构，如新闻社、出版社、学校、书店等的活动和网站是策划人员需要经常关注的。年度好书榜、文学奖获评图书等都可以作为活动选题，由此策划一系列活动。例如，华中科技大学图书馆的新浪读书、上海交通大学图书馆的"好书中的好书"主题书展等，都是不错的选题。

3. 结合节日或纪念日进行选题

节日或纪念日通常蕴含深厚的历史文化内涵，或与某个重大历史事件相关。借助节日或纪念日开展活动，更加贴近传统文化，有助于夯实文化底蕴，提升人文素养。清华大学图书馆曾在妇女节推出"了解女性"专题书架；2016 年是汤显祖和莎士比亚逝世 400 周年，北京师范大学图书馆举办了"致敬大师：汤显祖与莎士比亚"立体阅读活动，将专家讲座、主题书展和影像展播融为一体。这些活动都能在学生群体中引起广泛共鸣，提高他们的参与度。

4. 结合本校特色、重大活动和校友等选题

阅读推广活动还可以结合本校特色、重大活动（如馆庆、校庆、纪念日）及校友等选题，以吸引更多学生关注。例如，清华大学与校庆日结合举办"清华人与清华大学"专题书展，清华大学图书馆结合百年馆庆开展岁月留痕、清华藏珍、馆庆书系、系列展览等活动；武汉大学图

书馆在毕业季线上、线下推出知名校友雷军的书单，以经过雷军精选并强烈推荐的十本书，作为送给毕业生的一份温暖的"礼物"；北京大学图书馆结合秋季迎新推荐书目展，围绕"认识北大、热爱北大""适应北大、享受北大""走近大师、提升素养"等主题，精心挑选了一批适合新生阅读的书，并且收到了不错的反响。

（四）实施策划

1. 整体规划

根据学校本身的学期特点和学生使用图书馆的规律，图书馆的活动基本上可分为常规阅读推广活动、专题阅读活动和引人注目的创意推广活动。图书馆可以根据自身特点开展不同层次的活动。

整体规划需要明确的主要问题有活动的主旨、活动的主题、活动的时间跨度、活动的组织者和合作伙伴、活动的主要内容、活动的进度、活动子项目的任务分工的落实、活动经费预算、活动的预期效果、效果评估方法等。整体规划主要是从全局上统筹阅读推广活动的内容和人力、物力、财力、技术、时间、空间等资源的分配。以上内容都应考虑周全，从必要性和可行性两个方面做出决策。特别需要注意在策划与执行之间找到一个平衡点，有些非常好的创意往往囿于现实条件而难以实施，最终导致半途而废。

2. 设计活动方案

在整体规划的统筹下，对于每个阅读推广子项目还应设计具体的实施方案。一般情况下，实施方案由子项目负责人按照统一要求起草制定。实施方案解决的问题更加具体，包括做什么、如何做，以及如何进行事后评估等，都需要说明。

做什么，即确定活动的主题，确定活动的对象、活动的内容及活动的形式。

如何做,即确定活动的管理方式、奖励方式、人力安排、时间安排、合作方式、宣传方式(纸媒宣传和微信、微博、图书馆网站及合作网站等新媒体宣传)。

活动的主题应鲜明有力,活动名称应朗朗上口,且贴合学生们的心境,活动文案的风格应活泼幽默。

第四节 智慧图书馆阅读推广的组织架构

一、阅读推广组织架构相关理论

阅读推广工作的效果与高校图书馆对其组织管理的方式密切相关。目前，高校图书馆主要从实践需要出发，为开展阅读推广工作采取了相应的组织架构方式。如果以组织理论为指导、以实践需求为牵引来设计组织结构，应当更加科学合理。

组织理论是管理理论的核心内容，是研究组织结构、职能、运转和组织中管理主体的行为，并揭示其规律性的逻辑知识体系。系统的组织理论先后经历了古典组织理论、行为科学组织理论、现代组织理论三个发展阶段。第二次世界大战后，管理实践促进了组织理论的不断发展，运用系统论的原理、思想、方法来分析组织的内部结构和管理活动与环境的关系，成了现代组织理论的重要组成部分。

自组织理论是20世纪60年代末建立并发展起来的一种系统理论，是美籍奥地利生物学家贝塔朗菲对系统论的新发展。自组织理论方法主要包括自组织的条件方法论、自组织演化路径（突变论）的方法论、自组织的协同动力学方法论、自组织超循环结合方法论、自组织动力学（混沌）演化过程论、自组织分形结构方法论、综合的自组织理论方法论等，下面对这几种理论方法做简要介绍。

（一）耗散结构理论

高校图书馆阅读推广具有形成自组织耗散结构的基本条件。作为文化知识和信息的集散地，高校图书馆不仅肩负着保存人类优秀文化知识的历史重担，更承担着传播人类优秀文化知识、广泛开展阅读推广的社会使命。高校图书馆阅读推广组织是一个由多种元素构成的有机系统。阅读推广系统离不开图书馆领导依据社会发展需求提出的阅读推广的总目标和总规划，也离不开高效的团队建设，以及作为活动执行者的团队成员的主动性、积极性、创造性。此外，还需要制度条件和组织构架来保障阅读推广工作有效推进，需要阅读推广对象即读者的热情参与和及时反馈，需要作为阅读推广活动载体的图书馆资源具有丰富性。同时，阅读推广系统也与阅读推广的学校环境、社会环境及国家发展需求密不可分。

1. 图书馆阅读推广组织结构是一个开放的系统

阅读推广系统是开放的。阅读推广系统离不开外界环境条件，且与社会相互联系。系统接受环境的输入，并加以转换，然后输出给社会，而当社会接受了阅读推广系统的输入后，又产生了新的社会环境，新的社会环境再次输出，从而形成一个生态循环体。阅读推广系统不断从外界环境中吸收先进的思维理念和资源保证，以满足其发展的基本要求，并不断发展、前进。与此同时，又将阅读推广事业的成效传播到周边环境和社会环境中，营造出良好的阅读推广氛围，从而影响高校或者社会文化事业的发展。阅读推广系统与外界环境之间相互交流、相互影响、相互作用，共同发展。阅读推广活动的目标将随着外部环境需求的变化而不断地完善，阅读推广团队亦会通过不断地自我学习，激发创新思维并更新现有知识，以适应不断变化的环境。阅读推广系统所传递的知识和文化也具有开放性。

2. 图书馆阅读推广组织结构是远离平衡态的

图书馆阅读推广是持续变化的，高校阅读推广组织应遵循远离平衡态的原则才能构建起有效的管理体系。阅读推广团队的成员具有不稳定性，阅读推广团队往往是新形成或者尚未完全确立下来的，具有强烈的不固定性。阅读推广团队成员中有许多学生志愿者，由于学制等因素，学生志愿者一般不具备较强的约束性，团队成员的稳定性较差。阅读推广活动强调阅读推广的目标、理念和质量，希望能够有效推动校园文化的发展，乃至促进社会文化的发展和全民文化素质的进步，反映在阅读推广的文化上则是不能保持静态的平衡，而是要不断完善自我，不断适应社会发展的需要，大胆创新，力求突破。阅读推广处在一个随机变化、不可预测的外部环境当中，因此更要具备"随机应变"的能力。

3. 图书馆阅读推广组织子系统中存在非线性相互作用机制

图书馆阅读推广组织的各要素中具有非线性的相互作用的特征。非线性相互作用具有非独立相干性、非对称性、非均匀性等特点。具有这些特征的非线性相互作用能够使各要素之间产生相干效应和协调性，从而促进系统的发展变化，使系统逐渐趋于有序的结构。非线性作用是自组织产生和发展的根本原因。

阅读推广组织多个子系统之间存在着非线性的相互作用。

（1）阅读推广的外部环境与阅读推广团队组织之间存在着非线性相互作用。

社会崇尚阅读推广环境，校园阅读推广文化的形成可以推动阅读推广团队的发展，并激发阅读推广团队成员的主动性和积极性。

（2）阅读推广团队成员与读者之间存在着非线性的相互作用。

读者对于团队成员组织的阅读推广活动的赞扬和积极参与，或者通过阅读推广活动获得启发并给予良好的反馈，可以激发阅读推广团队成员工作的主动性和积极性，使他们在工作中获得成就感。

（3）阅读推广机制与阅读推广对象之间存在着非线性的相互作用。

阅读推广对象即读者，通过阅读推广活动培养读者的阅读兴趣，进而形成提倡阅读的校园风尚，促进图书馆阅读推广机制的发展与完善。

（4）阅读推广团队成员之间存在着非线性的相互作用。

图书馆馆员的科学引导与启发，可以激发学生团队参与阅读推广的积极性和主动性。同时，学生团队的积极参与和良好反馈，也可以促使图书馆馆员对团队相处模式进行适当调整，从而实现阅读推广团队的效益最大化。

（二）协同动力学方法论

协同动力学方法论研究的是系统内部各要素之间的协同机制，涨落即系统内各序参量之间的竞争和协同作用，是使系统产生新结构的直接根源。缩小系统要素间差距的内在动力是个体行为有序的序参量。学校或者社会对阅读氛围的期望和阅读推广实际情况之间的差距就是涨落。只有通过阅读推广组织的不懈努力，才能逐渐缩小各要素间的差距，使阅读推广活动更加有序，对阅读推广效果和良性阅读环境的形成产生有利影响。

（三）超循环结合方法论

1. 阅读推广组织管理的反应循环

阅读推广组织活动涉及三个主要要素，即阅读推广组织的管理者、阅读推广运营团队及读者，其反应循环也由这三大主体组成。阅读推广组织的管理者基于自身所掌握的决策管理知识和执行力，以自身的工作热情、组织文化、阅读推广运营团队的工作能力以及读者的参与热情为反应酶，来实现决策能力的提高以及阅读推广组织制度的完善。阅读推广运营团队成员以现有专业知识和业务能力为基础，以激励机制、工作动力、管理者的领导力、读者的反馈情况等为反应酶，来实现服务能力、阅读推广活动的组织能力的提高。基于现有的阅读习惯和知识储备，参与活动的读者将阅读推广活动的吸引力以及组织管理者的专业程度作为反应酶，来实现阅读能力的提高、良好阅读习惯的养成以及自身综合素质的提升。

2. 阅读推广组织管理的催化循环

在阅读推广运营团队的反应循环中，运营团队服务能力的提高、阅读推广活动组织能力的提升和活动实现效果的优化能够催化该循环，使该循环上升到催化循环阶段；参与读者的反应循环中，增强阅读推广活动的参与热情，培养读者的阅读能力，养成良好的阅读习惯，提高自身综合素质，可以催化其阅读能力的培养、转化、应用的过程，从而催化其反应循环过程。

3. 阅读推广组织管理的超循环

超循环是由多个催化循环相互联合构成的循环系统，类似于生命系统的突变。在超循环过程中，高校图书馆阅读推广组织运行过程中各要素的催化循环，能够相互催化，从而实现各类组织整体功能的优化。图书馆馆员的催化循环产物中服务能力和阅读推广活动的组织能力的提高，可以催化管理者的催化循环。随着读者催化循环的进行，其阅读能力不断提高，良好阅读习惯逐渐养成，从而产生了新的要求，并激发了管理者的催化循环。

二、当前高校图书馆阅读推广的组织管理模式

（一）组建阅读推广部门或小组

近年来，阅读推广已成为一种新型的图书馆服务，高校图书馆已意

识到从自发管理向自觉管理转变的重要性。一些条件成熟的高校图书馆通过机构改革成立了专门的阅读推广部门或小组，或者以阅读推广为主职的文化服务部门或推广部门，从人员和制度等方面切实保障阅读工作的常态开展。有少部分高校图书馆采取了组建专职部组的方式，一方面表明了图书馆对建设全民阅读社会形势的快速响应和对阅读推广工作的重视，另一方面为阅读推广工作的可持续及常态化开展提供了组织保障。根据网站调查结果显示，北京大学图书馆在组织革新的过程中把阅读推广定义为学习支持中心的职责；天津大学、上海交通大学、南开大学、哈尔滨工业大学、同济大学、武汉大学、中山大学、华东师范大学、重庆大学等数十所"双一流"大学图书馆成立了阅读推广相关的专职部门，暨南大学、沈阳师范大学、华侨大学等图书馆也纷纷成立了阅读推广相关部门，将阅读推广工作纳入图书馆组织管理体系之中，实现了阅读推广工作的稳定化、常态化、制度化。

（二）调整职能部门职责，纳入阅读推广工作

为应对外部环境的急剧变化，大多数高校图书馆选择依托传统的职能部门——主要是读者服务部或者流通借阅部，也包括参考咨询部或者其他相关部门来进行阅读推广工作。例如，复旦大学、清华大学、华中师范大学、西南大学、湖南师范大学、湖南大学、宁波大学、云南大学等高校图书馆已经把阅读推广工作纳入读者服务部、参考咨询部、综合流通部及办公室的工作范畴，作为部门重要的业务职责。这种组织形式有两个优点：一是便于图书馆在进行重大的组织调整的情况下开展社会需要的新业务和新服务，二是在稳步推进的基础上有效促进传统部门的业务创新。

另外，一些高校图书馆虽然没有在部门工作职责中写入阅读推广的内容，但已将其纳入学科馆员工作体系当中。例如，海南大学图书馆推

行学科馆员阅读推广模式，并将专业阅读推广规定为学科馆员的工作职责。学科馆员是专业图书（包括专业数据库）阅读推广的主导者，承担着宣传推广专业图书的责任。首都师范大学图书馆学科馆员参与读书小组的组织和阅读辅导工作。学科馆员通过与相关院系的师生在知识层面上进行深层次交流，能够充分了解读者的需求，并在此基础上为大学生阅读学科经典提供更加优质的服务。比如，具有哲学硕士学位的学科馆员主要负责"哲学研究"读书小组的活动策划及组织实施，并承担一部分阅读辅导的工作，学生们对于该项阅读推广活动的效果给予了充分的肯定。

（三）成立跨部门专项工作组

许多图书馆会选择从不同的业务部门抽调人力组成项目小组，通过部门间的协调配合来共同推动阅读推广工作的开展。近半数图书馆采用了跨部门专项工作组的方式，这种组织模式的优势在于灵活机动，且便于组织开展阅读推广工作所需的分布于不同部门和岗位上的成员，打破了固有部门容易造成的条块分割，推动了不同部门之间的沟通与合作。这种组织模式对于组织管理者的领导能力和协调能力要求很高，对于大型图书馆尤其如此。武汉大学、上海交通大学、南京农业大学、同济大学等高校图书馆都已采用或曾经采用这种工作模式进行阅读推广。例如，在阅读推广部成立前，同济大学十分重视阅读推广工作的有效开展。为了保证"立体阅读"推广工作能够长期有效地执行，专门建立了一种"矩阵型"机制。这种组织机制通常是由一位图书馆负责人领导2～3人的工作小组来进行阅读推广工作的系统规划及选题策划，项目确定后，再从图书馆各个部门抽调人员形成一个项目工作组，主要从事具体的项目策划和实施。例如，在活动过程中，组建的展览布置、影视片选放、海报与网站专栏设计、相关图书推荐、征文作品选评等工作小组分别开展工作。等到项目完成以后，所抽调的工作人员将返回原岗位工作。武汉大学图书馆成立了专业的推广服务组，并配备专职及兼职人员开展阅读推广工作。专职阅读推广工作人员负责活动策划、宣传品的设计、网页宣传、全媒体宣传等工作。工作组经常进行工作讨论、项目策划及阅读推广。

（四）依托学生志愿者社团开展阅读推广活动

阅读推广活动的主体是学生，他们对阅读推广活动的参与程度直接影响着阅读推广活动的质量。图书馆通过直接组织阅读推广学生社团或者与校级学生社团展开合作，充分考虑到学生的兴趣爱好，从而使举办的阅读推广活动更加生动有趣，更加贴合学生群体的心理。西南大学图书馆学生管理委员会（以下简称图管委）成立于2014年3月，是由校团委领导和图书馆具体指导的社会实践类校级学生组织。建立图管委的目的是充分发挥图书馆在学风建设中的重要作用，搭建起与广大学生密切联系的桥梁。图管委致力为全校学生服务，让广大师生勤用图书馆、善用图书馆、乐用图书馆。西南大学图书馆在2014年9月图管委招新时成立了阅读推广部，招募了20人左右，主要负责组织读书会等活动。2015年9月社团招新，阅读推广部扩大到约30人。除了读书会以外，阅读推广部还组织了读书月（每年4月）、民族文化月（每年11月）等读书活动。经过了三年的探索和磨合，西南大学图书馆于2017年9月将阅读推广部独立为"阅读推广工作坊"，使其成为与图管委并驾齐驱的由图书馆直接指导的两个校级学生组织之一；同时，规模扩大到约90人，并开始承办西南大学图书馆贯穿新生季、读书月、民族月、毕业季等的各类阅读推广活动。

重庆大学图书馆文化育人中心主要是以"图书馆部门+学生社团"和"图书馆馆员+学生志愿者"的模式开展阅读推广工作。图书馆馆员主要负责宏观指导工作、制定规划策略以及管理学生社团,而社团组织"书友会"负责阅读推广工作的具体实施。文化育人中心的两位馆员之所以能够完成文化服务阅读推广的所有工作,是因为图书馆在阅读推广的每个环节都充分发挥了读者志愿者的主体作用。这种工作模式是重庆大学图书馆阅读推广工作的特色之一,不仅为图书馆节省了可观的人力成本,而且锻炼了志愿者的各项能力。有了读者志愿者的积极参与,既拉近了图书馆和阅读推广对象之间的距离,又为充分了解学生读者的阅读需求提供了最便捷的渠道。通过举办富有特色的各种文化活动,不仅丰富了教师和学生的校园文化生活,还锻炼了社团成员的能力,提高了学生的整体素质,实现了文化教育的目标。文化育人中心组织的传统文化活动包括但不限于文化衫设计大赛、"不见不散"毕业生歌会、"今日我值班"体验活动、毕业季捐书、阅读推广活动、读者沙龙、虎溪馆"赶大集"、"尚阅斋"阅读分享、"书之星"挑战赛、读书节活动、逸夫楼影视欣赏、红房子影音等。

三、阅读推广组织架构设计

自组织理论对高校图书馆阅读推广工作的组织架构具有较强的适应性和指导意义。以用户为中心的"自组织"式的阅读推广组织架构应具有以下特点:①阅读推广目标具有确定性和灵活性;②读者和组织者是阅读推广活动的共同主体;③阅读推广活动是一个开放的系统,要不断适应开放的外部环境要求;④阅读推广活动过程是一个正负回归的交替运作过程。因此,在阅读推广活动中,应形成动态的激励和考核制度。

(一)阅读推广活动目标的确定

阅读推广活动的目标是指阅读推广活动所要达到的预期标准和读

者通过阅读推广活动产生的预期效果，也就是阅读推广活动想要达成的最终效果。在自组织式阅读推广中，阅读推广活动虽不乏要以推动全民阅读为总体目标，但活动的细分目标一般只是临时性的规划，具有极强的灵活性和不确定性，往往需要随着活动的进行以及活动过程中组织者和读者的相互作用使其逐渐清晰明朗。因此，当组织者制定目标时，应明确目标所具有的纲要的、开放的、多元的、动态的规划特征，对其进行弹性预备。组织者可以通过以下三种方式来确定活动目标。

1. 车轮式策略

车轮式策略是指组织者依据活动环境及受众情况，将某一特定的目标作为母目标，预备各种可能产生的、彼此独立的子目标，并根据活动过程中实际的活动情境对其进行灵活择取和选用。车轮式策略的特点是活动目标辐射范围较广。

2. 树枝式策略

树枝式策略是指组织者依据活动环境及受众情况，以特定的活动目标为基础衍生出与此目标相关的另一个目标，然后以第二个目标为母目标，再衍生出新的目标。

3. 网络式策略

网络式策略是指组织者根据活动对象和活动效果，对活动过程中可能出现的问题和兴趣点进行联想，然后罗列出来，并在此基础上继续进行联想，再罗列出与之相关的问题和兴趣点，最终综合起来形成一个活动目标网络。

（二）适应开放的外部环境要求

高校阅读推广组织是一个开放的系统，通过与开放的外部环境的不断交互，促进阅读推广组织的形成和发展。

1. 满足"全民阅读"的社会需求

联合国教科文组织于1972年面向全球发起了"走向阅读社会"的号召，要求社会成员人人读书，使阅读成为人们日常生活中不可或缺的组成部分。联合国教科文组织于1995年设立了"世界读书日"，阅读推广及读书活动自此成为一种世界性的趋势。

在我国，早在1997年，中央宣传部、文化部和国家旅游局（2018年后更名为"文化和旅游部"）等九个部门就联合组织实施了"知识工程"，以推动全民阅读，建设阅读社会。自2006年活动开展以来，在中央精神文明建设指导委员会办公室（以下简称中央文明办）、文化和旅游部、教育部、国家新闻出版广电总局等部门的共同倡议下，全民阅读活动在全国各地蓬勃发展。随着我国经济大发展和文化大繁荣，全民阅读也被作为国家战略加以推进，得到了前所未有的重视和发展。2012年11月，党的十八大报告历史性地写入"开展全民阅读活动"。2016年，国家新闻出版广电总局对外发布了我国首个全民阅读国家级规划《全民阅读"十三五"时期发展规划》，以促进全民阅读的常态化和规范化，共同建设书香社会。2017年3月，国务院法制办公室正式就《全民阅读促进条例（征求意见稿）》公开征求意见，标志着全民阅读立法工作取得了重大进展。上述举措充分体现了党和国家对于"全民阅读"这项文化民生工程的高度重视，表明全民阅读已被纳入国家战略层面进行整体布局。高校阅读推广活动拥有得天独厚的社会环境，高校图书馆阅读推广组织应充分利用这一有利条件来推动自身发展。

2. 融入学校发展环境

近年来，在"以学生为中心"的教学理念的指导下，许多高校极其重视学风建设和历史积淀过程，而一旦形成了优良的学风就会演绎成本校的传统，代代相传，体现出恒久性。国外一流大学都拥有极为浓厚的学术文化氛围，为广大的学生、学者能够畅所欲言、大胆创新、公平竞争提供了良好的环境，使得各种创新和研究得以发展，呈现出生机勃勃的景象。优良的学习习惯可以帮助学生明确学习方向，提高学习效率，使学生不断完善自己；不良的学习习惯则容易使学生产生消极的思想意识，不利于学生的成长。因此，对于高校学生来说，养成良好的学习习惯是十分必要的。

当代大学生需要培养终身学习的习惯，培养良好的学习精神，培养思考和观察的习惯，培养主动学习的习惯，培养互助学习的习惯，这对于当代大学生综合能力的培养至关重要，而学生自主学习能力的培养与学生阅读兴趣的培养、阅读能力的提高是分不开的。因此，很多大学致力于为学生营造出一个良好的阅读氛围。学校的宣传部、教务处和各个学院都会组织丰富多彩的文化活动，以培养学生的阅读兴趣。在学校环境的影响下，图书馆阅读推广组织需要找到切入点，与相关职能部门形成联动，促进整个学校阅读风尚的形成。可以以通识核心课等普及课程为媒介，将阅读推广活动融入教学环境中，根据教师的授课计划引导学生积极阅读，培养学生的深层次阅读的能力，丰富并完善学生的知识体系结构。

（三）形成阅读推广组织的共同体

1. 建立稳固的制度保障

人是高校图书馆阅读推广的核心因素。因此，阅读推广必须充分发挥人的能动作用，通过制度、文化来鼓励竞争，建立健全激励机制，实现协同发展。建立稳定的制度保障可以有效地降低阅读推广组织受对象反馈、外部环境等不稳定因素的影响而引起的巨大涨落，从而保障阅读推广组织的稳定、成熟发展。制度设计是高校图书馆阅读推广活动的起点。一套经过科学设计、符合客观实际、符合需求的良好制度能够主导循环的方向和速度，并为其螺旋上升创造有利条件，具体表现在图书馆建立明确的阅读推广制度体系,将阅读推广写入图书馆馆员甚至部门的工作职责,纳入考核评审体系,能够为阅读推广组织的发展提供坚实有力的制度保障。高校图书馆必须建立健全相应的阅读推广长效机制,使阅读推广制度化、规范化,从制度层面保证阅读推广工作的连续性、规范性。与此同时,依据图书馆内实际环境的差异组成稳定、成熟的阅读推广队伍,如"矩阵型"的阅读推广工作组或专门的阅读推广部门等。"矩阵型"的阅读推广小组是由一位图书馆负责人领导2~3人的工作小组进行阅读推广工作系统规划和选题规划,项目确定以后,再从图书馆各个部门抽调人员组成一个项目工作组,从事具体活动策划和实施,并根据活动的效果进行反馈优化。对阅读推广工作需求较大、具有良好的阅读推广工作基础的高校图书馆可以成立专门的部门来开展阅读推广工作,或者将阅读推广工作写入某个部门的具体工作职责。这是从制度层面推进阅读推广活动的重要举措,随着高校阅读推广活动的进一步开展,专职部门可以在更大的范围内以更充足的人力和物力,集中精力开展阅读推广工作。

2. 协同发展的运营团队

扁平化的组织架构可以更有效地促进、协调运营团队的发展。通过对组织架构进行调整和精减,以及运营团队的组织架构变革来促进阅读推广工作的开展。采取以任务为导向的方式,基于某一阶段的具体工作,以核心团队为中心,依据具体要求招揽具有相关技能的辅助人员,协作完成阅读推广工作。

(1)核心团队。

高校图书馆阅读推广是一项常态化的工作,涉及多个环节,参与人员多而复杂,因此需要一支专业的运营团队来组织开展阅读推广工作,且运营团队的核心成员必须由专业的图书馆员来担任,主要负责阅读推广工作规划的制定、日常运营以及与学生团队的沟通协调。高校图书馆可依据实际阅读推广工作的体量和需求来确定自己的核心团队，比如可以建立固定的阅读推广或者文化活动相关部门，可以将阅读推广工作写入传统职能部门的部分馆员职责，可以组建横向的阅读推广工作组，等等。推广馆员在高校图书馆阅读推广服务中占有重要地位，如何激励馆员主动学习，提高馆员参与阅读推广服务的热情，保持馆员对阅读推广服务的热爱，是丰富图书馆阅读推广服务人才库的关键。首先，专业馆员队伍必须具备专业的业务能力，对图书馆的馆藏资源与服务了如指掌，并能制定出专业的阅读推广活动规划。其次，专业馆员队伍必须具备极强的沟通协调能力。鉴于阅读推广工作的复杂性，专业馆员常常需要与图书馆内的资源部门、技术部门、服务部门等进行沟通协调；同时，组织阅读推广活动经常要与校内各部门形成联动；专业馆员必须具备与读者和学生团队进行良好沟通的能力，才能实现活动效益的最大化。最后，专业馆员队伍需要有明确、合理的分工，结合具体的业务要求对专业馆员的工作职责进行细分，既要有负责专职阅读推广活动的活动策划人员，也要有负责宣传推广工作的全媒体宣传员等。同时，专业馆员必须具备良好的领导能力，能够领导好学生团队，充分调动学生团队成员的积极性和主动性，引导学生团队在阅读推广活动中发挥重要作用。此外，专业馆员还需要保持从事阅读推广服务的极大热情、细致认真的工作态度，以及对这项工作职业认可的使命感、责任感。

（2）辅助团队。

由于阅读推广工作具有多样性，且活动形式丰富，内容涉猎较广，需要不断探索和创新活动模式，仅凭核心团队是很难有效完成任务的。因此，通常需要具有相关专业背景的学科馆员、具有相关技术背景的技术人员和资源馆员等辅助开展阅读推广工作。辅助团队可以根据不同的任务灵活组建，以实现团队成员之间的优势互补，减少阅读推广工作的盲目性，从而提高团队效能。例如，组织学科专业阅读，可以将该专业的学科馆员吸纳到辅助团队当中，以便弥补核心团队成员对于该专业知识的不足，也能降低团队成员之间的沟通成本，实现高效沟通，同时有助于加强组织成员之间的合作和互动，以便对不断变化的开放外部环境迅速做出反应。

（3）学生志愿者团队。

与社会阅读推广工作不同，学生不仅是高校阅读推广工作的主要对象，也是其管理者，他们能够以管理者的身份更多地参与到图书馆的阅读推广工作中来。图书馆成立以学生为主体的阅读推广志愿者团队，既拉近了图书馆和阅读推广对象之间的距离，又为充分地了解学生读者的阅读需求提供了便捷渠道。通过参与策划各类文化活动，不仅锻炼了团队成员的能力，也提高了学生的整体素质，达到了文化育人的目的。学生志愿者的形成也符合自组织的特征，他们因对阅读推广的兴趣爱好或者自身能力发展的需要而志愿加入该团队，因此团队运转和管理也具有充分的自治性。学生志愿者团队的发展会经历自创生、自生长、自适应三个发展阶段。在自创生阶段，学生出于自身的兴趣爱好等因素自发加入阅读推广志愿者团队；在自生长阶段，随着志愿者团队的发展壮大，将根据志愿者各自的兴趣、专业技能、学术背景等进行细化分工，在这一阶段管理制度建立完善，学生团队的分工更加明晰，团队的稳定性也逐渐增强；在自适应阶段，团队成员应根据外部阅读环境的变化以及读者需求接受程度的变化等不断加强沟通交流和自我调节，进入稳定成熟的运营期。专业馆员要对学生志愿者团队进行专业指导、培训及考核，以推动团队走向成熟。

3. 以引导读者自主阅读为导向

阅读推广活动是一个由读者和运营者构成的共同体，读者的反应和满意度对于阅读推广活动的成效起着决定性的作用。可以按照主体的不同，如教师、专注于课程学习的本科生、以研究为主的研究生，以及学习专业不同的理工科学生、人文社会科学学科的学生等对阅读群体进行细分，不同的阅读群体对于阅读推广活动的需求和期望也存在显著差异。在自组织视野下，高校阅读推广组织希望能够通过阅读推广活动来启发读者，引导读者的自主阅读行为。

自组织论认为，系统的有序是由系统内部要素之间协同作用形成的，协同作用是指任何复杂系统本身所固有的自组织能力，是形成系统有序结构的内部作用力。一旦自组织系统开始运行，它就具有了一种"自提升"的功能，而且必须在内部机制的作用下能够不断地优化其组织架构、完善其运行模式。读者的阅读行为本身是一种自发性的行为，可以通过适当的阅读推广活动来优化提升。在活动开始之前，可以引导读者对阅读推广活动有一个初步的了解，活动开始前的初步了解所产生的对于文本的初体验和困惑可以激发其参与活动的积极性和主动性。此外，活动开始前的深度学习能够使读者的思维处于最佳状态，从而保证了阅读推广活动的质量及有效性。在活动进行中，要以灵活多样的组织方式鼓励读者，调动其参与积极性，激发其参与互动交流的主动性，从中敏锐地观察读者的接受度和兴趣点，分别从知识与技能、过程与方法、情感态度与价值观三个维度对该资源的利用价值进行分析，并根据活动的目标和内容合理选择该资源的利用侧重点。然后，将读者的兴趣点融入阅读推广过程中，以提高阅读推广活动的丰富度。在这一过程中，读者的阅读兴趣和创造性思维都得到了一定程度的塑造，积极参与的程度也得到了提高，这样有利于自主阅读的形成。

（四）阅读推广活动是一个正负回归的动态过程

反馈一般是把现在系统的行为结果作为影响未来系统发展的动因。非线性系统中同时出现正反馈和负反馈，如果当前的行为能够推动未来的发展，则称之为正反馈；反之，则称之为负反馈。阅读推广旨在充分引导不同主体进行阅读，因此阅读推广活动的组织者必须深入了解读者的需求，精准掌握读者对阅读活动的兴趣和期望等，以便更快、更准确地提供服务和组织活动。阅读推广活动的组织者应从各种角度、运用多种方法积极了解参与阅读推广活动的读者群体的真实想法和反应，多维度评价阅读推广活动的成效。将评价结果与阅读推广活动预期目标进行比对、反馈，正回归运动表明阅读推广活动偏离了既定目标，提高了阅读推广的丰富性；负回归运动表明阅读推广活动朝向既定目标发展，增加了教学的有效性。通过合理的反馈机制来调整预期目标与实际情况之间的差距，制定完善的激励和考核机制，并不断调整两者之间的关系，在推动阅读推广活动非线性发展的同时避免过度涨落。

当人们决定是否实施某个行为时，通常需要对该行为的预期收益和成本进行考核，当预期收益高于成本时，意味着行为结果对其有价值，他们才会实施该行为。在自组织视野下，阅读推广活动需要建立动态的考核激励机制，然而很难直接计量阅读推广活动运行中给各类主体带来的价值，因此只能通过适当的方式，使他们感知其行为结果的价值。在阅读推广活动的催化循环中，读者、阅读推广组织的管理者、阅读推广运营团队三个主体共同构成了阅读推广活动的反应循环。当阅读推广活动的各类主体感知其行为结果的价值高于成本时，就会强化其行为，促进各自的反应循环和催化循环，并依托各类主体之间的非线性相互作用促进高校图书馆阅读推广组织的超循环体系的发展。

总之，不断与外部开放的环境进行交流，拓展创新思维，引入新知识、新理念、新技术、新人才、新制度等，以形成创新的文化氛围，对于阅读推广组织的持续发展具有重要意义。在实际运行过程中，阅读推广活动的组织者也应在周围环境的交互作用下形成开放创新的思维，不断从形式、组织、内容等多个维度对阅读推广活动进行创新，并培养读者的创新能力，以实现阅读推广的总体目标。

第五节　智慧图书馆阅读推广的实践方法

一、讲座

（一）讲座的定义

"讲座"最初代表儒师讲学的座位，如今作为一种教学形式，常以报告会、电视、广播或者刊物连载的方式进行，比如中国经典文化阅读讲座。讲座具有传播知识、交流思想、传承文化的作用。高校图书馆讲座是高校图书馆利用场地、人员、技术、设施等条件，出于一定的目的，通过组织、策划，邀请主讲人，面向读者进行的一种常规性活动。组织和举办各种类型的讲座是高校图书馆开展阅读推广工作的重要途径之一。高校图书馆拥有得天独厚的环境和丰富的教学资源，通过举办各种讲座，开设"第二课堂"，能够培养读者的阅读素养，提高读者的继续教育和终身学习的能力。

（二）讲座的类型

根据讲座的功效，可以将高校图书馆阅读推广讲座划分为两大类：一类是用户培训课程，如新生入馆教育、数据库使用培训、文献信息检索教学、互联网免费学术资源的检索与利用、阅读工具使用辅导等。这类讲座不仅体现了高校图书馆教育读者的职责，也是高校图书馆营造良好的阅读氛围的有效方法。另一类是文化交流讲座。这类讲座历史悠久，是图书馆的主要服务内容之一，早在20世纪五六十年代，郭沫若、沈雁冰、季羡林、老舍等文化名人就曾在图书馆举办讲座。与一般的上课不同，这类讲座对于主讲人的文化素养、沟通能力等要求极高，并且要求主讲人具备及时有效地应付读者提问的能力，因此主讲人大多是社会名流、知名教授等。如今的高校图书馆在开展文化交流讲座时，除了邀请专家学者担任主讲人以外，有时也会邀请普通的读者做主讲人，目的在于分享阅读技巧和交流阅读经验。另外，还可以根据讲座的形式将高校图书馆阅读推广讲座分为以下三类：第一类是系列讲座，即在每学期伊始或者每月伊始确定好讲座的时间、内容、地点，并提前在图书馆网站上公布，供用户自由选择；第二类是不定期讲座，即图书馆不定期地举办讲座，这类讲座一般与当前读者关注的热门活动、热点问题、新资源、新技术等紧密联系；第三类是预约讲座，即图书馆举办的以用户为导向的讲座，将讲座的决定权交由读者用户掌握，讲座时间及讲座内容等均由读者用户来定制，能够进一步细化培训对象，深化培训内容。

（三）讲座的组织

1. 成立工作团队

与其他阅读推广活动相比，讲座的形式丰富多样，涉及内容广泛，有大量的读者，因此场地的秩序和安全十分重要，此外，还涉及前期讲座主讲人的选择、讲座的推广，其间的保障和视频拍摄，后期的资料整理、宣传与共享等工作。组织讲座活动是一项庞大的系统工程，需要人力、设施设备、场地等多方资源的密切配合，特别是需要一个分工明确、高效、跨部门、跨专业的团队。团队成员主要来自图书馆、宣传部、学生处、院办公室、教务处、系部、团委、保卫处等，涉及的专业人员有图书馆馆员、宣传人员、各类读者、主讲教师、艺术策划、保卫人员、后勤人员等。

2. 重视选题内容

为了满足不同类型的读者对于阅读和文化的需求，高校图书馆讲座的选题需要内容广泛，但又不能太过分散凌乱。选题需要根据不同活动的目标和功效进行科学的整体规划。主题内容的选择应遵循以下原则：①讲座内容要有宽度。内容要从优秀的中国传统文化到国外经典艺术、从大学生的心理健康到青少年的道德修养和老年人的保健养生、从当前的政治热点到世界政治和经济格局等，努力保证每个读者都能找到感兴趣的讲座，且每个讲座都有读者。②讲座内容要有纵深。讲座内容应当兼顾不同文化水平的读者听众，不仅要有科学知识的普及，也应包括专深科学研究，力求做到内容丰富独特，讲座循序渐进、深入浅出。③讲座内容要有体系。对于不同类型的讲座，主题既应有相对独立性，又应具有一定的内在关联性。系列讲座中的每个分讲座主体都应短小精干，且与其他分讲座紧密联系；独立讲座内容则应简练清新，包含大量有价值的信息。

3. 选择合适的主讲人

主讲人是讲座的灵魂。一位优秀的主讲人不仅能在宣传推广上起到重要作用，也是一场精彩讲座的前提和基本保障。讲座内容的丰富性决定了主讲人的多样化，一般高校图书馆阅读推广讲座主讲人主要是图书馆馆员、数据库培训员、社会名流、专家学者、学生代表等。图书馆馆员和数据库培训员都是讲座的常用主讲人，而社会名流和专家学者是提高讲座学术水平及文化底蕴的关键。此外，一些高校图书馆还会邀请具有代表性的学生来担任主讲人，这样可以使讲座更贴近学生的学习和生活，拉进主讲人与读者之间的距离。例如，许多高校图书馆都会以"告别母校"为讲座主题，邀请即将毕业的学生为学弟学妹们讲述大学生活的点滴，并传授阅读经验。武汉大学图书馆长期为读者提供"90分钟专题系列讲座"，以便读者更好地了解和使用图书馆资源，而其中使用技巧篇讲座就是由熟练掌握图书馆资源使用技巧的学生代表来担任主讲人。

4. 讲座时间与地点的选择

高校图书馆的工作时间与其他组织机构既有相似之处，也有其独特之处。除了正常的工作日以外，还有集中性的寒暑假期。讲座面向的是校内不同的师生读者或校内外不同类型的读者，因此在活动时间和地点的选择上应具有灵活性，尽可能满足不同类型的读者在时间和地点上的需求。面向校内师生读者开展活动时，考虑到大学生的课外时间、学校规定的教学和科研时间，以及教师周末不便来校参加讲座活动等因素，可以在周末或工作日的晚上为学生读者举办讲座，将面向教师的讲座集中在学校规定的教学和科研时间或是节假日，而面向校外读者的讲座，应尽可能地错开校内教学工作时间，可以充分利用节假日，或者利用学校下班时间段。此外，为了方便社会读者倾听，可以考虑将讲座的地点转移到社会公共场所和居民社区。

5. 讲座的宣传与推广

随着计算机网络技术的快速发展，高校图书馆在宣传讲座的过程中，除了要使用醒目的电视、横幅、报纸、海报等传统媒体和手段，还应充分利用图书馆官方网站、论坛、微博、微信、RSS等网络新媒体平台和技术。为了解决读者与讲座在时间和地点上的冲突，不仅要选择合适的时间和场地，在讲座进行时还可以通过新媒体进行网络直播。讲座结束以后，图书馆还要指派专人负责收集整理讲座视频等资料，以做好后期宣传和进一步的推广和共享工作。

（四）图书馆举办讲座的关注重点

讲座是高校图书馆为活跃校园文化氛围、拓宽学生思维和视野、激发智力交流和碰撞而组织的经常性文化活动。图书馆开展文化讲坛处于利弊并存的状态。现代图书馆大多建有宏伟的演讲厅，适用于举办各种大型讲座。同时，图书馆作为校园文化中心，还具有一定的平台优势，包括由平台产生的人气凝聚力、与讲座相辅相成的文化氛围、与校园内相关机构或社团合作关系的建立，以及能够作为校园才俊展现才华的平台。图书馆可以利用阅读学方面的专业优势作为论坛主题的突破口，区别于校园林林总总的各种讲坛，走出一条主题鲜明、一枝独秀的路子；还可以根据专业优势判断，发现和积累讲师的实力。高校图书馆开展文化讲座的压力主要来自两个方面：一是资金和人力的限制，二是由院系、学科管理机构或学生社团等多方力量联合举办的讲座而形成的竞争压力。因此，高校图书馆举办文化讲坛需重点关注以下内容。

1. 包容性

高校图书馆文化讲坛的包容性主要体现在四个方面，即主讲者、讲座主题、讲座形式及听众。主讲者既可以是深孚众望、满腹经纶的著名学者，也可以是见解独到、思想活跃的青年学者。鉴于目前高校各类论坛基本上都被名师占据，而同样具有真才实学的青年学者往往缺少展示自身学术才华的平台，高校图书馆作为校园文化中心，应当且必须具备这种包容性，为那些在社会文化领域有着独到见解和研究的青年学者提供展示空间，起到大师孵化器的重要作用。讲座主题也应该多元、广泛，既可以是经典、历史、绘画、摄影、传统文化、电影等能够引导学生认识和体会多元文化、以开启智域为主旨的文化素养类讲座主题，也可以是与学生的学习、生活、研究、工作、心理联系密切的实用类主题，还可以是与社会及政治有关的主题。只有举办多元主题讲座，才能真正达到激发思想、提高修养、增进智识、陶冶情操、健康心理、助跑人生的教育目的。讲座可以采取单人演讲、多人对话等形式，也可以采取演讲与艺术展示相结合的方式，比如讲述与演唱、表演、朗诵等的结合。高校图书馆文化讲坛是提高高校社会影响力的有效途径，因此讲坛应当对所有乐于参加的听众开放,包括校内外听众。

2. 合作

高校图书馆举办讲座在经费和人力等方面存在一定的困难,但也有其独特优势。对于高校图书馆而言,采取合作创办文化讲坛的方式来开展讲座服务最为有利。图书馆与合作单位可以建立优势互补、利益共享的合作关系。合作之于图书馆讲座的举办,主要益处有以下几点:第一,扩大了主讲人的邀请范围,比如可以与学生社团展开合作,一方面,可以广泛邀请多方主讲人;另一方面,学生对于讲座具有较强的敏感度,由其邀请来的主讲人通常更容易受到广大学子的欢迎。第二,缓解了资金紧张问题,一些合作单位本身就设置了专项讲坛经费,这一经费来源可以弥补图书馆讲座资金的不足。第三,提高讲座的参与度和影响力,如与学生管理机构合作,将图书馆讲座与学生素质成绩相结合,能起到良好的激励参与的效果。当然,如前所述,图书馆在举办文化讲坛方面有着自身独特的优势,合作单位与图书馆分工协作,不仅能减少讲座成本和人力投入,还能获得相同或更佳的讲座成效。

3. 品牌

讲坛品牌的塑造对于讲坛的可持续发展具有重要影响。目前,中国公共图书馆界已形成多个讲座品牌,如国家图书馆的"文津讲坛"、浙江图书馆的"文澜讲坛"、上海图书馆的"上图讲座"等。高校图书馆界尚未产生声名卓著的讲坛,开展的讲座活动通常依存于某一系统性的文化品牌之下,而讲坛品牌之于主讲者、听众和合作者都具有重要意义,因此高校图书馆在举办讲座活动时,有必要创建专门的讲坛品牌,以便为论坛的可持续发展提供支撑。

4. 宣传

举办图书馆文化活动的最终目标是提高用户的人文素质,因此宣传推广是图书馆所有文化活动都必须关注的重点。讲座涉及听众的问题，因此更需要加强对讲座的主题、主讲人、时间、地点的宣传。宣传方式应多样化，比如在图书馆前张贴海报，在图书馆大屏幕上滚动播放，在学生集散中心悬挂横幅，在学校活动宣传屏幕上播放，以及 BBS 宣传、学校新闻网宣传、图书馆新闻宣传、图书馆文化活动网站及时通告等，尽一切努力及时向学生传播讲座信息，以提高他们对讲座的参与度，增强讲座的效益。

5. 多元文化活动形式结合

讲座是高校图书馆的主体文化活动形式，但不是唯一的文化活动形式。为了满足读者多元文化的需要，高校图书馆需要围绕一定的主题，举办讲座、展览、读书会等多元文化活动形式结合的系列文化活动，以达到理想的活动效果。讲座活动也是如此，甚至是围绕整体文化活动主题来明确讲座的主题和相应的主讲人，并从多维视角来展现、诠释和深化活动主题。从目前高校图书馆的讲座活动实践来看，多数图书馆已开始有意识地多重活动并用，比如在世博会举办期间，上海交通大学图书馆根据世博会"城市，让生活更美好"的主题，确定了与城市建设有关的讲座主题；同济大学图书馆根据实体展览，举办了相关的主题讲座。

6. 讲座的衍生服务

对于高校图书馆来说，讲座内容可以作为图书馆资源的一个独特来源，通过积累和整理，能够为读者提供相应的增值服务。比如在得到主讲人的许可后，将讲座的过程摄制成光盘，或者放在图书馆讲座网站上，或者制成专门的讲座视频数据库，或者集合成书，供读者使用，以进一步扩大讲座内容的影响。同时，也将积累起独特的图书馆讲座资源。

7. 管理机制

管理直接决定着活动的效果。根据讲座工作涉及的事项，如公共关系、管理策划、听众组织、宣传设计、讲座主持、讲师联系与接待、会场管理（比如摄像、拍照、纪念品赠送、提问交流控制等）、档案管理（比如讲座照片、视频、讲师题词、媒体报道等）、数据库制作、网页更新维护、图书出版等方面的内容，可见图书馆讲座不仅涉及图书馆内各部门之间的分工协作，还涉及图书馆外部合作关系的建立与维护。因此，必须建立有效的管理机制，以确保讲座的有序开展。

美国西肯塔基大学图书馆主办的"国家系列讲座"，通过讲座活动将图书馆与教师、学生、社区和世界联系起来。自2000年以来，除了寒暑假以外，每个月都会举办以"那些遥远且名字听起来奇特的地方"为主题的讲座。每期讲座都会邀请一位近期曾出国参加科研活动或者学术交流活动的教授（单纯旅游的除外），为社区居民和学生讲述他在该国从事研究工作的经历和取得的成果，并简要介绍该国的地理、历史、文化、民俗、经济和其他条件。一些讲座教授会将研究成果发表在其专著中，讲座也围绕着该书进行，然后进行签名售书活动。美国教授评审主要看三个方面，即教学、科研、社会服务。这类讲座可以计入社会服务成绩，因此教授们也乐于志愿主讲，而不收取任何费用；图书馆偶尔也会给主讲教授赠送纪念品表示感谢。图书馆深知宣传对于活动成效的重要影响，因此致力于多方位的活动宣传，比如在相关网站上刊登讲座时间表，批量印制明信片寄给教师、学生及民众（印刷宣传材料的费用从赞助单位募得），每次举办讲座前都会通过博客和群发邮件进行预告。讲座地点设在城内一家规模最大的连锁书店，由书店提供讲座场地和门票对号抽奖活动的奖品。听众自愿参与讲座，但是主讲教授可以采取给学生加分的方式来吸引学生参加，也会鼓励自己的朋友、同事来听讲座。每期讲座都会举行抽奖活动，听众进场后，图书馆组织者会要求他们在表格上填写姓名、联系方式、职业等个人信息，一是为了抽奖活动使用，二是这些听众可以作为图书馆后续讲座的宣传对象甚至是募捐对象。每期讲座都有简单的讲义以及有关国家的地图和书单。书单一共有两个：一个是由图书馆罗列出的、与讲座内容相关的图书馆藏书，以吸引听众到图书馆借阅；另一个是由书店提供的出售中的相关图书，这些书直接陈列于讲座现场，以便促进图书的销售。为了扩大讲座的宣传效果，图书馆馆员在取得主讲教授书面同意的情况下，把每次活动都拍摄下来，一方面存档，另一方面将精心挑选的照片传至网站上，以扩大活动的影响力；播客出现以后，图书馆用数字录音机将每期讲座过程记录下来，制成播客节目，利用 RSS 技术通过图书馆网站进行传播。"国家系列讲座"内容丰富，场场座无虚席，不仅增长了学生和社区听众对于世界的认识，也为教授们提供了一个展示才华的平台，加强了图书馆与师生、社区间的关系，扩大了图书馆的社区影响力。

二、竞赛

（一）竞赛活动的类型

竞赛是一种在一定规则下比较能力和技术高低的活动形式，在高校中也十分常见。竞赛内容丰富多元，从教学创新、创业到业余生活，参赛对象包括学生、教师及校内各行政人员等，竞赛活动种类繁多，不胜枚举。

从阅读推广层面考虑，所有活动的根本目的都是培养参与者的阅读兴趣及阅读习惯，提升其阅读质量和阅读能力。因此，虽然竞赛经常与其他活动形式结合开展，但活动的内容一直围绕着阅读能力进行，所使用的道具无疑也离不开书本。

根据参赛方式不同，竞赛活动可以分为两种类型，即现场型竞赛和作品征集型竞赛。现场型竞赛是指参赛者在同一时间、同一地点同时完成一项任务，并且当场比较得出结果的活动形式，比如演讲比赛、朗读比赛、知识问答比赛等。

作品征集型竞赛是以某一主题或某一类型的创作作为比赛内容，读者无须现场创作，只需在规定时间内提交比赛作品，由活动组织方组织评委评选后得出结果的一种活动形式，比如诗文比赛、书评等。

（二）竞赛活动的特点

竞赛活动的特点主要体现在对读者具有显著的阅读激励作用和长期影响两个方面。

1.显著的阅读激励作用

竞赛活动的阅读激励作用体现在两个方面：一方面，它为读者提供了一个展示个人才华的平台，称号和名次给读者带来了精神上的满足感和成就感；另一方面，奖品等物质奖励对参赛选手也有着不同程度的激励作用。总的来说，竞赛活动可以从各个方面激励参赛者，增强读者的积极性和主动性；奖励方式的选择范围比较广泛，可操作性强，在阅读推广中有较大的扩展空间。

2.活动时间长，影响力持久

举办一次竞赛活动要经历预热宣传、报名、预赛、决赛成绩公布与推送等阶段，相关活动持续的时间比较长，在保障宣传的情况下，能够在一定时期内广泛获得人们的关注，并形成一段时间的影响力。

（三）竞赛活动的组织

1.成立组织委员会

为了确保竞赛的顺利举办，首先需要成立一个专门的活动组织委员会（以下简称组委会）。在组委会下还需要根据不同的职责成立相应的小组。

组委会通常具有四项职责：①联络与组织，即确保所有活动主办方、协办方、活动参与者之间的消息传递通畅；②制定竞赛流程、竞赛内容和竞赛规则；③后勤保障；④担任评委，为参赛者和他们的作品打分。每个小组都有自己的角色，大家各司其职，才能顺利地完成整个活动。

2. 竞赛流程及规则设计

流程和规则是对竞赛活动"比什么、怎么比"的重要说明。如果是现场型竞赛，流程上需要特别注意活动现场安排、人员调控、设备准备等问题；如果是作品征集型竞赛，在流程设计上要注重作品提交方式、联络人设置等问题，以确保活动各流程的顺利衔接。

三、书展

（一）书展的定义

"书展"是图书展览会的简称，是图书馆一种传统的服务方式。近年来，由于读者阅读习惯的变化，简单的书目推荐工作已经不再具备充足的吸引力和影响力，已无法满足读者多元化的阅读需求。书展具有展示图书馆馆藏资源、营造良好的阅读氛围、提高图书借阅量等作用，因此近年来，高校图书馆已经习惯于利用一些纪念日、节假日或特殊时间节点，在图书馆或校园的显著位置设立专区，定期开展书展活动，书展活动也成为图书馆进行阅读推广的重要手段之一。

（二）书展的类型

根据展出图书的来源不同，可以将书展分为以下三类。

（1）展出图书馆自身馆藏资源。

展出图书馆自身馆藏资源的书展叫作主题书展，即在一定时期内，围绕某一主题集中展示相关图书，吸引读者浏览和借阅图书，以提高资源利用率，并传递某种思想或价值观，如伟人纪念日图书展、诺贝尔文学奖得主莫言图书展、喜迎十九大主题图书展等。

（2）展出非自身馆藏资源。

展出非自身馆藏资源的书展主要是由高校图书馆联合出版社、资源供应商、新华书店等图书出版发行机构举办的，由前者提供活动场地，后者提供图书资源。通常情况下，这类书展会同时举办现场选书荐购或者图书直销等活动，以缩短图书采购流通周期，提高读者阅读率。

（3）不同图书馆联合展览馆藏资源。

为了避免图书馆在组织书展的过程中出现资源短缺的现象，馆藏资源互补、拥有共同目标的某一区域内的两所以上的高校图书馆经常联合举办书展。采用联合举办书展的形式开展活动，不仅能够扩大活动的影响力，增强活动的实际效果，还能进一步推动馆际互借等多种协作交流活动。

（三）书展的主题

作为一种阅读推广活动形式，高校图书馆的书展有别于其他展览形式，除了活动主办方是高校图书馆以外，书展的主题是其最大的特点。高校图书馆书展面向校内师生读者，因此应充分利用图书馆内的资源，确定适合的书展主题内容，以满足读者的阅读需求。书展的主题内容既可以是学校某一领域的专家教授的荐书，也可以是图书馆馆员或者师生读者精选的高质量、高利用率的图书，还可以是其他富有创意的主题。在选择书展主题内容时，不仅要避免选择晦涩难懂的理工科类图书，也要注重结合学科和馆藏特色，以拓展主题和深度；不仅要周期性地开展系列主题书展，也要保持同一主题书展时间上的间隔；不仅要举办以校内师生读者为对象的、与学术科研结合紧密的各种教材主题书展，也要举办面向不同类型、不同层次读者的易于理解、贴近生活的科普知识及法律常识主题书展。

（四）书展的组织

1. 人员配置

书展工作主要包括前期的策划宣传与资源场地的选择、其间的组织、后期的整理与总结，涉及的人员主要包括负责人（总策划人）、宣传推广人员、工作人员、安保人员等。总负责人既要统筹全局，又要负责协调、监督、总结等工作。如果书展的规模较大，还应成立一个临时领导小组，成员应包括图书馆馆员、院系教师、社团学生、学校相关部门等，成员之间应有明确的分工和团结合作的精神。宣传推广人员是指活动线上、线下信息发布者以及宣传单、海报、横幅的设计者，可以邀请有兴趣且有专业特长的教师和学生进行具体操作，由图书馆馆员进行协调。

2. 展厅选址和布置

现在，大多数高校图书馆都有专门的展厅，小型的书展可以在馆内开展。如果要举办大型书展，则需要在图书馆外搭建临时展厅。展馆的选址对于活动的成效至关重要，应选择人流量较大的公共场所，但要重视秩序和安全问题，避免影响学校正常教学秩序。展厅的布置风格应与书展的主题相一致。同时，为了达到最佳的宣传效果和视觉效果，最好选择在晴朗的天气里举办开放式的书展。

3. 线上与线下相结合

通过横幅、海报、广播等方式发布信息，告知读者展览的名称、主题、时间及地点，是高校图书馆书展活动传统的宣传途径，且如今依然有大量受众群体，因而其作用不可替代。在新媒体时代，采用新型的宣传技术开展线上宣传的作用将会越来越显著。

此外，由于时间和空间的限制，某些读者参与不便，实体书展惠及的受众数量始终是有限的。为了更好地服务于校内外的广大读者，高校图书馆举办线上书展已成为线下书展的拓展和延伸。美国达特茅斯学院图书馆对在线展览做出简要概括："之前以实体状态呈现的展览，现在通过数字手段加以保存并以自由获取的方式向公众开放。"北京师范大学图书馆网站常年举办系列微书展，华东师范大学图书馆网站上有"主题书展角"，清华大学图书馆百年馆庆网站开设了"数字展厅"。

4. 书展的存档与总结

存档与总结是高校图书馆书展活动中的薄弱环节。书展活动资料的存档不只是一种总结方式，也是对今后工作的回顾指导。例如，我国香港科技大学图书馆于1991年开始有计划性地、大规模地举办书展活动，如今任何一位读者都能在图书馆的网站上查阅到历年来的展览详情，并且网页的设计与展览风格相一致。科学合理的归档和数字化工作，不仅满足了读者们的观展需求，也增强了读者利用图书馆资源的欲望。总结读者对书展活动的反馈和评价，发现书展主题是读者决定前来观展的主要原因。一方面，读者会选择观看他们感兴趣的主题书展，他们认为这样的书展对自己的工作、生活、学习等方面比较有帮助；另一方面，读者会选择观看与高校图书馆馆藏资源特色相关的书展，他们认为这样的书展体现了高校图书馆的优势和特色，具有参观学习的价值。

四、微书评

近年来，我国图书出版种类数量迅速增加。读者经历了"找不到书读"到"书太多找不到"的尴尬阶段，同时，由于图书资源质量参差不齐，读者面临着"知识泛滥、信息污染"的困境。读者迫切需要图书馆的帮助，以提高自身的"阅读精准度"，解决他们的"图书选择困难症"，因此长期以来，图书馆一直在积极组织各种书评和好书推荐活动。近年来，随着新媒体的兴起以及读者数字化阅读率的快速增长，微阅读已经成为大学生的主要阅读模式。微书评以其"短小精悍"的特点深受大学生读者的喜爱，成为高校图书馆进行阅读推广的一种重要形式。

（一）微书评的定义

书评是"图书评论"的简称，是对图书进行评论和介绍的文章，它以书为对象，对图书的形式和内容进行深刻分析，探索创作的思想性、知识性、学术性和艺术性，从而在作者、读者、出版商之间建立起一条信息交流的渠道。书评之于读者，首先在于它的信息功能，当读者选择图书时，书评能够为其提供参考价值，以便读者有针对性地展开阅读，当当、亚马逊、京东等图书销售网站均具有书评功能；其次在于它的导读功能，书评能够准确体现图书的核心内容，以便帮助读者了解内容概要，为读者在阅读时提供价值判断的参考，如国内的豆瓣网书评、美国联机计算机图书馆中心的开放维基版联合目录等。很多作家都是兼职书评人，如苏珊·桑塔格、约翰·厄普代克、科尔姆·托宾等，都曾在《纽约书评》或《纽约客》上发表大量的优质书评。19世纪大文豪亨利·詹姆斯留下了4000多页的评论性文章，基本包含了同时期所有伟大作家的作品，村上春树的杂文集《无比芜杂的心绪》，也称得上是半部书评集。微书评是指内容不超过140字的微型书评，实事求是地、有见识地对图书进行介绍或评论。

（二）微书评的特征

相比于传统的书评，图书馆微书评除了依旧具备书评的功能及作用以外，还具有以下五项功能和特点。

1. 短小精悍

与传统的书评相比，微书评的优势在于精短、睿智、神韵，寥寥几语就是点睛之笔，信手挥就即成神韵。一语点石成金的精评，例如鲁迅给《史记》做出的精短书评："史家之绝唱，无韵之《离骚》。"

2. 参与性强

传统书评对于作者和读者都有很高的要求，并且一般通过传统的媒介进行传播，因此书评常常被贴上学者的专利商标。公众往往不愿意也不敢写书评，又由于书评的学术理论水平较高，读者也不愿意细细品味其中精华；而微书评的写作门槛和学术性相对较低，内容形式也比较简单，且便于传播，因此公众的参与热情很高，作者和读者群体也很广泛。

3. 便于操作

微书评并不要求作者必须通篇认真仔细地阅读某一图书后才能开始创作，它更注重作者瞬间的阅读感悟和感受，它基于主观判断，而无须用任何证据去论证，很多情况下只是作者因图书的某一章节，甚至是某一句话而闪现出来的灵感。同时，得益于微博等新媒体的传播，读者能够随时随地使用智能手机等工具进行阅读，极大地方便了作者和读者之间的实时互动与交流。

4. 轻松的意境

微书评在逻辑、字数和结构等方面突破了传统书评的限制，形式简洁平快，贴合读者的碎片化阅读习惯。

5. 影响力大

微书评的作者和读者的数量都极为庞大，而且影响范围深远，再加上新媒体互动性强的特点，使得微书评的评论对象——图书的种类也非常广泛、多元、丰富。另外，在作者与读者的交流沟通过程中，常常会出现读者反过来变成作者的情境，而随着交流的广度、深度的不断拓展，

"长尾"图书将逐渐被挖掘并流行起来。

（三）微书评的组织

1. 建立微书评数据库

建立科学、合理、内容丰富的微书评数据库是高校图书馆开展微书评活动促进阅读的前提和基础。首先，可以鼓励图书馆馆员和师生读者撰写微书评，或者邀请专家学者来撰写微书评，还可以收集整理图书馆内现有的、网络在线及其他图书馆的微书评，或者协商或者购买获得作者和出版商的微书评使用权等，使得图书馆的微书评数据库逐渐丰富起来。其次，要按照一定规范对微书评进行分类整理，并将其录入相关数据库，建立健全能够有效满足各类读者需求的各具特色的微书评数据库。最后，开发用户检索、浏览、下载、上传系统，用户不仅能够自行获取相关图书的微书评，还能上传和分享自己的微书评。

2. 搭建微书评交流平台

在图书馆网站首页设置微书评博客，对图书的出版信息进行简要介绍，并附上微书评，达到与读者交流互动的效果。在图书馆网站开设读者微书评交流中心，融合多种媒体，利用微信、微博、图书馆信息平台、个人图书馆 App 等，使读者微书评交流中心成为移动阅读交流中心，鼓励读者积极参与微书评的创作和交流，促进作者与读者、读者与图书馆馆员、读者与读者之间的交流和互动，促进阅读思维的碰撞与交融，从而提高读者的阅读鉴赏能力。通过链接微书评交流中心和微书评数据库，实现既可以在网上查阅微书评，又可以发表微书评的双向交流机制以及读者与图书馆之间的互动机制。

平台交流主题不仅要体现出理想气质和批判精神，还要包含读者们喜闻乐见的人物传记、旅行美食、推理小说等主题内容。同时，尊重作者的学术观点，倡导百家争鸣、百花齐放的思想，并充分发挥微书评的审美功能，引导读者积极阅读高质量的图书，辩证地吸收书刊内容。

3. 举办微书评大赛

高校图书馆可以根据馆藏资源定期举办微书评大赛，以激发读者的阅读和评论热情，在参与互动的过程中促进阅读。高校图书馆也可以通过图书馆网站开发专门的书评系统，建立微书评创作积分激励体制，鼓励读者评书，引导读者"以书交友"，分享阅读经验和乐趣，营造良好的阅读氛围。

4. 建立微书评服务共享机制

建立微书评服务共享机制是改进高校图书馆微书评工作的重要手段，也有利于提升图书馆微书评工作整体水平。加强高校图书馆之间的沟通与合作，能够实现微书评资源的互通有无、优势互补、分工协作。高校图书馆还可以加强与书店、出版社、行业协会及相关网站之间的交流合作，逐步形成一个互利共赢的微书评有机整体，并不断丰富图书馆微书评的虚拟馆藏，使高校读者能够自由阅读各种微书评资源，从而有效满足不同类型的读者对于微书评的需求。

五、读书会

（一）读书会的界定

《礼记·学记》曰："独学而无友，则孤陋而寡闻。"因此，阅读不仅是个人的独立行为，还需要与他人进行互动和交流，才能更进一步，而读书会就是读者相互交流的平台和有效途径。卡兰德曾以瑞典的读书会为例，认为读书会是一种特殊形式的小团体研读，参与者相互讨论、互相帮助，以达到理解和互相启发的目的；尽管有阅读计划和研读素材，但没有固定的知识和材料，也没有要实现的特定目标，人们自愿参与，聚会的时间和地点应便于与会者参加。

近年来，读书会以其平等互助、简单自由、渗透力强、形式多样等特点，成为促进全民阅读的主要模式。例如，在瑞典几乎每个乡村都有学习圈，学习圈成为瑞典人的一种生活方式；据统计，美国大约有四分之一的图书馆读者参与了他们各自所属的读书会。中国自古以来就有以文会友的优良传统，如今组织引导、支持读书会活动已经成为高校图书馆进行阅读推广的一种重要手段。

（二）读书会的模式与类型

随着社会阅读风气的渐渐兴起，如今读书会有了更进一步的发展，读书会的运作模式、工作类型也是多种多样、各具特色。目前在世界范围内，主要有九种类型的读书会，即单主题读书会、多主题读书会、图书漂流读书会、图书馆读书会、互流通读书会、在线网络读书会、广播读书会、作者读书会和书店读书会。按照承办方来划分，主要有高校图书馆组建的读书会、公共图书馆组建的读书会和民间自发组建的读书会。此外，还可以从活动目标、主题、需要、性别、年龄、区域、是否收费等角度进行分类。总体来看，高校内的读书会模式比较单一，类型也比较少。据统计，我国大学校园内的读书会主要有三种类型，即学生自发组建的图书馆、学校图书馆牵头组建的图书馆、学校教学管理部门牵头组建的图书馆，还有一些校外读书爱好者利用高校图书馆资源和平台组织的读书会，比如，新乡学院图书馆晨光读书会就是依托新乡学院图书馆，由新乡市内一批高水平读者组成的书友会。

目前，国内高校图书馆读书会主要有两种模式：一种是由图书馆发起成立并自行运作的读书会，华中师范大学图书馆2011年创办的"风雅读书会"、重庆大学图书馆2011年成创立的"书香重大"书友会、天津财经大学图书馆2012年发起成立的"思扬读书会"等；另一种是由学生自发成立且自主管理的读书会社团，在章程中明确图书馆为指导单位或者主管单位，如华东政法大学读书会、合肥工业大学"春风读书会"等。高校图书馆读书会活动的组织者主要涉及三种情况：第一种是由高校图书馆成立读书会组织，并由该组织举办读书会活动；第二种是高校图书馆工作人员自发组织的读书会活动；第三种是高校图书馆通过指导类似于读者协会等的学生社团举办的读书会活动。与国外及我国香港、台湾地区相比，目前国内大多数高校图书馆仍以自己独立组建读书会的模式来开展阅读推广活动。

（三）读书会的作用与意义

1. 有利于阅读推广的实施与普及

组织读书会活动既是图书馆的阅读推广手段之一，又是服务图书馆阅读推广活动的有力助手。读书会活动的质量不仅直接影响到读书会的生存和发展，还会影响到其他形式的阅读推广活动的效益。因此，有效地组织读书会并开展读书会活动，不仅有利于高校图书馆的阅读推广工作，还可以弥补图书馆组织的相对短暂或者周期较长的阅读推广活动的不足，使读书会成为图书馆阅读推广工作的"常设机构"和"常设活动"。

2. 有利于拓展读者阅读的深度和广度

读书会的性质决定了会员在活动中能够切实有效地开展平等的、互动的、积极的、深入的交流，这种交流不仅有利于读者在快节奏的学习和生活中慢慢品味积极健康的读物，也有助于培养读者的阅读兴趣，不断拓展其阅读涉及面，摒弃过度碎片化的阅读、功利性的阅读和浅阅读。

3. 有利于提升图书馆及资源的利用率

图书馆是举办大多数读书会活动的最佳场所，它拥有充足的资源、专业的空间、优越的环境和浓厚的阅读氛围；定期举办大规模的读书会活动也有利于提升图书馆的资源利用率。例如,读书会活动需要必备的、延伸的、拓展的图书和相关文献资源,这些资源将会随着读书会活动的开展而不断进入会员读者的视野,部分长期未被利用的资源也会随着读书会活动的开展而不断被挖掘和利用。

4. 有利于图书馆整体服务水平的提升

除了阅读分享交流等沙龙性质的活动以外,图书馆还经常依托读书会,以读书会常规活动为基础,延伸开展讲座、书评、朗诵、影视欣赏、书目推荐、征文等活动,这些活动无疑会进一步推动图书馆其他业务工作的开展,如图书借阅、参考咨询、资源建设、信息素养培训等业务,从而进一步提升图书馆的整体服务水平。

5. 有利于提升会员读者的综合素质

读书会的常规读书分享和交流活动流程主要包括开场、分析、讨论和总结,在活动过程中,不仅对主持人的综合素质有较高的要求,而且对会员读者的思考分析能力、语言表达能力、人际沟通能力、临场应变能力等综合素质也有着较高要求。因此,对于经常组织和参加读书会的会员读者来说,不仅能提升自身的阅读素养和文化素质,也能增强自身的综合素质。

6. 有利于提高教学质量

专业性较强的读书会活动能够显著提升会员读者的专业学术水平,而非专业类读书会活动也能促进会员读者的阅读和思考,并对其学习观念、学习态度和学习效果产生一定的积极影响。例如,我国台湾地区高校推广读书会的初衷之一就是要提高教学质量,实现"教学卓越"。

7. 有利于校园文化建设

读书会活动属于阅读群体性活动,因此有利于推动学习群的形成、发展和壮大。大量活跃、健康的读书会汇聚在图书馆和校园,将形成浓厚的校园阅读氛围，而积极健康的校园阅读氛围正是校园文化建设的重要内容和基本条件。

（四）读书会的组织策略

1.明确定位，提高会员读者的自读率

自由和平等的特征，既是读书会组织吸引读者的主要原因，也是造成读书会组织稳定性不足的主要原因。为了有效缓解这一问题，高校图书馆需要规范读书会组织的规章制度，明确组织的目标、组织方式及活动宗旨。其中最重要的是确定组织的目标，图书馆应准确定位读书会及其活动的宗旨，并在会员读者加入组织之初就对其进行必要的入会教育，不仅要强调组织的平等性和自由性的特点，还要强调组织活动的参与性和互动性等特点。在组织活动的过程中，为提升全体会员读者的自读率，应避免长期开展单一形式的阅读分享和专家讲座等阅读传授性活动，以防止活动失去阅读交流与促进的作用。

2.加强管理，提高读书会的影响力

相对小众和分散也是读书会组织的特点之一，容易造成组织的活动频次低、组织持续性弱、覆盖范围小等问题。高校图书馆应通过自主创办和积极引导这两种途径，增加校园内读书会组织和会员读者的数量，使得读书会组织既专又散，既小又多，且每个读书会都有自己的特色和内涵。利用大量小而专的读书会，开展连续不断的、多样化的读书活动，以扩大读书会组织的影响力，提高阅读推广活动的认知度、参与度、支持度。另外，与其他传统的阅读推广活动相比，目前图书馆组织读书会活动还是比较新鲜前卫的，读者们对于图书馆组织支持的读书会的了解不够充分，对于读书会活动的形式和内容认识也不够真切。高校图书馆需要将传统的宣传手段和方式与读者们喜欢的新媒体相结合，以营销等企业管理理念加强对读书会及其活动的宣传推广。

3. 持续扶持，引导交流与合作

总结读书会的工作经验发现，需要有一定的资金、场地、资源、设施设备等基础条件，才能有效开展读书会活动。我国台湾地区高校读书会发展势头迅猛，活动影响深远，究其原因，既离不开当地教育主管部门出台的"奖励大学教学卓越计划"的支持，也离不开各高校和图书馆制定的读书会推广要点、实施办法和细则等完善的政策引导，使读书会活动不仅具备合理的顶层设计，还拥有进一步发展的资源支持。此外，读书会组织的成长与发展不仅需要高校图书馆持续且高效的指导和支持，更需要高校其他行政部门的帮助和关注，需要图书馆为其建立合作交流平台，以便与校内外其他的读书组织、文化传媒机构、相关行业协会、图书发行机构等展开合作，才能得到更多的支持和学习更多的工作经验，才能促进读书会组织及其活动更加茁壮地成长。

（五）读书会的具体实践

读书会是一种阅读交流活动，活动形式主要有读书报告交流会、阅读沙龙、阅读研讨会等，旨在推荐图书和推广阅读，增进沟通和理解，它是国内外高校图书馆普遍采用的一种比较持久的阅读推广方式。读书会的一般运作流程包括明确讨论主题、确定讨论图书、寻找讨论引导者、宣传推广、以预约或者报名的形式确定参与者、开展阅读交流、总结整理讨论会材料、评估成效等。其实施形式一般是一名或者几名引导者（比如作者、语言文学类教师等）和参与者就某本书或某类图书交流相关的问题、观点或者阅读体会。

布法罗大学图书馆的人文艺术团队深刻认识到读书会是一种有效地延伸、推广与推进合作的重要举措，因此做了相当周详的考虑及详尽的前期工作来筹备读书会，主要包括明确讨论主题、图书及讨论引导人等相关细节问题。最后，该团队在 2002 年春季学期举办了四期读书会。

学期结束对读书会活动进行评估时发现，尽管活动参与者的反馈都很好，并且希望读书会能够继续举办下去，但是平均每期读书会参与成员仅有七人，而该团队为了顺利开展一期读书会活动，在明确主题、挑选图书、制作宣传材料、安排设施以及具体举行读书会活动方面投入了大量的精力——投入与成效完全不匹配。因此，该团队决定每学期举办一次读书会，并优先考虑与院系联合举办的形式。吸取了春季学期举办读书会的经验教训，该团队在这一年的秋季学期与英语系联合举办了"阅读 J.M.Coetzee"的读书活动，得到了院系的热情支持以及教师、学生和社区成员的积极参与，并取得了可喜的活动成效。

中国的常熟理工学院图书馆采取联合组建读者协会的形式开展系列读书活动，极大地拓展了读书会的活动形式和目标。1998年10月，该馆在学校团委的合作支持下组建了读者协会，并开展了以下主体活动：①新书点评与导读，组织协会成员将撰写的新书概要发布到校园网站上，向读者推介新书；②组织读书沙龙，每半个月或每月举办一次，邀请教师嘉宾就通过调研得出的学生关注度较高的文化热点问题展开讨论和对话；③在学校广播站开设"三味书屋"广播栏目，协会成员就"新书推荐""美文鉴赏""作家评论"三个板块组稿，每周播放一期；④每学期举办1~2次书评、影评和征文活动，如1999年配合学校团委开展"读一本好书，看一部好电影"活动，图书馆推出经典图书、播放经典电影后，组织读者撰写评论，并组织了评奖和交流活动，其中一篇影评荣获江苏省二等奖；⑤讲座和参观；⑥组织协会成员创办《子衿》会刊。图书馆依托读者协会开展阅读活动，使作为协会成员的学生的综合能力得到了锻炼和提高，又极大地丰富了校园文化生活。

（六）读书会对图书馆的影响

一个运作良好、可持续发展的读书会，对图书馆的内涵发展和文化影响力具有重要影响。从上述实践来看，一个读书会能否持续有效地运作，取决于图书馆是否具备以下能力：首先，是否具有维护优良、稳定的阅读讨论引导者群体的能力；其次，是否具备发展壮大读书会参与者的有力机制；最后，是否有适当的场所、设施、资金和人员来支持读书会的运作。由于维持读书会需要有充足的人才、物力以及良好的公共关系的支撑，而这些因素确实构成了许多高校图书馆开展读书会活动的阻碍，因此为了确保读书会活动的顺利进行，高校图书馆有必要采取以下有效策略。

（1）不同规模的读书会应以适宜的周期频率交替举行，在满足读者广泛的、较为大众的阅读交流需求的同时，也能兼顾相对较为小众的阅读交流需求，这样既能保证读书会持续健康地发展，又能使读书会的整体发展呈现出有内涵、有高潮、有效果的理想状态。

（2）拓展图书馆公共关系，与举办读书会涉及的各方支持力量建立友好合作关系，比如与具有相同兴趣的院系合作开展读书会，以获得充足的阅读交流领袖和参与学生的支持；发现擅长做阅读交流领袖并对阅读活动有热情的教师，与其建立稳定的长期合作关系；与相关的学生社团展开合作，以获得阅读爱好者的支持，从而使读书会真正起到激发阅读兴趣、交流产生智慧、全面解读增进深度理解的功效；与拥有丰富作者源的出版社合作举办读书会，增加作者与读者见面交流的机会；与出版商、数据库商或网站等其他机构合作，在宣传合作机构的同时，有效缓解活动资金紧张的问题，并最终达到促进阅读、增长知识的目的。

六、朗读活动

自古以来，朗读就作为文人的一种传统学习方式而存在，摇头晃脑吟诵的书生形象在文学作品中很是常见。传承至今，朗读已经从一种学习方式转变为一种常见的阅读方式，也是图书馆阅读推广工作中经常采用的活动形式。很多图书馆和书店都推出过阅读活动，如哈尔滨果戈理书店推出的"朗读者计划"等。随着 2017 年中国中央电视台推出的《朗读者》节目大热，借助该平台和名人效应，这种传统的阅读方式得到了爆发式的关注。

（一）活动特点

1. 选用经典名著

从活动组织者的角度出发，推动经典名著的阅读是阅读推广活动的重要内容之一，对提升读者的道德修养及思想素质具有积极作用。对于高校图书馆而言，开展经典名著阅读推广活动有利于促进大学生对中国优秀传统文化的理解和传承，是传承伟大民族精神的重要渠道。朗读活动中读者主动选择的朗读对象基本上都是脍炙人口的经典名著，这不仅是因为这些作品的遣词造句都是经过了作者反复推敲、精雕细刻而得出，符合汉语的特点，适合朗读，更是因为这些作品都传达了作者的思想和精神，能给读者带来深刻感悟与收获。

2. 参与门槛低

朗读活动的基本要求是读者能用普通话正确、流利地阅读或背诵选段。朗读活动的参与门槛较低，对于参与活动的读者的阅读能力没有太高要求，一些阅读能力较低的群体（比如残障人士、儿童等）也可以参加活动，这有助于激发这类阅读群体的阅读积极性和主动性。从这个角度出发，朗读活动对于消除弱势群体的阅读障碍具有积极影响，同时有效促进了图书馆资源和服务的公平利用。

3. 促进"深阅读"，提升表达能力

朗读者想要完美地朗读一篇文章，只熟读是不够的，还需要通读作

品，揣摩文字背后的含义，在了解写作背景后尝试去理解作者当时的心情与感受，探究作者的表达意图，并在此基础上加上自己的理解，以便更好地进行朗读，更丰富地演绎该作品。在整个过程中，需要读者认真、细致、反复地阅读，这有利于提升读者的阅读能力；读者需要揣摩和学习专业的说话方式，才能更好地去朗读，这也有利于提高读者的表达水平；逐字逐句地理解是教会读者遣词造句的关键，而最终的朗读也是读者再创作的成果，这些都有助于提高读者的表达和写作能力。

（二）活动实施的关键

朗读的效果主要体现在对听众的感染力上，听众能够对朗读者分享的内容产生共鸣，朗读的作用也就得到了体现。想要提高朗读活动的感染力，不仅要注重提高朗读者自身的朗读能力，也要重视环境氛围的影响。因此，在组织朗读活动时，需要重点关注这两个方面。

1. 完善活动流程，提高朗读质量

参与朗读活动的朗读者大多不是主持、播音专业出身，在发音、语调等方面均存在一定缺陷。为了取得更好的效果，在策划活动时应在活动流程中增加筛选和培训环节。这不仅有助于提高参与者的阅读能力，也能帮助他们了解语言的魅力，从而提高其艺术修养。

2. 丰富活动形式，营造环境氛围

从目前举办的各种朗读活动中不难发现，朗读已经不再是站在台上大声读那么简单。为了达到更好的表达效果，对听众产生更强烈的感染力，参与者一般会采用配舞、配乐等多种形式，或者制作播放配套的视频等，使朗读活动更像是一场文艺汇演。因此，活动组织者在策划活动时无须限制活动形式，活动地点也可以根据活动主题灵活调整。在准备活动时，对音响、灯光、道具、服装、现场协调等问题都需要仔细设计、妥善安排。

七、图书漂流活动

（一）图书漂流简介

1. 图书漂流的起源

20世纪60年代，在欧洲出现了一种新颖的图书共享阅读方式：人们在公园、咖啡馆等公共场所投放贴有特定标签的图书，无偿提供给拾取到的人阅读，拾取者阅读完后，再根据标签的提示将图书投放到公共环境，以供下一位拾取者阅读。2001年4月，美国人罗恩·霍恩贝克建立了世界上第一个图书漂流网站，基于网络的快捷传播，图书漂流活动开始风靡全球。

2. 图书漂流的发展

随着互联网的普及，图书漂流活动变得更加高效和普遍。2001年，美国人罗恩·霍恩贝克受到了一个名为Photo Tag.org的网站的启发，为了让那些尘封的图书重新进入社会，成为全球阅读爱好者的共享资源，从而将漂流的图书变成永久性的移动图书馆，在妻子和两位志同道合的朋友的帮助下，成功创建了"图书漂流网站"，而网站标志正是一本奔跑的书，其理念就是"爱它，就释放它"，非常朴素隽永。该网站自创立以来受到了全世界读者的欢迎，如今网站注册会员已遍及全球。图书漂流的"分享、信任、传播"宗旨与"让世界上每一个角落的每一个人都能读到书""每个人都有阅读的权利，社会有责任保证每个人都有机会享有阅读的利益"等图书馆精神和核心价值观完美契合，使其在国际图书馆界、教育界、出版界等领域备受推崇。我国图书漂流活动始于2004年，春风文艺出版社组织策划了中国首个图书漂流大型公益性活动，将三本畅销书放出漂流，就此拉开了中国图书漂流行动的序幕。2004年3月，深圳市的一位记者第一次尝试参与图书漂流活动，5月，南开大学校园出现了首例由大学生实施的图书漂流活动。2006年5月，吉林大学图书馆率先在高校图书馆组织举办图书漂流活动。随后中国高校图书馆也开始引入图书漂流的方式来延伸阅读服务，使图书的价值在不断流通的过程中得到无限放大。南京理工大学图书馆从2009年开始举办图书漂流活动，毕业生离校前夕，图书馆组织人员发起图书捐赠活动，图书馆对获赠图书进行登记造册，并让采编部择其适用者补充到馆藏中；未入藏的图书会转移至"爱心图书漂流架"，进入传阅流程。在两年的时间里，共计漂流图书4000余册，其中约有43%的图书被学生反复传阅。由于活动取得了不错的反响，2010年负责漂流图书管理的大学生读者协会在学校80个社团评比中获得十佳社团称号，名列第五位。山东潍坊学院图书馆在图书馆大厅设置了专门的书架作为图书漂流中心，并在学校食堂和教学楼内设置了图书漂流站点，向校内师生征集图书，并将其整理加工为漂流图书。读者每次自觉领取一本漂流图书，并在取放漂流图书时在图书漂流站点登记信息，读完后自觉将图书归还到漂流站点，并可以在书后附上阅读心得。该活动对校园文明建设产生了广泛而又积极的影响，被评为2011年度"优秀学生社团活动"。如今，全国各地的图书馆、新华书店、出版社、社区和个人等纷纷开始组织图书漂流活动，其中拥有独特优势和丰富资源的高校图书馆更是积极把图书漂流活动作为阅读推广工作的重要形式之一。

（二）图书漂流注意事项

图书漂流来自国外，作为"舶来品"，在高等学校内才刚刚兴起。图书漂流是增强学校、社区、城市文化氛围的一种有效阅读推广形式。开展图书漂流活动的关键是形成有效的漂流运行机制，包括漂流图书的主题类型、汇集的场所地点、整理方法、放漂与回漂管理方法以及志愿者支持团队管理与协作方法等。

此外，还要重视宣传推广工作，与其他机构合作开展影响力较大的活动，也是开展图书漂流活动需要注意的方面。

高校图书馆要有效开展图书漂流活动，实现活动目标，首先要明确以下三个问题。

1. 图书漂流的性质

图书馆开展的图书漂流活动，既不是传统的借阅工作，也不是好书推荐活动，它是一种具有特殊宗旨、目标和方式的阅读推广活动，具有"乌托邦"式的既新鲜又神秘的阅读体验交流。图书馆应摒弃传统读者服务理念的影响，在具体活动过程中要注意以下三个环节。

（1）漂流物的选择。

在漂流物的选择上，不仅要善于选择读者喜欢的、积极向上的、流动性强的图书、期刊、光盘等资源，还要关注读者的漂流喜好，在漂流书的选择过程中发挥读者的主体作用。

（2）漂流形式的选择。

在漂流形式的选择上，不仅要采取更自由、更浪漫、更有趣、更时尚的方式开展活动，而且要确保活动和漂流物始终处于有效控制范围内，避免活动处于无秩序、无组织的状态。

（3）漂流目标的定位。

在漂流目标的定位上，不仅要保证漂流活动推广阅读的效益和漂流活动的持漂率，也要注重对参与活动的读者的文明诚信教育和活动的回漂率。

2. 图书漂流的管理

国内外的实践经验表明，开展图书漂流活动最令人担忧的就是"断漂"问题。有效缓解这一问题是保证图书漂流活动健康发展的关键。这个问题具体涉及活动管理中的两个概念，即持漂率和回漂率。经调研显示，制定严格的活动规章制度并采取积极有效的管理措施将大大提高图书的回漂率,但极有可能影响活动的持漂率和漂流路线长度。相对来说,图书漂流还是一个新鲜事物,在漂流图书资源相对紧张的情况下,考虑回漂率在所难免,但是过分强调回漂率可能会导致活动的性质和宗旨发生变化,即使是在图书漂流比较流行和繁荣的西方国家,图书的持漂率也只有20%~25%,因此在我国当前的社会阅读环境下,高校图书馆在开展图书漂流活动时,应采取相应的疏导和管理政策,力求提高持漂率和漂流路线长度。同时,图书馆应积极拓展活动漂流图书资源的来源渠道,增加活动资源的供给量,从侧面缓解图书回漂率低的问题,还要加强与有关部门的合作,增强读者的共享意识和诚信教育,从正面缓解图书断漂的问题。

3. 图书漂流的范围

基于图书漂流活动的资源紧张、组织难度大、难以实现有效管理等问题,当前高校图书馆开展的图书漂流活动大多只面向校内读者。从实际活动来看,即使是回漂率超过80%的高校图书馆,其实际效果也不理想。究其原因在于,图书漂流的阅读推广效果与持漂率、漂流路线长度关系最为密切。高校图书馆的社会化服务已逐步展开,活动图书也应该更多地漂向社会,惠及公众,只有这样才能显著提高持漂率和漂率路线长度。同时,随着漂流范围和方向的不断拓展与延伸,活动的参与度、宣传效果及整体效益将逐步增强。此外,积极邀请社会读者参与图书漂流活动,不仅有利于促进全民阅读推广工作的开展,也有助于增加漂流图书来源渠道,还可以增强校内外读者之间交流的广度和深度。

(三)图书漂流的组织策略

1. 转变工作理念

近年来,如何充分利用图书馆资源,尤其是纸质资源,遏制资源使用率下降的趋势,已成为高校图书馆亟须解决的重要问题,而组织开展图书漂流这类新颖的阅读推广活动，有可能是解决这一问题的一个有效突破口。图书馆首先要树立开展图书漂流的理念，同时要改变"爱不释手""重藏轻用"的传统观念。为了增加漂流书的数量和来源渠道，图书馆不仅要积极鼓励广大读者捐赠图书，而且要积极让馆藏好书参与漂流，还要在年度预算中单独设置每年用于图书漂流的资源经费项目。在工作初期，思想观念的转变尤为重要，应尽量避免对捐赠图书进行"精心"挑选以丰富馆藏而将其余图书用于漂流的现象发生；同时要尽可能地避免将近乎无利用价值的馆藏资源填充进漂流书架和漂流站点。力求把好书漂向读者，让书香沁人心脾，以达到充分发挥图书资源的利用价值、促进读者阅读和共享阅读的目的。

2. 转变角色定位

高校图书馆全权负责图书漂流所有工作和各项环节，既不利于激发读者的聪明才智和创意思维，也不利于活动的可持续开展和活动宗旨的实现。高校图书馆应及时转变活动角色，主要负责活动的总体策划，包括制定活动规则、筹集活动资源、争取资金投入、与校内外相关部门展开合作等。对于活动的具体实施，则应坚持以读者为主导、图书馆协助的基本原则，以半自由状态为活动运行模式，使读者成为图书漂流的践行者。图书馆和读者应明确分工、团结互助，在活动中发挥各自优势，以提高活动效果。活动开展前，应在原有的读者协会等学生社团组织的基础上，成立图书漂流读者工作委员会之类的新组织，专门负责开展图书漂流活动。只有充分调动读者的参与积极性和主动性，才能不断提高漂流图书的质量和图书的持漂率。

3. 加强活动宣传

任何阅读推广活动的组织和实施都需要积极有效地开展全程性的宣传工作。相对新鲜的图书漂流活动，更需要开展大量的宣传工作才能有效实施和进一步发展。

（1）宣传活动的内容。

宣传活动既应包括传统的宣传渠道，也应重视新媒体的应用以及图书漂流网站、实体漂流站点的创建。

（2）宣传活动的对象。

宣传活动既应广泛面向校内读者，也要有针对性地在校外开展。对于宣传活动的时间，不仅应做好前期的宣传，还应做好过程性宣传和总结性宣传。

（3）宣传活动的模式。

既要开展单一形式的宣传活动，也要结合评选图书漂流榜、读者发漂榜、阅读漂流图书心得体会交流等鼓励性、立体化的宣传活动。

俗话说："细节决定成败。"除了要加强活动宣传工作，还应注重总结活动经验，不断提高活动细节处理水平。活动不仅要做到漂流图书可读性强，还要通过精心包装设计漂流图书的封面和标签内容来打造"明星"漂流图书。

4. 加强合作交流

图书漂流活动的成效主要取决于漂流图书的质量，反映于图书的持漂率。尽管几乎所有的社会组织和个人都认为在当今浅阅读、功利阅读盛行的浮躁的阅读环境下，图书漂流如同一股清流，对促进全民阅读、资源共享和社会公德都具有正面影响作用，但大多数人仍处于观望状态，甚至持冷眼相观的态度。为了得到更多的关注和支持，高校图书馆在开展活动时应加强与外界的联系与合作。

（1）加强与出版发行机构的合作，以便为图书漂流活动获取更多有价值的图书资源。

（2）加强与宣传部、学生工作部、团委等校内其他部门的合作，以便增强活动宣传效果，提高读者的参与积极性。

（3）加强与其他高校图书馆的合作，通过与区域内高校图书馆合作组织开展图书漂流活动，可以提高图书的持漂率和漂流路线长度。

加强与社会组织机构之间的合作，通过取得社会组织机构的支持与合作，可以扩大活动的影响力和影响范围，创建校内图书漂向社会与社会图书漂进校园的双向机制。

八、真人图书馆

（一）发展源流

真人图书馆（Living Library）又称为"活体图书馆"。真人图书馆作为一种阅读推广活动，"以人为书"是其主要特征。具体地说，真人图书馆是一种将个人的阅读行为立体化的活动，以"人"作为可借之书，以人的经验和知识作为读者阅读的内容，以真人书与读者的对话作为书的阅读方式，以达到鼓励交流和分享经验的目的。

真人图书馆活动最早出现在丹麦。2000年春天，一个名为"停止暴力组织"的非政府组织在罗斯基勒音乐节上发起了一项新的活动，其目的在于反暴力、鼓励对话以及帮助参加节日的游客之间建立积极的关系，这是真人图书馆的雏形。连续4天、每天8小时、50多个不同的主题吸引了千余人前来参加活动，这使图书馆馆员、组织者及读者对这种活动的影响力感到震惊。后来，该组织的成员之一——罗尼·勃格创立了"真人图书馆"组织，并与其他成员一起在不同的国家培训活动组织者，并组织"真人图书馆"活动。目前，世界上已有70多个国家建立了相应的组织来开展真人图书馆活动。

国内"真人图书馆"的发展最早可追溯到2008年，在上海交通大学图书馆承办的"数字图书馆前沿问题高级研讨班"上，美籍华裔图书馆学家提出了在国内开展"真人图书馆"活动的倡议，并同与会者一起就相关课题进行了深入讨论。此后，与"真人图书馆"有关的各种研究、实践逐渐展开。

国内高校图书馆率先采取"真人图书馆"模式进行实践的服务案例是上海交通大学图书馆组织的"鲜悦"品牌活动，第一期活动于 2009 年 3 月举行，至今已持续了十余年。上海同济大学图书馆也在 2009 年第五届服务月活动中推出了"真人图书馆"服务。此后，广东外语外贸大学、南京师范大学、石家庄学院、大连医科大学等大学图书馆也相继推出了"真人图书馆"活动。

（二）活动类型

根据真人书和读者的数量，可以将"真人图书馆"活动划分为"一对一""一对多"和"多对多"三种类型。

在早期的"真人图书馆"活动中，主要是以"一对一"的形式进行，即每本真人书在同一时段内只能与一位读者进行交流。这种活动形式方便真人书与读者之间进行私密的、深度的交流，但是随着"真人图书馆"的发展，其活动目的从最初的反暴力和鼓励对话转变为分享经验与交流学习，而"一对一"的活动形式限制了参与者的人数，且活动效率较低。

"一对多"和"多对多"的活动形式可以在同一时间容纳更多的读者，真人书与读者的交流互动、真人书之间观点的碰撞以及读者之间的相互学习引发了各种交流和思考，使读者在有限的时间和空间内获得了更多的经验，活动的效果和氛围更为凸显，因此逐渐成为更加普遍的活动形式。

（三）活动特点

1. 主题广泛，灵活真实

作为活动开展的核心，真人书的选择范围非常广泛，既可以是某一领域的专家学者，又可以是有着独特经历的人，特别是高校本身就拥有大量的教师、学者，具有各种特长的学生以及各行各业的社会合作人士，这些都可以作为真人书的来源。每本"书"可以分享给读者的内容来源于其自身丰富的经验和感悟，能够带给读者更深刻的体验。

2. 形式开放，互动性强

在"真人图书馆"活动中，读者的阅读行为通过与真人书的交流来实现，而真人书的分享内容则根据读者的提问确定，更具有针对性；互动交流的形式容易激发读者的阅读热情，能够提高读者的阅读效率。

3. 硬件要求低，简单易行

开展"真人图书馆"活动的关键在于真人书的选择和读者需求的满足，对活动的硬件要求不高，线下活动一般需要满足的硬件要求是符合活动人数需要的独立场地，而空间资源正是图书馆的优势之一。线上活动可以借助各种社交平台或者正在蓬勃发展的直播网站等进行，这在网络发达、各类电子终端盛行的今天是非常容易实现的。

（四）组织实施关键点

开展"真人图书馆"活动的关键在于活动组织、真人书挑选以及真人书管理三个方面。

1. 活动组织

开展"真人图书馆"活动必须组建一个固定的活动团队，以保证活动的有效持续开展及不断深化。在高校图书馆中，活动团队既可以由图书馆员组成，也可以是专门的学生团队，还可以是由图书馆馆员与学生共同组成的团队。在拥有一个固定的团队之后，组织者需要根据调研及相关经验制定活动章程，以确保每项活动的流程，从真人书的征集挑选到活动举办及后续管理都有可依据的规范和准则。

2. 真人书挑选

高校图书馆在选择"书"时，可选择的主题和范围都非常广泛，同时，由于读者类型较为固定，读者需求相对明确统一，其选"书"方向大致可分为学术指导、考研留学、科研工作、人生导向、艺术欣赏等几大类。

3. 真人书管理

真人书也是一种馆藏资源，需要对其进行资源建设和管理。活动结束后，根据详细的真人书借阅规则对真人书进行编目，并对活动交流内容中不涉及隐私且经活动参与者同意的内容进行记录和整理，使隐性知识显性化；通过各种平台提供给更多的读者参阅，以提高资源利用率。此外，在开展活动的同时，随着经验的慢慢积累，不断探索建立活动的评价体系，以进一步增强活动的有效性。

九、图书推荐

图书推荐一般以发布推荐书目、获奖图书推荐、新书推荐、畅销书排行榜、借阅排行榜等形式出现。发布权威性推广书目是一种被广泛采用的荐读方式。

（一）源流概述

推荐书目又称为"必读书目""导读书目""劝学书目"等，一般由各学科领域的名家开具。其中，文化名家所开具的推荐书目通常与人文艺术修养、文化传承、社会发展等人们普遍关注或需要的知识内容有关，因此成为推荐书目中最常见的一种类型。为了适应传统教育体制的需要，中国自唐代起即有推荐书目产生，其后有元代程端礼的《程氏家塾读书分年日程》；明末陆世仪在《思辨录》中开具了青少年阅读书目；

清代有《经籍举要》《读书次第》以及张之洞的《书目答问》；民国时期，胡适和梁启超应《清华周刊》之约，分别开列了《一个最低限度的国学书目》和《国学入门书要目及其读法》，朱自清撰著了《经典常谈》。中华人民共和国成立后，出于传承传统文化的追求，一些学者继续致力于经典推荐，如张舜徽的《中国史学名著题解》、钱穆的《中国史学名著》、王余光的《影响中国历史的三十本书》等。此外，还出现了一些反映新时代文化背景的推荐书目。

与中国推荐书目的发展相对应，西方也出现了许多推荐书目，如美国图书馆学家罗伯特·唐斯的《改变世界的书》、专栏作家费迪曼的《一生的读书计划》等。由于出现的时代背景各不相同，推荐人的知识背景、思想高度、视野、个性也不相同，这些推荐书目存在着诸多分歧，王余光将这些分歧概括为学者之争、人文知识与科学精神、元典书目与影响书目等方面。然而，这些并不会影响书目的经典推荐意义，透过它们，读者更容易理解和把握传统文化的精神。

（二）图书推荐内容与方式

随着时代的不断发展，读者的阅读偏好发生了很大的变化，体现在图书阅读方面，主要是经典阅读与流行阅读以及实用性阅读之争。为适应青年学子的阅读需求，高校图书馆在推荐经典的同时，也对推荐内容和推广方式进行了调整和创新。

在推荐内容方面，图书馆不仅推荐教授书单，也推荐新书、学生荐书、获奖图书、畅销书、借阅排行榜上榜图书等，以增强推荐书目的时代感和魅力。同一所学校的教授开列的书单代表了具有某种共通文化精神的高级知识分子的学术文化取向和判断，因此所列书单不仅能反映校园的学术文化精神，还能启迪后学，产生共鸣。将同属于校园社区的教师荐书、学生荐书进行整合，能够产生具有校园用户总体代表性的、反映校园文化特点的导读书目。北京大学图书馆创建了"阅读推荐"专题网站,分为"学子推荐阅读""新书通报""教授推荐阅读——对我最有影响的几本书"三类推荐。上海交通大学图书馆在2009年至2010年期间也推出过"影响交大人的书"活动,从学生、教授这两个层面来征集推荐书目,并制作展板展出。另外,因为当前图书馆服务极为注重以用户为中心以及图书馆与用户之间的交互,所以图书馆在考虑图书推荐活动时,已经开始注意收集来自读者(以青年学生为主)的荐读意见。比如一些图书馆在读书节期间举办"我喜爱的一本书"活动,对该活动感兴趣的教师和学生可以在图书馆提供的便签上写下书名和喜欢或推荐的理由,并将其贴在图书馆放置的大型白板上,其他读者可以浏览便签上的这些荐读内容,图书馆也可以将这些荐读内容整理成一份来自读者的荐读书目,甚至是带有导读性质的书单。

在推广方式上,图书馆主要是建设专题网站,甚至是全文网站,以及创建微信荐书专栏或者阅读App等。在建立专题网站方面,清华大学图书馆创建了"家在清华"专题书架专题网站,分"新书通报""每周甄选""借阅排行"三类推荐;在建设全文网站方面,中国人民大学图书馆创建了"读史读经典"全文专题网站;西安交通大学针对大学一年级至大学四年级学生发布"100本经典",并建设全文专题网站;在创建微信荐书专栏方面,北京科技大学图书馆荣获2017年国际图书馆协会联合会(International Federation of Library Associations and Institutions,IFLA,以下简称国际图联)评选第一名的项目"读书天"(READay)颇有新意,每天都会在专栏上推送一本由学生原创书评的图书及书中的精彩片段,将学子荐书与微信的广泛传播力相结合,取得了良好的效果;在创建阅读App方面,上海交通大学图书馆推出的"思源悦读"App是一个不错的尝试。

图书馆在利用各类导读书目进行阅读推广的同时，还会经常配套举办书展、影展、图片展、讲座等活动，以便产生同时推广阅读与校园文化的效果。

第六节 智慧图书馆阅读推广的具体实践

一、移动阅读

（一）移动阅读的产生与发展

随着移动互联网技术的迅速发展，人们的交流和沟通方式在悄然改变，阅读方式也在发生着变化，移动阅读正成为广大读者追求的一种时尚。移动阅读从电子书阅读器、PSP、MP4 到智能手机、平板电脑，因其便携性、移动性，内容的丰富性、社会性、互动性以及环保成本低等优势，得到越来越多用户的青睐。下面摘选几种简要介绍。

1. 曾经风靡于世的电子书阅读器

兴起于 20 世纪 90 年代的电子书阅读器曾经风靡一时，涌现出诸如索尼公司的索尼阅读器、汉王公司的电纸书、亚马逊公司的 Kindle（金读）等产品。

电子书阅读器的成熟与推广很大程度上得益于电子墨水的广泛应用。这种显示器技术重点在于模仿在纸上印刷、书写的视觉观感，且耗电量极小。不同于一般的平板显示器以发光实现显示功能，使用了电子墨水技术的电子书阅读器像普通纸张一样，依靠环境光照亮，所以理论上阅读起来较为舒适；其显示的影像在阳光直照下仍然清晰可见，可视角极广，理论上为 180°；其对比度比其他显示技术高出不少，大致和报纸的印刷效果相同,甚至更好,能在没有电源的情况下显示原先的图片和文字。

随着LED技术的发展成熟,大量的触屏移动设备在市场上涌现,电子书阅读器产品功能单一、娱乐性较差的缺陷逐渐凸显。当然,各家厂商也在寻找自己的出路,如亚马逊公司推出Kindle Fire系列,涉足平板电脑领域;巴诺书店逐步与谷歌、三星公司等展开合作,力求打破困局。

未来,电子书或有三个发展方向:一是更"软",部分设计以塑料背板和有机电子零件构成柔性电子纸,在部分信息技术展会上已出现该类概念产品的身影;二是更出"彩",彩色电纸已经商业性投产,能显示4000种颜色,现阶段生产商正向视频播放方向发展,样机已能播放每秒30格的黑白视频,或许在不久的将来我们也能看到《哈利·波特》电影里的动态"魔法报纸"了;三是更"平板化",电子书阅读器与平板电脑越来越靠近,我们可以在苹果iPad上看iBook,也可以通过Kindle Fire进行娱乐活动,两者你中有我,我中有你。

2. 从功能机到智能机

从功能机到智能机,经历了三个阶段。

(1) 功能机与智能机的对对碰。

功能型手机(Feature Phone)是移动电话的一种,在安卓、iOS、Windows Phone等智能移动操作系统面世前,很多非"掌上电脑"(Personal Digital Assistant,PDA)类型的手机统称为功能型手机。其运算能力无法媲美智能手机,但能够大致满足某些族群的消费者需求。有些功能电话的应用也比只能用来打电话及收发短信的一般手机要多,譬如能够照相、播放音乐、上网,还有网络地图等功能。同智能手机类似,在功能型手机上可以执行一些应用程序,但多数为Java语言的程式,这些程式多半是基于Java ME或BREW,这与Java的跨平台能力有关：功能型手机能够应用的应用程序接口比智能手机要少。

智能手机（Smart Phone），是指具有独立的移动操作系统，可通过安装应用软件、游戏等程序来扩充手机功能、运算能力，且功能优于传统功能型手机的一类手机。"智能手机"这个说法主要针对"功能型手机"而言，是对那些运算能力及功能比传统功能型手机更强的手机的统称。智能手机拥有超大高清触摸屏，能随时调用键盘进行触摸手写，能进行多任务操作，并且拥有强大的多媒体、邮件收发、上网功能，能完全替代MP3、MP4和Pad这样的传统便携式设备。智能手机能替代个人计算机处理办公事务和其他事务，能与网络保持实时无缝连接，能随时切入网络，并且能与台式电脑、笔记本电脑等其他设备同步数据。

（2）热闹而沉寂的时代。

2005年以前的智能手机市场可以说是一潭死水，由于技术与应用难以进步，那时的智能手机非常无趣。那个时代手机操作系统的"春秋五霸"分别是微软的Windows Mobile、诺基亚的塞班系统（Symbian）、RIM的黑莓、Palm及Linux，它们在移动市场各占一隅，而塞班系统凭借诺基亚强大的市场优势，无疑是这一时期的霸主。塞班公司最初于1998年由诺基亚、爱立信、摩托罗拉和Psion合资成立，随后，索尼、松下等公司陆续加入。自2000年首款基于塞班操作系统的手机上市后，塞班曾发展出多种针对不同硬件平台的界面，其中塞班Series60一度成为应用最广、市场占有率最高的界面产品。

（3）命运的对决。

给智能手机市场带来微妙生机的是始于谷歌的一场收购行动。2005年，谷歌收购了安卓公司，并让"安卓之父"安迪·鲁宾继续担任安卓项目的负责人。这笔交易被评为"谷歌历史上最成功的交易"，仅花费了谷歌5000万美元。最初，谷歌对安卓也没有太大把握，为了增加成功的砝码，在接下来的几年里谷歌做了大量的储备工作，开始与上下游厂商、运营商展开沟通合作，并积极筹备成立联盟，但此时的谷歌看起来是低调的，很少对外进行宣传。

直到 2007 年 11 月 5 日，谷歌高调发布安卓移动平台系统，开启了一个新手机系统的辉煌时代。当天，谷歌同时宣布"开放手机联盟"成立。第一批联盟成员就有 34 家，涵盖了手机产业从上游到下游的所有企业。安卓是一个具有整合意义的移动软件系统平台，与当时的手机系统的最大区别在于它具有开放性。谷歌开放安卓平台的手机源代码，并允许手机厂商加入开发、免费使用。

出于利益和技术封闭的考虑，当时的智能手机操作系统如塞班等都是封闭的，被各大品牌厂商严格控制，这也使得各种应用的开发速度非常缓慢，不具有核心技术的手机厂商和第三方开发商难以进入这一市场，这在一定程度上阻碍了智能手机的发展。谷歌宣布开放安卓平台的手机源代码，使得原先不具有技术优势的手机厂商和第三方开发商群体为之振奋，开放性、免费性两大王牌使得安卓操作系统迅速站稳脚跟并扩展领地。

同在 2007 年，苹果公司前首席执行官史蒂夫·乔布斯发布了第一代 iPhone，它搭载苹果公司研发的 iOS 操作系统。在 2007 年 6 月 29 日 iPhone 于美国正式发售当天，全美国的苹果公司销售商店外有数百名苹果粉丝为了抢购该产品而提早排队，由于刚推出的 iPhone 上市后引发热潮且反响热烈，部分媒体称其为"上帝手机"。

3. 平板电脑的峥嵘岁月

谈到平板电脑，很多人的第一反应可能是以 iPad 为代表的系列产品：它们操作简单、应用丰富、小巧便携。或许在人们眼中，iPad 已经成为平板电脑的代名词。2014 年 10 月 16 日，在美国加州库比蒂诺市政大厅举行的新品发布会上，苹果公司首席执行官库克宣布苹果 iPad 总销量已达到惊人的 2.25 亿台。可是，iPad 并不是平板电脑的开创者，在它之前已经有了无数倒在前进路上的前辈，而它诞生之初也并不被人们所看好。

（1）早期的平板电脑产品——混沌时代的先行者。

20世纪60年代末，来自施乐帕洛阿尔托研究中心的艾伦·凯（Alan Kay）提出了一种可以用笔输入信息的叫作Dynabook的新型笔记本电脑的构想，然而施乐帕洛阿尔托研究中心并没有对该构想提供支持。第一部用作商业化的平板电脑是1989年9月上市的Grid Systems制造的GRiDPad，另一部由GO Corporation公司制造的Momenta Pentop平板电脑于1991年上市。1992年，GO Corporation公司推出了一款专用操作系统，并将其命名为PenPoint OS，同时微软公司也推出了Windows for PenComputing。与"ThinkPad"这个单词暗示的一样，IBM ThinkPad系列的原始型号也都是平板电脑。这些早先的例子都失败了，那令人诟病的手写识别率根本就无法满足用户的需求，且产品居高不下的价格和产品重量也很成问题。譬如，Momenta Pentop平板电脑重约3.2千克，且价格高达5000美元。

（2）Tablet PC——昙花一现的悲情英雄。

论资历，微软公司平板电脑的历史远远早于苹果的iPad。2001年，微软推出一款基于Windows XP Tablet PC Edition操作系统并为业界所认可的商业化平板电脑产品——Tablet PC。Tablet PC其实就是配备了旋转式触控屏幕且预装了Windows XP Tablet PC Edition操作系统的笔记本电脑。在Tablet PC时代最具代表性的产品就是原IBM（现联想）旗下的ThinkPad X Tablet系列，并且这种旋转式触控屏幕的机身结构一直延续至今。

遗憾的是，Tablet PC从诞生伊始就注定会以失败告终。其原因很简单，对于十多年前的XP系统而言，人性化操作还是个遥远的梦。此外，这种旋转式触控屏幕与机身连体的设计形式也注定它不会很轻薄，再加上"绝对高端"的市场定位，Tablet PC 从未被普通消费者所认可。

作为 Tablet PC 计划的推动者，"Wintel"（Windows 和 Intel 的英文缩写）联盟也认识到这种大块头设计在便携性和成本方面的缺陷，于是自 2006 年起，"UMPC"（Ultra-mobile Personal Computer）和"MID"（MobileInternet Device）概念孕育而生。严格来说，UMPC 才算是"平板电脑"的雏形，它采用了 7 英寸（1 英寸=2.54 厘米）或更小的触控屏幕，搭载英特尔超低压版处理器，并且预装了 Windows XP Tablet PC Edition 操作系统（后期 Vista 系统也内置了 Tablet PC 的组件）。UMPC 和 MID 虽然解决了便携方面的问题，但仍存在性能孱弱、触控体验不佳的缺点（电阻式触控技术），因此在很长一段时期内都仅只是时尚达人手中的玩物。作为最广泛的消费群体，普通用户只能在电影里看到此类设备大放异彩。于是，一股被压抑很久的"平板情结"开始萌动，等待着一个爆发的时机。

（3）iPad 和它的时代 C——异军突起的闯入者。

2010 年 1 月 27 日，乔布斯正式将 iPad 展现在世人面前时，业界对其并不看好，毕竟连强悍的"Wintel"联盟都在这一领域败下阵来。

但市场反应让业界吃了一惊：消费者被压抑许久的"平板情结"终于被乔布斯和他略显玩闹的 iPad 引爆了。iPad 解决了 Tablet PC 和 UMPC 所面临的诸多麻烦，包括用电容式触控技术解决操作难题，用 iOS 系统替换 Windows 实现易用体验，ARM 架构芯片和超大电池使用户无须再担心续航缺陷，而 499 美元的上市价格更是将素来以"土豪专用"自居的 Tablet PC 和 UMPC 打回了原形。

可以说，iPad 重新定义了平板电脑的设计形态及操作思路，并在价格上首次向普通消费者示好。随后，借助谷歌安卓系统的东风，安卓平板电脑以更亲民的姿态呈现在了我们面前。iPad 的成功告诉了我们一个道理——没有 Windows 系统的设备也能叫"电脑"，无须有键盘鼠标也能"好玩"。

在 iPad 发布之前,"上网本"正在传统 PC 领域大杀四方,凭借其小巧的身材和低廉的售价,让用户忘记了还有 Tablet PC 和 UMPC 的存在。然而,随着 iPad 和其他安卓平板的上市,"上网本"也如明日黄花般迅速衰败。

(4) iPad 和它的竞争者们——群雄割据的时代。

平板电脑市场的火爆引发了以苹果、微软和谷歌为代表的平板军团内战,iPad 尝了"头啖汤",但竞争者们也找到了自己的生存之道。

①更"亲民"的平板。虽然我们知道 iPad 很好,但其高昂的价格始终是个问题。反观谷歌,玩起了众人拾柴火焰高的游戏,依靠安卓开放的优势吸引了以前卖计算机的、卖家电的、卖 MP4 的、卖手机的等无数企业涉足,从 299 元至 3999 元的价格区间都有安卓平板的身影。从让 iPad 引以为傲的视网膜屏幕、素以高端自居的四核处理器到曾经让人羡慕不已的超大内存,乃至标榜身份的高速联网,这些当初的新酷技术都被国产安卓平板消化吸收,并以千元左右的价格"挑逗"每一位消费者的欲望神经。

②更"专业"的平板。2012 年,微软公司推出 Windows 8 操作系统,并发布了 Surface 系列平板电脑。相较于 iPad 被广泛地看作娱乐平板产品,Surface 一直被宣传成可以替代笔记本电脑的平板电脑,或者称之为平板、笔记本二合一的设备,力图打造高贵冷艳的高端角色;但从价格、体验性上来看,该产品并不具备太大的竞争优势,毕竟人们对在工作电脑和娱乐平板之外是否还要加一个中间产品并未形成共识。

③更"小"的平板。曾经,9.7 英寸的 iPad 销售量遥遥领先。为避免自身产品相互冲突影响,苹果为安卓留下了生存的一丝契机,那就是 7 英寸(1 英寸=2.54 厘米)平板电脑。这个曾被乔布斯称为"见光死"的产品,经过几年的萌芽,阵营已经越发壮大:三星 Galaxy Tab、

黑莓 Play Book、戴尔 Streak7、亚马逊 Kindle Fire 等均为 7 英寸产品，而安卓阵营的缔造者谷歌也推出了自有品牌的 Nexus7。面对越来越多的小"7"，苹果公司不得不推出了 iPad mini。

（二）移动阅读 App 的特点

App 为 Application 的缩写，一般指手机应用程序。根据艾瑞指数对移动 App 的监测显示，2018 年 9 月电子阅读领域独立阅读设备数前 34 名分别为掌阅 iReader、QQ 阅读、懒人听书、书旗小说、咪咕阅读、快看漫画、搜狗阅读、追书神器、腾讯动漫、看漫画、微信读书、多看阅读、宜搜小说、百度阅读、百度文库、全本免费小说阅读、91 熊猫看书、微博动漫、连尚读书、起点读书、小书亭、免费小说大全、免费电子书、免费追书、2345 阅读王、酷我听书、漫画台、逐浪小说、全本小说、TXT 免费全本电子书、爱奇艺阅读、米读小说、塔读文学、笔趣阁免费小说。根据 App 在发展和运营过程中的主要依托优势可以将国内移动阅读 App 大致分为资源类、用户类、电商类、渠道类、技术类五种类型。

资源类 App 的运营方主要为内容提供商，包括原创文学网站和出版商等，它们依托自身资源优势开发研制了移动终端化的阅读类 App，如书旗小说、起点读书等。

用户类 App 的运营方主要为自身拥有大量用户群的公司或平台，在推出 App 后，利用自身大量的用户资源优势在用户间迅速推广，如百度阅读、QQ 阅读、微信读书、网易云阅读等。

电商类 App 的运营方主要为传统电商，它们依托其成熟的电子商务模式开发阅读类 App，如当当阅读、京东阅读、Kindle 阅读等。

渠道类移动阅读 App 的运营方主要为电信运营商，如中国移动、中国联通、中国电信，以其为主导开发研制的移动阅读 App 主要采用合约机内置移动阅读 App 等方式，依托自身庞大的推广渠道快速占据移动阅读市场，如咪咕阅读、天翼阅读等。

技术类 App 的运营商为擅长移动阅读技术的公司，主要依托自身先进技术和创新思维，在移动终端上开发研制符合用户移动阅读需求的 App，如掌阅 iReader、追书神器、91 熊猫看书、多看阅读等。

值得注意的是，这五大分类并不是互斥的，如 QQ 阅读在发展初期依托的优势为自身大量的用户群，而在腾讯文学发展壮大，尤其是联合盛大文学成立阅文集团后，其原创小说资源越来越成为 QQ 阅读的强大优势。本节将从这五类移动阅读 App 中各选取一款具有代表性的 App，分析其在资源内容、功能机制、使用情况等方面的特点。

1. 资源类App——书旗小说

书旗小说以书旗网为基础，以阿里文学平台上的小说资源为依托。阿里文学网站主要包括阿里文学平台、书旗网、阿里文学 WAP 站点、淘宝阅读等。

书旗小说 App 的默认首页为自己的"书架"，此外还有"书城""免费"和"原创"3 个栏目。"书架"栏目摆放用户想要阅读的图书，新用户下载 App 会自动赠送一定数量的图书自动上架。"书城"栏目为 App 的图书资源中心，推荐图书供用户选读。"免费"栏目为不需花费豆券便能阅读的文字，包括免费的图书、轻小说、漫画和一些互动话题等。"原创"栏目则是用户发布自己原创作品的一个板块，包括原创推荐和自己的创作两部分内容。

书旗小说 App 的图书资源大致包括三个部分：一是阿里文学旗下的网络小说作品。这部分内容为该 App 的主体内容，也是该 App 着力向用户推荐的内容，此类作品由阿里巴巴文学制作发行。二是正式出版的畅销图书。这部分图书主要集中在书城的出版板块中，此外，书城的榜单板块也有正式出版图书的畅销榜、新书榜等内容推荐，这部分图书的版权属于出版社，App 上的电子图书与纸质图书封面保持一致，且保留有出版社和版权页信息。三是其他出版图书。这类图书大部分为公版书或者已取得数字版权的图书，由阿里文学制作发行，大部分经典图书都属于此类，但是这类电子图书的制作较为粗糙，文字和版式未经审校，因而质量不高，很难满足用户深入阅读的需求。

书旗小说 App 的阅读界面清爽简洁，阅读图书时可左右滑动翻页，点击页面中央会在上下边缘处出现工具栏。上方是功能区，可以支持作者，激励创作，投推荐票、打赏、投月票、查看粉丝榜等。该 App 还可以听书，并且可以选择听书的速度（慢速、快速），可以选择声音，可以设置定时关闭或退出听书模式，可以下载章节离线阅读，可以跳转到书架查看图书详情，或者将此书的信息分享到微信、微博、QQ 等社交媒体中。下方的功能区主要是对阅读本身的操作和设置，如选择章节、目录，设置阅读界面的亮度，设置字体、字号、颜色主题、翻页模式、护眼模式、间距等，此处还有内容、章节报错的通道；还可以在阅读时一键进入评论区，对整本图书进行评论；如果选择特定的一段文字，还可以进行分享（保存为图片进行分享）、评论、复制、报错的操作。

书旗小说的推广与激励机制具体如下。

（1）阅读推荐机制。首先是推荐榜单制度。书城资源浩瀚，用户如何选择是一个难题。书旗小说采用阅读推荐机制帮助用户选择。以书城板块为例，该板块默认为精选页面，此外也可以按照自己的喜好进入"女生""男生"和"二次元"页面。不同的分类页面会有不同的图书推荐，如精品页面所推荐的图书包括"最好看的书""精品专场""影视热门出版""点击上万的好书""大家都在搜""最热书单""原创作品""大神巡展""听书专区""根据兴趣匹配""二次元专区""男生最爱""女生最爱"等。此外，还有分类热门书单、各种原创作品人气榜单、出版作品畅销榜、新书榜、推荐榜等榜单，以及会员专享图书、完结图书和已出版图书等。其次,定制阅读喜好,可以选择不同的分类主题标签(如现代言情、穿越、玄幻、都市、悬疑、名著等),再根据阅读偏好为读者个性化推荐。

(2)互动机制。书旗小说App包含两种互动机制:一种是读者—作者互动机制。一方面,读者可以通过投推荐票、打赏、月票、在评论区评论等方式与作者进行互动,表达对图书的喜爱,以激励作者创作;另一方面,作者可以通过读者的反馈,调整自己的写作内容或风格。此外,App还可以根据读者投票数据形成粉丝排行榜,通过排名鼓励读者投票。另一种是读者之间的互动机制,不过读者之间仅能通过评论和分享到社交媒体进行互动。

(3)阅读激励机制。鼓励读者每天签到,签到页面是一棵小树苗,签到一次则为小树苗浇水一次,寓意阅读的小树苗茁壮成长。累计签到一定时间可以获得一定奖励,如抽奖机会、豆券等,使用豆券可以在有效期限内购买商城内的图书。

(4)阅读反馈机制。读者可以对图书打分,并进行评论;还可以针对具体的某一部分内容反馈错误或有问题的信息。

此外,书旗小说App还有更新连载书的功能,以方便读者追踪网络小说的内容更新;有本地导入、Wi-Fi传书功能,以方便读者从其他渠道下载图书后使用该App进行阅读。

2. 用户类App——QQ阅读

QQ阅读是腾讯公司于2013年开发的一款移动阅读软件。进入QQ阅读App时,该App便会询问读者性别,并根据读者性别进行私人化定制。QQ阅读App的默认首页为自己的书架,此外,还有"精选""书库"和"发现"3个栏目。"书架"栏目摆放读者想要阅读的图书,新用户下载App后在免费阅读期内会持续赠送一定数量的图书自动上架,书架还有导入图书、按分组找书、批量管理、连载更新提醒等功能。"精选"栏目为经过编辑推荐的图书。"书库"栏目为该 App 的图书资源中心,可以通过各种方式查找任意一本图书。"发现"栏目则是一个阅读功能之外的活动中心。

QQ 阅读 App 将旗下图书资源分为男生、女生、出版、漫画、音频 5 类,QQ 阅读 App 拥有海量图书资源,大多为网络小说。

QQ 阅读界面清爽简洁,可一键切换黑底白字和白底黑字的阅读效果。上方功能区中有"返回""下载投票""打赏作者""是否隐藏想法"等按钮,还可以添加书签、进行全文搜索、查看粉丝榜、查看图书详情,将图书分享至微信、QQ、微博等社交媒体。下方功能区中可以查看本书目录,查看阅读进度,设置字体、字号、阅读背景、阅读版式等,还可以进入更多设置页面,对翻页方式、导航栏显示、音量键等细节进行设置,可以下载人声朗读安装包,使用人声听书;可以选择自动阅读,无须用手翻页,可谓懒人福音。每阅读完一个章节,会提示读者进行互动,如加入本章讨论、打赏作者等。选择退出阅读界面时会提示加入书架。如果选择特定的一段文字可以做"写想法""分享""画线""查词典""复制""纠错"6 项操作。

QQ 阅读的推广与激励机制如下。

(1)阅读推荐机制。首先是推荐榜单制度。QQ 阅读在"精选"栏目中采用榜单制度来向用户推荐图书,包括排行榜、精品推荐、包月推荐、书单广场、完本小说。其中,较有特色的是书单广场,该广场主要是最新、最热的各类主题书单推荐,还对一定级别以上的会员提供定制个人书单服务。其次是定制阅读推荐。读者选择感兴趣的阅读主题,开启专属推荐。最后是阅读基因。读者在 App 平台上所做的所有阅读行为都会记录为该用户的阅读基因,并用于以后的阅读推荐。

(2)互动机制。QQ 阅读 App 同样包含读者—作者互动和读者之间互动两种机制。读者不仅可以通过投推荐票、打赏、月票、在评论区评论等方式与作者进行互动,还可以花费书币进行提问,有机会得到作者的语音回答。读者不仅可以对某本书进行评论,还可以对这本书的某一特定章节甚至某一段某一句进行评论,并就此与他人展开互动。

(3)阅读激励机制。鼓励读者每天签到,累计签到一定时间可以获得一定奖励。鼓励阅读,读者可以用阅读时长兑换书券,新用户可以享受双倍兑换书券的特权,每次兑换的书券7日内有效。鼓励读者在平台内的各项操作,并可以获得成长值,有一套较为完善的成长值提升和奖励体系。另外,QQ阅读打开的默认页面上会有醒目的数字提示读者本周阅读时长(按分钟计算),以激励读者阅读。

(4)阅读反馈机制。读者可以对图书打分,并进行评论;还可以针对具体的某一部分内容反馈错误或有问题的信息。

(5)图书信息维度。QQ阅读的图书信息维度有读者评分、读者评分人数、字数、分类主题、作者、收藏数、阅读数、赞赏数、书评条数、参与人数、同作者作品、收录了本书的书单、同一本书的书友还读过的书、其他图书信息(上架时间、出版社、纸质书价格等)。

另外,QQ阅读书架页面还支持导入图书、按分组找书、批量管理、连载更新提醒等功能。

3. 电商类Appp——亚马逊Kindle阅读

亚马逊Kindle阅读是由亚马逊信息服务(北京)有限公司开发的一款App,而亚马逊是全球最大的电子商务公司之一,成立于1995年,从网上销售图书起家,是全球最大的图书电商平台,拥有大量的图书出版渠道资源和用户资源。

该App需登录才能开始阅读,登录之后会将该账号下其他设备上的设置或操作同步到本设备上。App设置"主页""图书馆""商店"和"更多"4个栏目,主页为默认页面,醒目位置为用户当前所读的图书,下面是根据用户所购买或阅读过的书目推荐阅读的图书。其中"图书馆"

栏目是用户所购买的图书；"商店"栏目为 Kindle 电子书商店，可以随意搜索自己想要的图书，包括小说、文学、经管、社科、科技、少儿、进口原版类畅销书。

Kindle 阅读 App 的阅读界面较有特色，与市面上主流的 App 阅读界面不同，它没有专门的目录页面，如果用户需要频繁查看目录，可能会觉得这种阅读界面操作起来不方便，但这却有助于专注阅读。用户可以返回阅读界面上方的功能区查看图书相关信息，在电子书和笔记中进行全文搜索，进行阅读界面设置、查看笔记本内容、设置标签等操作。在下方的功能区中可以一键设置阅读模式（白天或黑夜），查看阅读进度条，左下方有一个九宫格图标能够将正在阅读的图书缩小为电子书的鸟瞰视图，以方便用户查找特定章节或图片。在阅读界面中可以将正在阅读的最后一页固定到屏幕的一侧来进行返回操作，可以点击左下方的内容，选择一个句子即可自动创建标注，或者添加笔记、搜索或分享标注的内容。按住字词不动则可以查词典，可供查找的词典为现代汉语词典和必应（Bing）词典。

亚马逊 Kindle 阅读的推广与激励机制如下。

（1）阅读推荐机制。首先是阅读推荐。Kindle 阅读 App 会根据自己所收集的用户阅读和购买图书的数据，为其推荐图书。推荐图书的维度有所购买图书的类似图书、具有同样阅读习惯的用户所阅读的图书、常用购买类别中的其他图书等。针对用户的阅读习惯推荐图书，为 Kindle 图书推荐机制最大的特点。其次是推荐榜单制度。Kindle 阅读的榜单有畅销榜、新书榜、口碑好书榜、主题书单、分类书单等。

（2）互动机制。Kindle 阅读 App 基本只能对整本书进行评论，或对特定的文字进行标注和分享，其他的互动渠道并不多。在阅读时也只能看到某段文字做了多少次标记，而无法看到别人对这段文字的评价，比较适合私人阅读。

（3）阅读激励机制。购买 Kindle Unlimited 电子书包月服务，选择月付或年付，即可畅读精品中英文电子书。

（4）阅读反馈机制。读者可以对图书打分，并进行评论。

（5）图书信息维度。和商品购买页面类似，Kindle 阅读 App 的图书信息维度有书名、作者、评分、价格、买家评论、Kindle 版图书信息、图书其他信息、其他类似图书推荐等。另外，该 App 与 Kindle 电子书阅读器、Fire 平板电脑完全同步，如果同时拥有平板电脑和该 App，就可以同步阅读进度、标注等，还可以随时随地为使用相同账号的家庭其他成员埋单。该 App 还保护用户的私人阅读空间，不会发送各类广告信息。

4. 渠道类App——咪咕阅读

咪咕阅读是一款集阅读、互动等多种功能于一体的阅读器手机软件，隶属于咪咕文化科技有限公司，于2010年5月正式推出手机阅读业务。2013年12月，中国移动手机阅读业务更名为"和阅读"，2015年10月正式更名为"咪咕阅读"。该 App 有"书架""推荐""分类""发现"4个板块，默认页面为"推荐"页面。

咪咕阅读平台汇聚超过百万册精品正版图书内容，咪咕阅读 App 的阅读界面和前述 App 的界面大同小异，上方功能区有反馈、分享、共读书友圈子和评论、加入书架、添加书签、下载、隐藏笔记、显示图书信息等模块；下方功能区可查看目录和阅读进度、听书，并进行夜间显示设置，字体、字号、背景颜色设置等。选中特定的某段文字还可以进行复制、笔记、画线、分享等操作，也可以进行图片分享。如果该书为连载的网络小说，则会增加"月票"和"打赏"按钮。

咪咕阅读的推广与激励机制如下。

（1）阅读推荐机制。咪咕阅读在推荐板块进行阅读推荐，排行榜有根据分类推荐高人气榜单、新锐图书榜单、经典完本、潜力新书、免费畅读榜单等。

（2）互动机制。如果用户在咪咕阅读App中阅读的图书为连载网络小说，其互动机制包括读者之间的互动、读者与作者的互动，用户可以对某本书进行评论；可以对特定的文字写下心得笔记，和阅读同一本书的读者进行交流；还可以对作者进行投月票、打赏等操作。如果是出版类小说，则只能进行读者之间的互动。

（3）阅读激励机制。用户可以参加咪咕阅读的分享送书券、签到领书券活动，所送书券可以在线购买图书。

（4）阅读反馈机制。用户可以对图书打分，并进行评论。

（5）图书信息维度。咪咕阅读的图书信息维度有书名、评分、作者、金额、分类、字数、是否完本、小编推荐评语、图书简介、视频导读、评论、包含本书的热门书单、作者的其他作品、本书的作者还看过的书、其他推荐图书。

5. 技术类App——掌阅iReader

掌阅iReader是掌阅科技股份有限公司推出的产品，该App于2011年1月正式发布，同时推出了自己的硬件设备——iReader电子书阅读器。首次打开该App，即提示用户选择阅读偏好，偏好分类为出版图书、男生小说、女生小说、漫画、二次元、听书、知识，用户选择阅读偏好后才能打开该App。进入App后默认首页为书架，此外，还有"书城""发现""我的"3个栏目。掌阅iReader App将旗下图书资源分为出版、男频、女频、漫画、听书、杂志六大类。掌阅对公版书的制作较为精心，以《论语》为例，在正文之前以编辑部的名义增加了序，正文中对字、词、句的注解均可以点击后在原文上直接打开，而无须翻页，方便了读者使用。

掌阅阅读界面清爽简洁，默认为带书友想法的界面，上方功能区有"返回""购买""朗读""全文搜索""书圈""投票""增加书签"

"隐藏想法""分享"等按钮。下方功能区有目录、进度条，可以设置亮度、夜间模式、字体字号、翻页方式，并可进行繁简体切换等。其中，目录页除了可以根据目录跳转到特定章节以外，还可以根据想法、画线或书签跳转到特定章节。选中阅读界面中某一段文字，可以进行分享、写想法、画线、复制、查词典、查百科、纠错等操作。

掌阅iReader的推广与激励机制如下。

（1）阅读推荐机制。掌阅iReader App主要在书城板块中采用榜单制度向用户推荐图书，排行榜包括月票榜、用户喜爱榜、新书榜、主编推荐榜，此外，还按照图书的六大分类资源提供不同的推荐榜单。例如，对于出版图书就有书城畅销榜、特价折扣榜、更多权威榜等。此外，还会为读者分类提供热门书单、新书书单和好评书单。

（2）互动机制。掌阅主要依托其技术优势，旗下并没有签约作者资源，其主要的互动机制为读者之间的互动。读者可以对某本书进行评论，也可以选定这本书的某段文字进行评论或分享，App还专门建立了书友圈子——书圈，读者可以在专门的书圈中分享自己的阅读心得。

（3）阅读激励机制。鼓励用户每天签到，签到可抽奖领取福利，累计签到一定时间可获得更多奖励。此外，还可以通过完成一定的任务领取奖励，如新人任务、参加阅读计划、日常任务和特定活动任务等。掌阅还会定期组织阅读推广活动，如邀请青少年的偶像列出书单，组织大家和该偶像共同阅读书单中的图书，每天打卡签到，并发布阅读心得。

（4）阅读反馈机制。用户可以对图书进行投票、打分、点赞、评论，还可以针对具体的某一部分内容反馈错误或有问题的信息。

（5）图书信息维度。掌阅iReader的图书信息维度有字数、价格、读者评分、读者评分人数、作者、点赞数、在读数、粉丝数、最新章节、书圈人数和评论数、相似图书推荐、相关书单、图书更多信息（如字数、上架时间、免责声明等）。

（三）移动阅读的实现方式

1. 数字图书馆类App

在人们习惯于纸质阅读的时代，图书馆是一个重要的阅读场所和资源提供者。进入移动数字阅读时代，数字图书馆以App的形式走进了人们的视野，并逐渐成为人们的重要阅读途径。

（1）超星移动图书馆。

超星移动图书馆是专门为各个图书馆制作的专业阅读平台，拥有百万册电子图书、海量报纸文章及中外文献元数据，为图书馆用户提供了方便快捷的移动阅读服务。在此基础上，依托集成的海量信息资源与云服务共享体系，为移动终端用户提供了资源搜索与获取、自助借阅管理和信息服务定制的一站式解决方案，具有突出的特点和技术优势。目前，国内多家公共图书馆、高校图书馆均选用该平台来进行二次开发。

（2）图书馆App。

国内图书馆移动服务起步较晚，始于基于短信、WAP手机平台的移动服务。近年来，随着手持终端的兴起，国内一些大型图书馆开始尝试利用App等工具为用户提供移动服务。例如，2005年上海图书馆在全国首先推出了"手机图书馆"，并陆续推出了手机二维码应用和移动客户端，将图书馆服务的桌面终端延伸到移动终端。值得注意的是，目前仍只有少数图书馆尝试利用App等新技术手段提供服务，并且大多是传统业务的延伸，服务的内容、形式比较单一。同时，除了上海图书馆、苏州独墅湖图书馆以外，大多数公共图书馆App均以超星移动图书馆为原型进行二次开发。

2. 听书功能App

目前，听书功能App可以说是五花八门，不仅有专门的听书类App，音乐播放类App、广播类App也纷纷开启了跨界发展模式。以下选取了其中的三类分别做简单介绍。

（1）酷我听书：音乐 App"捞过界"。

酷我音乐作为一个比较成功的音乐软件，自 PC 时代起就在数字服务领域占据了一席之地，进入移动互联时代后也大放异彩。

酷我听书通过最精细完美的分类、最小有声播放应用，实现省流量、无广告的免费听书体验。同时，酷我听书也着力发展自有特色资源，如酷我自制、脱口秀、百家讲坛等。

（2）懒人听书：专注服务"懒人"书迷。

懒人听书支持安卓、iOS、Web、WAP 等平台，提供免费听书、听电台、听新闻等有声数字收听服务，是国内较受欢迎的有声阅读应用，具有有声数字内容录制、发行与传播的完整生产链。

（3）蜻蜓 FM：广播听出精彩。

蜻蜓 FM 是一款电台收音机 App，不仅提供 3000 多个国内外电台每天 24 小时的不间断直播，还包含新闻、音乐、小说、综艺等多个分类内容。蜻蜓 FM 具有以下功能特点：①节目预约，准时开启收听心仪的节目；②录音回放，24 小时内任意回听；③电台闹钟，将内容设为起床闹钟；④离线收听，节省有限流量。

3. 其他移动阅读方式

在沉浸于各类阅读 App 应用的同时，我们也应该发现并利用各类数字移动设备自带的预置阅读功能，设备制造商或移动通信运营商在设备中内置的 App 应用，在特定设备上一般享有使用上的便利或数据流量方面的优惠，用户在享受高质量阅读体验的同时或许还能节省一笔可观的费用。

（1）苹果公司的 iBooks。

iBooks 是苹果公司推出的一套专用于苹果公司设备上的电子书阅读软件。iBooks 最早于 2010 年 1 月 17 日与 iPad 一起发布，并于同年 4 月与 iPad 同时面世。

iBooks 拥有华丽的特效，如类似真实图书的翻页过场效果，甚至能让翻开的书页随着用户翻页的手指移动，不过一些特效在 iPhone 版本里被删掉了，阅读 PDF 的功能里则干脆没有任何特效。iBooks 亦支持书签、字体类型和大小调整、亮度调整和全文搜索等功能。

（2）DIY 电子书。

iBooks Author 是 2012 年 1 月 20 日由苹果公司发布的免费的电子书制作工具，由该工具制作的电子书可以在 iBooks 上下载，在 iPad 上阅读。任何人都可以通过 iBooks Author 提供的模板自建电子书，并插入包括音频、视频、3D 物件等在内的多媒体内容，还可以利用 HTML、JavaScript 等技术。

（四）另类的移动阅读——数字影音与网络交互

在移动阅读世界，我们阅读的内容不仅仅局限于文字，通过各类数字影音、网络交互网站，我们也能享受到另类的阅读体验。

1. 随身的音乐厅：打造自己的移动音乐库

目前，数字移动设备主要用两种方式获取并组织音乐资源：一是通过预置软件，如苹果 iTunes、三星 Samsung Kies 等同步或直接购买音乐资源；二是通过安装第三方音乐 App 进行在线试听、下载。

（1）预置软件加载音乐。

苹果 iTunes 作为一款一站式解决方案的应用软件成功赢得"苹果粉"的钟爱。在此我们对使用苹果产品的读者提出两个小建议：一是解决歌词和专辑封面问题。从网络上获取的音频资源一般是免费的非正式发售音乐，不附带歌词，没有转机封面，更没有完整的歌曲信息，体验效果较差。为此，建议用户使用谷歌或百度的音乐搜索，或在相关音乐论坛上下载歌手的整张专辑，从而获得带有详细歌曲信息的资源。二是关于同步问题。同步的过程是让移动设备与计算机资源库一致，容易发生以下"事故"：用户将自己的手机连接到别人的计算机来获取音乐，会抹掉手机上的所有音乐，而之后同步自己的计算机资源库时又会抹掉移动设备上的音乐，需要注意。

（2）第三方音乐 App 面面观。

目前，App 市场上的第三方音乐 App 数不胜数，下面选择其中几个介绍其功能特色。

①酷狗音乐。酷狗 3D 丽音音效，由蝰蛇（VIPER）专业打造智能均衡环绕音，并设有多种预设音效，使同一首歌有不同味道；融合酷狗收音机，包括音乐、新闻等不同类型资源；自带手机 KTV 功能，包括录音棚、KTV、音乐厅、演唱会等音效；具有互动社区功能，按距离定位身边好声音，结交歌友。

②QQ 音乐。多终端音乐同步，通过登录 QQ 账号实现计算机、手机、Pad 音乐云同步；融入社交功能，可以点歌给 QQ 或微信上的好友，并可分享到朋友圈、微博、QQ 空间；独有部分音乐版权，如"我是歌手"专题系列资源。

③百度音乐。依托于全球最大的中文搜索引擎，使得音乐资源量有保障，包含脱口秀、电台等有声节目频道。

2. 移动设备看视频：好片及时看

目前，数字移动设备基本均内置视频播放器，读者也可以根据自身使用习惯自行下载第三方播放软件，无须联网即可感受观影乐趣。同时，诸如优酷视频客户端、土豆视频客户端、奇艺影视等视频网站客户端也是不错的选择。

3. 自媒体时代的网络交互

随着信息技术的发展，互联网逐步从以单向传播为主的格局进入每个人都能成为生产者的自媒体时代，而数字移动设备技术的成熟、价格的降低、移动网络传输速度的提升，使得人们能更为便捷地享受网络交互的乐趣。

（1）微博、微信及其竞争者。

2009年8月14日，新浪借鉴Twitter和Facebook推出新浪微博，用户可以通过网页、WAP页面、手机第三方应用程序等，将看到的、听到的、想到的事情写成一段140字以内的话，还可以配上若干图片，通过数字设备发布随时随地和朋友分享、讨论。随后，新浪微博大打名人牌，通过一批"大V"（知名的认证账号）的号召力迅速风靡全国，以致腾讯、搜狐公司等也跟风推出了各自的微博产品加以应对。彼时，人人都以玩微博为时尚，很多人喊出了"微博是一场互联网革命"的口号；但是在2013年，微博突然遭遇"寒流"，无论是活跃度还是吸引力都大大降低。很多投入微博营销的企业也感到意兴阑珊，而把注意力迅速转移到另一个新兴的微应用——微信。

微信是腾讯公司开发的一款主要基于手机等移动数字设备的多功能移动通信工具，用户可以以文字短信、语音短信、视频短信、实时视频和图片等方式进行交流，"朋友圈"也实现了类似微博的图文分享功能，此外，又增加了"扫一扫"、游戏中心、微信支付等功能。2011年1月发布微信1.0测试本。自推出以来，借助QQ用户数量的优势（支持QQ账户绑定登录），微信的用户数量在极短的时间内迅速增加。2012年3月29日，腾讯公司总裁马化腾发微博称："终于，突破一亿。"这标志着微信进入里程碑式的"亿"时代。

（2）网上社区及论坛。

社交网站是Web 2.0的重要应用之一。进入移动数字时代，除了微博等信息发布式应用、微信等即时通信应用广受热捧以外，拥有虚拟交互性质的各类社区、论坛平台也逐步被接受并深刻影响着人们的日常工作和生活。

下面就其中较为常用的豆瓣、知乎、天涯社区三个平台加以介绍，具体如表 8-1 所示。

表8-1　网上社区及论坛平台

平台名称	功能特色
豆瓣	豆瓣创立于2005年3月，主要提供关于图书、电影、音乐等作品的信息，无论是描述还是评论都由用户提供。目前，平台包括读书、电影、音乐、小组、同城、豆瓣FM、东西等栏目，用户可以搜索别人的推荐，所有的内容、分类筛选、排序都由用户产生和决定，看似是评论网站，但更像一个集博客、交友、小组、收藏于一体的新型社区网络。目前，除PC网页浏览外，还支持移动界面浏览及移动客户端接入
知乎	知乎是一个社会化问答网站，社区用户围绕某一问题分享着彼此的专业知识、经验和见解，依托"赞同""反对""没有帮助"等功能特点，能提供较高品质的答案内容。依托该平台还产生了知乎日报、知乎周刊、圆桌会议等衍生产品。目前，平台可通过网页、安卓或iOS移动客户端接入，并支持微博、QQ账户登录
天涯社区	天涯社区创办于1999年3月，经过十多年的发展已经成为以论坛、博客、微博为基础交流方式，综合提供个人空间、相册、音乐盒子、分类信息、站内消息、虚拟商店、来吧、问答、企业品牌家园等系列功能服务，是以人文情感为核心的综合性虚拟社区和大型网络社交平台，并衍生出天涯日报等App应用。目前，天涯社区支持PC、移动设备页面浏览方式接入，并支持移动客户端下载

（3）自媒体时代的图文分享。

目前，数字移动设备基本具备了较为出色的摄像头、先进的背照式传感器、自动白平衡功能、理想的色彩保真度和面部识别功能等，这意味着生活中的每一个人都能成为"摄影师"。在使用过程中，一方面，读者可以使用设备自带的参数设置功能，如曝光度、对比度、拍摄模式等进行个性化设置；另一方面，一款有趣而实用的照片处理App也是必不可少的。

①美图秀秀。这是一款广受欢迎的免费图片处理软件，尤其为"自

拍爱好者"所青睐，凭借着操作简单以及独有的图片特效、美容、拼图、场景、边框、饰品等功能，利用每天更新的精选素材，用户可以在一分钟内做出"影楼效果"。

②足记。作为一款结合电影与地点的创新图片社交应用，它可以使用户轻松拍出电影效果图片，并用电影与字幕的方式记录生活，发现当地拍摄电影、发生的故事。用户可以在实际场景中拍摄出有趣的"穿越照"或对比图，并能通过微信朋友圈、微博等渠道发布给朋友们。

二、网络阅读资源

（一）网络百科全书

1. 不列颠百科全书网络版

互联网上的第一部百科全书是不列颠百科全书公司于1994年推出的不列颠百科全书网络版（Encyclopedia Britannica Online）。不列颠百科全书网络版力图保持其纸质版的权威性、专业性及适度的时效性，其内容囊括了对各个重要学科知识的详尽介绍。网络版已被世界各地的高等院校、中小学、图书馆及政府机构等普遍使用。在时效性方面，除印刷版的全部内容外，网络版还收录了最新的修订和大量印刷版中没有的文字。鉴于近年来手持移动终端有取代固定终端大部分功能的趋势，不列颠百科再次加入创新的浪潮，陆续推出多媒体终端版以提高客户使用的便捷性和增强客户黏性。目前，已设计出与智能白板、平板电脑、智能手机、电子阅读器等兼容的数字化资源，并广泛应用于学校和研究机构。

2. 维基百科

维基百科是吉米·威尔士与拉里·桑格于2001年1月13日在互联

网上合作发起站点服务，并于1月15日正式开展的网络百科全书计划。它也是一部用不同语言写成的网络百科全书，其目标及宗旨是为全人类提供自由的百科全书——用他们所选择的语言书写而成的，一个动态的、可自由访问和编辑的全球知识体。

维基百科最大的优势在于其开放性和分享性，这与人类知识本身的无国界、无疆界的理念契合，吸引了人们广泛的参与。其主要的缺陷在于缺乏权威性、客观性。缺乏权威性是指在缺失传统审查和专家撰稿的情况下，难以保证大众自行编纂条目内容上的准确性、专业性；缺乏客观性是指对有争议的人或者事物，其评价难以做到不偏不倚。

3. 百度百科

百度百科是百度公司2006年4月20日发布的开放式网络百科全书，是一部由全体网民共同撰写的百科全书，也是全球最大的中文百科全书。每个人都可以自由访问并参与撰写和编辑，分享及奉献自己所了解的知识，从而共同编写成一部完整的百科全书，并使其不断更新完善。

百度百科最大的优势是与百度贴吧、百度知道建立了"三位一体"的服务，共同构筑了一个完整的知识搜索体系，成为网页搜索的有益补充，更好地提升了读者的搜索体验。

4. 其他百科全书网站

中文维基百科，是维基百科协作计划的中文版本，繁简同站，大部分内容由世界各地的华人共同合作完成。2015年5月19日，中文维基百科被关键字屏蔽和DNS污染，而其他语言的维基百科暂未受到影响，可以正常访问。

哥伦比亚百科全书，各门学科都有涉及，内容比较全面，而且操作方便，但读者如果希望深入一个专题调查可能会略感不足。

百科全书，被誉为"没有围墙的大学"，是概要记述人类知识门类或某一知识门类的工具书，在规模和内容上均超过其他类型的工具书，供人们查阅必要的知识和事实资料，其完备性在于它几乎涵盖了各种工具书，囊括了各方面的知识。

（二）科普网站

1. 果壳网

果壳网于2010年11月上线，是以科技为核心的社会化媒体。果壳网是开放、多元的泛科技兴趣社区，并提供负责任、有智趣的科技主题内容。在这里，你可以根据自己的兴趣爱好关注不同的主题站和小组，阅读有趣的科技内容；在"果壳问答"里提出你所困惑的科技问题，或为他人提供靠谱的答案；关注各个门类和领域的果壳达人，加入兴趣讨论，分享智趣话题。

果壳网的创始人是姬十三，它在运营上完全独立，后者是NGO哈赛中心旗下的公益科学传播项目。

2. 其他科普网站

除果壳网外，还有其他知名度比较高的科普网站。

（1）知乎网。知乎网是一个中文问答社区。知乎上的问题和回答水平是很高的，这在灌水之风盛行的中文互联网论坛中实属不易。

（2）未来光锥。2011年12月12日，"未来光锥"正式启用。其主题富有多样性和前沿性，嘉宾的讲解带有故事性，问题的呈现具有现场感。它将远不是一场简单的"讲座"，而是一场传播新知的"表演"。

（三）购书网站

1. 当当网

当当网是国内领先的B2C网上商城，成立于1999年11月，以图书零售起家，已发展成领先的在线零售商、中国最大的图书零售商、高速增长的百货业务和第三方招商平台。

当当网在线销售的商品包括图书、音像、服装、孕婴童、家居、美妆和3C数码等几十个大类，其注册用户遍及我国32个省、市、自治区和直辖市。当当网于2012年推出的自主研发的都看阅读器，可媲美亚马逊的Kindle阅读器，配备了6英寸（1英寸=2.54厘米）电子屏幕，使阅读更加轻松自如。

2. 京东商城

京东成立于1998年6月，是中国最大的自营式电商企业。它提供丰富优质的商品，品类包括计算机、手机及其他数码产品、家电、汽车配件、服装与鞋类、奢侈品（如手提包、手表与珠宝）、家居与家庭用品、化妆品与其他个人护理用品、食品与营养品、纸质图书、电子图书、音乐、电影与其他媒体产品、母婴用品与玩具、体育与健身器材，以及各种虚拟商品（如国内机票、酒店预订等）。

京东商城于2012年推出一款可用来在线购买电子书的软件——京东商城客户端，可以帮用户实现海量的电子书刊在线阅读，还能随时随地找到用户需要的电子书，并以安全快捷的方式进行在线支付。

3. 其他购书网站

除了当当网、京东商城、亚马逊中国等知名购书网站以外，还有以下常用购书网站。

（1）淘书网，是一家有多年书业运营经验的图书电子商务网站，以经营书店和出版社的库存特价书为特色，低于正常折扣（甚至亏本）销售。

（2）孔夫子旧书网，全球最大的中文旧书网站，汇集了全国9万家网上书店与书摊，展示多达5000万种图书。

（3）澜瑞外文，于2011年4月正式上线，是国内最大的专营原版进口图书的电子商务网站。通过与国内多家图书进出口公司合作，澜瑞外文网目前已汇集了建筑、艺术、时装、时尚、旅游、餐饮、健康、体育、经济、管理、历史、文学、儿童等种类的外文原版图书和国外专业期刊。

（4）香港商务印书馆，是我国香港地区的网上书店，可购买港版图书。

（5）诚品网络书店，是我国台湾地区著名的大型连锁书店诚品书店的网络版本，提供中文图书、外文图书、儿童图书、CD、DVD、文具精品馆、团购专区、书展活动等众多内容。

三、有声读物

（一）有声读物的含义

有声读物又可称之为"听书"，辞海对"有声读物"的定义，即录制在磁带中的出版物，也就是人们常说的可发音的"电子书"。随着信息传递技术的不断发展，新型有声读物的内容和载体已经突破磁带、软盘和 CD 等传统介质形态，还包括电视、电台、计算机、MP3 和各种智能移动终端设备。相对于传统文献读物，有声读物不仅具有低廉的获取成本、较高的阅读效率、较低的阅读门槛、生动的阅读乐趣、便捷的获取通道等优势，还对英语、普通话等的学习有很大的促进作用，也满足了人们的碎片化阅读需求。另外，作为电子出版物的一种，有声读物与传统的无声电子书相比也有其独特的优势，如阅读过程中的移动性、即时性、互动性，更具便利性和趣味性。

（二）有声读物的发展

1. 国外有声读物的发展

有声读物起源于 20 世纪 30 年代的美国，起初是政府为盲人读者发起的专项服务计划。1986年，致力于促进语音音频发展和提供行业统计的非营利性行业协会——美国有声书出版商协会（Audio Publishers Association，APA）成立，随即开始建立有声读物行业标准，除了一贯向阅读障碍人群提供有声阅读服务以外，也开始向低幼龄儿童提供专门服务。如今，随着网络技术、新媒体技术、移动终端的发展成熟，有声读物支持下的"听书"已经成为"娱乐化""碎片化"阅读的重要组成部分，同时，由于其较低的阅读门槛和独具特色的趣味性、便捷性、移动性等特点，也使其成为实现全民阅读的重要途径。

2. 国内有声读物的发展

相对而言，我国有声读物起步较晚，初期服务范围和对象同样是儿童和残障人士等特殊群体。20世纪80年代，部分少儿出版社开始生产随书附赠的音像制品。1994年高等教育出版社音像出版中心开始发行独立有声读物，随后其他音像出版社和文化公司陆续加入有声读物市场，但由于技术原因，有声读物只能以磁带形式出版，服务形式单一，服务渠道狭窄。进入21世纪以后，随着网络技术的不断发展，国内第一家专业听书网站"听书网"于2003年正式上线运行，之后各种听书网站相继涌现，致力于提供移动听书服务，越来越多的文学作品已经被有声化，听书读者的数量正在急速增长。随着听书市场规模的不断扩大，中央宣传部开始逐步加强全国有声读物出版管理工作。2007年3月，为配合"4·23"全民阅读日活动，以丰富阅读形式，中央宣传部组织开展了全国重点"有声读物"出版申报工作，共有61家音像电子出版单位上报了264种"有声读物"选题，通过论证、筛选，最终确定了100种选题入选《全国重点"有声读物"选题目录》。2011年，中国电信与中央人民广播电台合作，推出了名为"天翼阅读"的有声阅读业务；中国联通推出了"沃阅读"听书频道；中国移动推出了"手机阅读"频道。2015年4月，中央宣传部更是同时和中国电信、中国联通、中国移动三大运营商在北京签署合作协议，共同举办"书香中国 e 阅读"推广活动，助力全民阅读。2016 年，播客以每月 5000 小时的内容更新量成为国内最大的有声读物出版发行商。随着中国有声读物和市场的不断发展，国家相关部门也从规章制度角度入手，不断对其加强管理和引导。例如：2006 年，国务院颁布《信息网络传播权保护条例》，2013 年，文化部发布《网络文化经营单位内容自审管理办法》；2014 年首个"中国听书作品反盗版联盟"成立；2016 年，国家新闻出版广电总局、工业和信息化部公布《网络出版服务管理规定》；等等。有声读物的选题出版工作和市场发展管理制度的不断完善，有力地支持和推动了有声读物的发展，也促进了图书馆有声读物资源的建设和利用。随着移动便携设备的升级换代以及 4G 通信技术的快速发展，移动互联网下的阅读环境变得更加开放包容，越来越多的大众读者加入听书行列，阅读的选择权开始朝着多元化方向迈进。就用户年龄分布来看，移动阅读用户呈现年轻化趋势；就用户职业分布来看，学生占比较高，其中有声阅读用户逐渐向"85 后""90 后"群体转化。

（三）高校图书馆有声读物阅读推广举措

1. 分类建设，夯实推广资源

移动互联网技术及智能应用不断升级换代，高校图书馆线下业务正面临着大面积萎缩的局面，传统纸质文献借阅量已经呈现出下降趋势。有声读物的出现不仅保障了视觉障碍患者、文盲、低幼儿童等阅读群体的权利，也满足了高校读者数字时代碎片化阅读的需要，特别是更加契合大学生读者的阅读习惯和兴趣爱好。高校图书馆面对真切的有声阅读需求，在传统业务不景气的背景下应抓住机遇，努力建设有声资源，为阅读推广转型奠定基础。目前，高校图书馆主要通过以下三种渠道建设有声读物资源。

（1）直接购买资源。

高校图书馆通过直接购买获得的有声读物，只需要借助压缩、下载、播放技术即可使用，操作简单方便，但在采购之前图书馆必须开展充分的调研工作，广泛征求读者的资源采购意见，选择有正规渠道和有实力的资源出版发行机构进行合作，还需要对所购置的资源进行全面的甄选，以确保资源的安全、健康和可靠。目前，市场上比较有影响力的有声读物资源供应商有 EBSCO 有声读物资源服务系统，该系统与全球数字内容交付领头羊 Findaway 合作，提供了读者从移动设备直接访问资源的功能。该系统凭借简化的工作流程和直观有趣的设计，方便读者简单快捷地搜索资源，并配合其 App 使在线聆听变得更加简单方便。

（2）自建资源。

2013 年，由教育部语言文字信息管理司制定的《中国语言资源有声数据库建设工作规范（试行）》明确了由国家语言文字工作委员会主管，按照国家统一规划、地方组织实施、专家业务负责、社会参与建设的工作目标，为中国语言资源有声数据库建设提供了制度化保障。具备条件的高校图书馆可以依据中国语言资源有声数据库建设思路，依托区域内联盟组织，联合其他高校图书馆、公共图书馆、相关文化传媒和出版发行机构，首先做好有声资源中长期建设规划和资源调研选题工作，并通过设立录播室或有声资源制作中心，购置文字转化音频软件，以教学和公益性活动为目的，在版权许可的前提下聘请专业演播人员对原作品进行有声录播。条件欠缺的图书馆亦可充分调动图书馆馆员和校内师生读者的积极性，在进行必要的专业培训的基础上，利用喜马拉雅 FM 等手机软件的录播功能，立足校内教学科研需求和地方文献服务特色，有步骤地实现实体馆藏和有声数字资源的协调发展。

（3）搜集整理网络资源。

为了节约资源建设成本和降低资源建设难度，高校图书馆在直接采购和自主建设的同时，还应加强线上免费有声资源的整合与揭示。高校图书馆应该组织专人对互联网上海量的免费有声资源进行整理和揭示，建成特色数字资源库或资源链接。同时，还可以与图书管理系统供应商合作升级图书管理系统，改造升级 OPAC 系统，使检索结果不仅显示文献资源的物理馆藏，还可以显示相关资源的电子资源或有声资源链接，以满足读者多元化的信息需求。

图书馆在有声资源建设过程中，有必要提供一个专门的资源存储空间和设施，以集中保管和利用有声资源，并对不同介质形式的有声资源进行科学分类，可以参照《国际标准书目著录（非书资料）》[ISBD(NBM)]和《国际标准书目著录（电子资源）》[ISBD(ER)]等相关细则著录，重点突出有声读物的内容、播客信息以及与其相对应的纸质资源链接和相关内容链接，形成一个详尽的有声图书馆数据资源库。同时，还需要提供一个统一的检索入口，并简化有声资源网站检索词中专业术语的应用，以方便不同知识背景的读者无障碍利用。

2. 细分读者，增强用户黏合度

现今，移动互联网技术在满足用户多元化个性体验的同时，已将大批潜在线下用户黏合成最忠实的线上应用拥簇者。有声读物的兴起和发展，不仅突破了传统阅读对视觉的依赖，而且使学习阅读能力不足和有阅读能力却无时间阅读的读者都能随时随地"听读"。因此，高校图书馆应顺势而上，针对不同专业背景和知识需求的师生读者，分门别类地制作符合不同类型读者阅读需求的内容，细分有声读物的受众群体。

一般来说，高校图书馆举办听书活动的主要对象有两种：一种为学生，另一种为教师（包括所有职工），其中，教师群体中可以再将科研工作者单独列出。高校图书馆应该为不同类型的读者有针对性地推送有声资源。例如：加强与学生组织和教学院系之间的合作，在充分调研大学生学习特点和阅读习惯的基础上，根据年轻人的阅读喜好进行有声读物推送；由于工作繁忙，年长的教师读者对有声读物这类新生事物接触较少，接受能力也较弱，但是对本专业知识学习和评书、故事连载、人物传记、亲子阅读类文献有着浓厚的兴趣，图书馆可以简化听书的流程，并为其推送相关有声读物。

3. 加强合作，实现跨界推广

随着云计算、"互联网+"时代的到来，以信息技术为核心的新一轮技术革命正在形成。随着线上用户的不断积聚增长，对潜在用户的挖掘已经成为各方竞争的热点。相比高校图书馆，商业性有声读物平台"重利益，轻公益"的经营理念使其能够更加灵活地调整线上合作策略而成功实现跨界融合。2014年，酷听听书瞄准了听书行业的融合发展趋势，通过获得有声视听文化委员会管理资质认证，成立有声行业首个战略联合集团——听书联盟，先后与澄文中文网、中信出版集团等数十家内容资源方达成全线战略合作，全面实现了内容、资源及渠道方面的行业聚合。2015年2月，中信出版集团选择酷听听书作为战略合作平台，为其提供文字作品正版版权，再由酷听听书将其文字作品录制成高质量的有声作品，同时针对热门图书开创了同一本书以"看+听"两种模式同时出版的先河，为用户的阅读提供了多种选择。

与线上应用市场火热相反，线下的图书馆传统业务正面临着大面积萎缩的困境，在服务转型的驱使下，高校图书馆应积极主动地谋求变革与发展，以适应数字化技术带来的挑战。高校图书馆可以在平衡公益性与商业性冲突的基础上，积极开展校内外跨界合作，在有声资源建设和服务推广上，除继续争取学校和政府的财政支持外，还应不断挖掘潜在读者的个性化特色，线上加强与听书平台、广播电台的合作，并通过按需引进优质有声资源，优化馆藏结构，以满足不同阅读群体的阅读需求。

4. 借势营销，创建品牌活动

高校图书馆除自身拥有丰富的实体和虚拟文献资源外，还是知识的殿堂，是学习的圣地，是一个具有无限价值的文化品牌。借助营销手段将线下实体馆藏与线上虚拟资源有机结合，广泛开展线上、线下联动服务，是推动高校图书馆阅读推广活动由传统向数字化、智能化转型的必然选择。有声资源建设不仅能够缩短多元化阅读差距，更能满足图书馆读者随时随地阅读的需求。在有声读物营销推广工作方面，公共图书馆比高校图书馆起步更早，实际取得的效果也较为显著。例如，在"政府引导建设，用户免费使用"原则的指引下，2012年"云图数字有声图书馆"与"深圳读书月"合作开展"图书漂流"活动，在地铁站等公众场所放置听书设备供市民扫码下载，每天下载量突破六七万人次，20万张体验卡亦是供不应求，有声读物推广活动的尝试也引发了众多主流媒体的跟踪报道，得到了广大读者的关注。

  品牌建设是资源推广最好的催化剂，无论是美国有声书出版商协会发起的享有音频奥斯卡之誉的有声书大奖"奥迪奖"（Audie Awards），还是德国的以科隆西德广播电视台（West Deutscher Rundfunk，WDR）为主要赞助商的"WDR德国有声读物年度奖项"，都是通过以营销手段创建品牌活动促进了有声资源建设和市场发展。纵观国内高校图书馆，在有声资源建设利用过程中，不仅存在思想观念落后、资源建设不足、空间设施欠缺等问题，在工作服务机制和宣传推广等方面也存在诸多问题。随着移动听书成为一种新的阅读潮流，国内各大听书线上商业平台纷纷致力于移动听书业务的发展，利用其独特有声内容和出版平台与作者、播客三方签约，使有声资源制作和有声读物品牌效应初见成效。面对新的阅读需求，高校图书馆应主动参与到有声资源建设中来，广泛开展宣传推广活动，在活动过程中要善于运用营销策略，创建活动品牌，充分发挥有声读物在满足读者阅读需求过程中的独特优势。例如：我国台湾大学图书馆设置Music Bay音乐聆赏系统，为读者提供多元化的音乐曲目，并增设影音在线多媒体服务系统，为全校师生提供不受时空限制的视听服务;青海大学等多家高校图书馆通过装置和推广有声读物智能点播终端,成功引起了读者的关注,同时高质量的有声读物又让读者享受到美妙的听觉盛宴,一时间"听书"场景及其终端系统变成校园内一道美丽的风景线,也成为院校文化建设的品牌活动。

9

第九章
智慧图书馆的研究与建设现状

第一节　国外智慧图书馆研究现状

国外智慧图书馆的发展更多来自技术浪潮的推动，随着物联网、大数据及云计算等信息技术的发展，面向用户的各种信息化、智慧化服务日渐丰富，在新一代技术的推动下，图书馆领域也融入了先进的理念和技术创新。芬兰奥卢大学图书馆的 Aittola 于 2003 年提出了智慧图书馆的概念，认为智慧图书馆是一个不受空间限制的可被感知的移动图书馆。随后国外有关学者围绕智慧图书馆的核心内涵、主要特征、支撑技术、模型设计、信息服务等方面开展了深入的研究，虽然主要研究还是集中在新兴技术在智慧图书馆的实践应用上，但在缓慢发展的研究态势下，围绕以用户为中心的核心，智慧图书馆的内涵得以不断延伸与拓展。

一、智慧图书馆建筑研究

在智慧建筑方面，国外的研究与实践主要集中在智慧图书馆建筑的建设方面，旨在为读者提供最佳的休闲、阅读与学习环境。德国希尔德斯海姆大学图书馆于 2011 年启动的智慧建筑改造项目，通过照明系统、供暖通风和空调系统的改造，极大地节约了能源供应，达到了节能环保的目的。丹麦科技大学图书馆则在 2013 年后的建筑升级改造中建设以智慧照明系统和生活实验室系统为核心系统的智慧图书馆，配备了大量的传感器，用于时刻监测图书馆内的温湿度、颗粒、CO_2、噪声等环境数据，并根据需求对环境进行调整；通过在现实环境中建立研究环境，促进复杂和多学科问题的解决。美国亚利桑那州菲尼克斯南山社区图书馆模拟集成管线建筑设计，可以为不同功能空间提供保温作用。

二、智慧图书馆智慧服务研究

在智慧服务方面，随着技术的不断发展及应用，图书馆的服务内容和服务方式也发生了极大的转变。加拿大首都渥太华的图书馆、博物馆以及多所大学和公共图书馆建立了以"智慧图书馆"命名的联盟，并利用同一个搜索引擎为读者提供一站式检索服务。在高等教育环境中，通过调整图书馆组织架构、积极拥抱新型技术，将智慧图书馆服务体系融入整个教育环境，让智慧图书馆成为教学和科研的一个重要组成部分。例如：塞尔维亚贝尔格莱德大学图书馆的智慧推荐系统，对学生课程平台的互动数据、大学在线书店的学生行为数据、物联网传感器收集的数据、社交媒体的数据及学生基本信息数据进行收集、整理和分析，形成基于用户兴趣的个性化资源推荐、在线预约借阅或在线书店购买的一站式服务平台；印度密歇根州立大学则提出了一套图书的智能动态借阅策略，根据图书副本数量、使用频率、是否为首选作者及读者、是否在考试时间等参数来定义借阅策略，以提高图书利用率。另外，国外很多大学及公共图书馆早已提供座位预订服务，且提供图书馆内的3D导航服务，部分高校图书馆还可以向师生提供可供在馆使用或者外借的笔记本电脑或者平板电脑等。

三、智慧图书馆智慧管理研究

在智慧管理方面，国外研究者对智慧图书馆的定位系统进行了一定的研究，包括 Wi-Fi、ZigBee、蓝牙、GIS 及 RFID 技术等。其中，RFID 技术自 20 世纪 90 年代以来被广泛应用于图书馆领域，应用场景包括自助借还、智能书架、自动分拣、馆藏盘点、自助排架、门禁防盗等。近年来，各大图书馆都面临着馆藏量不断增加、馆藏空间有限的问题，而美国芝加哥大学的曼索托图书馆采用了一种先进的机器人堆叠书库管理系统，跳出杜威十进制图书馆分类法（DDC），根据图书名和尺寸进行分类，以便于机器人操作，这种模式下可收藏 350 万册图书，且占地面积仅为常规书库的 1/7。

第二节 国外智慧图书馆建设现状

一、美国智慧图书馆建设

通过对美国高校图书馆网站进行调研发现，美国高校图书馆的智慧服务主要依托于智慧检索、智慧空间、智慧推荐、数字资源、虚拟参考咨询服务、虚拟仿真服务等方面。在智慧检索方面，美国知名大学哈佛大学、麻省理工学院、斯坦福大学等均提供了一站式检索服务平台，可对全站所有内容进行检索；在智慧空间方面，提供了开放空间、学习空间等共享空间的预定与使用服务；在智慧推荐方面，主要推荐新闻、事件、展览与活动等；在数字资源方面，根据学校实际情况，提供了电子书目、期刊资源、学科数据库、名人数据库，甚至是企业研究所数据库等内容；在虚拟参考咨询服务方面，由学科馆员或者咨询人员对问题进行解答，斯坦福大学还提供了专家服务；在虚拟仿真服务方面，则主要提供一些在线展览服务等。

在空间服务方面，高校图书馆主要以物联网、人工智能作为技术支撑，提供支持用户各类活动的智慧空间，如哈佛大学的研究阅读室、开放空间，美国加州大学伯克利分校的开放空间等。

在空间利用方面，哈佛大学图书馆于1986年最早使用自动化仓储系统（ASRS）。ASRS仓储系统采用的是箱式存放法，主要由钢制货架、堆垛机、输送机系统和金属箱构成，并应用自动化仓储系统进行管理，文献存放不再依据分类法进行，而是根据图书大小将其放在金属箱中，然后放在存储架上，解决了存储密度和文献提取速率的问题。

在虚拟现实服务方面，美国是世界上最早对 VR（Vitual Reality）技术进行研究和应用的国家，北美研究型图书馆协会（ARL）42%的成员馆利用 VR 技术构建了虚拟图书馆，以支持教、研、学活动。VR 服务支持以下主要形式：①提供不同功能的 VR 物理空间，比如具有专业特色的 VR 工作室、3D 打印空间等；②满足教学研究活动的软硬件工具需求，提供 AR（Augmented Reality）头戴式设备、虚拟投影、3D 鼠标等设备及设备租赁服务，同时提供 VR 制作软件、3D 软件、编程软件和绘画场景软件等；③通过提供 VR 服务平台，提供教、学、研交流互动的虚拟空间；④建设 VR 专业技术服务体系，将 VR 作为辅助教学科研的重要手段，实现 VR 知识创造。

在智慧服务方面，美国加州大学伯克利分校图书馆充分展示了智慧服务的多样化和分层化，服务内容涉及科研服务、教学服务和创新创业服务等多项内容。其中，科研服务包括学科导航、科研项目申请咨询和协助、学科影响力评估、数据存储平台构建等；教学服务包括嵌入式教学和教学资源服务等；创新创业服务包括一站式知识产权服务、多样化空间服务等。

在隐私保护方面，开放的网络环境和新技术的应用引发了一系列隐私风险和信息伦理问题，新时代图书馆要提供个性化和精准化服务，必然会涉及相关的隐私保护问题。美国大学与研究图书馆协会发布的《2020 年高校图书馆发展大趋势》中提到，学习分析要考虑学生的隐私，机器学习与人工智能也要考虑道德伦理。美国康奈尔大学图书馆制定了详细的隐私保护政策，专门成立了提供隐私保护服务的隐私工作组，并于 2020 年启动了隐私保护服务网页，服务内容包括数字隐私资源服务、数字隐私素养教育、隐私许可服务和隐私风险评估与咨询等。

在 VR 或 AR 应用方面，郭亚军、李帅等人对美国 TOP 100 高校图书馆的虚拟仿真应用实践进行调研，发现 86% 的高校图书馆应用了 VR 或 AR 技术，相关技术的应用领域包括资源、地图、空间、互动体验等。例如：通过采用虚拟仿真技术建设虚拟图书馆，立体地展示图书馆资源；针对学科特色构建沉浸式体验环境，促进深度学习；升级咨询服务，提供虚拟可视化参考咨询服务；构建仿真智能地图服务，让师生体验三维立体的图书馆之旅；构建 VR 工作室或创客空间，一方面用于体验 VR 技术，另一方面可以利用 VR 设备进行创新并制作 VR 产品。

在数字人文方面，麻省理工学院图书馆参与承建了一个超级工作室（Hyper Studio）——数字人文实验室，通过与学校师生合作开发数字工具和平台，探索新媒体技术在加强人文教育和研究方面的潜能。斯坦福大学图书馆参与承建了跨学科数字研究中心 CIDR，通过设计和开发新的工具和方法，在数据发现、数据创建、数据管理和分析工具等方面提供专业指导，并整合技术和信息资源，促进学术发展。哈佛大学图书馆参与承建了数字奖学金支持小组 DSSG，将跨学科领域中具有技术、教学和学科专业知识的教职人员聚集在一起，创建了支持数字学术所需的技术和人力资源，其核心活动主要集中在数字素养、研究支持和基础设施开发三个领域。普林斯顿大学图书馆参与承建了数字人文中心 CDH，CDH 为学术界和公共领域中关于数据、技术和人类经验的批判性讨论提供了空间，通过与师生合作，在软件开发、用户体验设计、数据管理和项目管理等方面建立最佳实践模型，为本科生提供数字人文课程，培养研究生的创新计算分析、研究和项目管理技能，并提供数字人文项目。数字人文实验室（DHLab）是耶鲁大学图书馆的一个部门，为耶鲁大学的学者提供空间和资源，使用计算方法来探索艺术、人文和社会科学领域的研究问题。哥伦比亚大学图书馆提供了数字奖学金服务（DS），将数字方法整合到研究和教学中，同时提供数字人文工具、文本分析、数据管理等一系列研究服务。

二、澳大利亚智慧图书馆建设

澳大利亚阿兰娜和马德琳基金会以及澳洲电讯（Telstra）基金会2012年成立并获得投资，旨在为1500个社区提供智慧图书馆服务。

在科研数据管理方面，澳大利亚国家数据服务中心网站ANDS共有102名成员，其中45家为高等院校，且39所高校提交了科研管理数据，36所高校建设了科研数据库，50%以上高校由图书馆进行科研数据管理。比如澳大利亚国立大学、墨尔本大学、悉尼大学、昆士兰大学等8所顶尖的大学的图书馆均提供了科研数据管理服务，可以提供科研数据管理计划、数据组织、数据保存与共享、咨询与培训等服务内容。其中，科研数据管理计划提供科研数据管理计划工具、科研数据管理计划模板和在线的科研数据管理计划培训等内容；数据组织提供数据组织过程中关于数据本身及数据文件的构建描述和相关规则标准；数据保存与共享提供本地与外部服务两种方式，本地为自建机构知识库或数据存储库，外部服务则提供外部数据仓储服务入口；咨询与培训涉及的内容主要有科研数据管理的培训内容。

在科研评价服务方面，澳大利亚大学图书馆积极响应卓越科研计划（Excellence in Research for Australia, ERA），开展了一系列科研评价服务，包括科研影响力评估、作者标识符及学术履历的创建、研究成果的出版、科研影响力评估报告、科研影响力的提升与展示等，其中大部分高校都提供了科研影响力评估服务。

在机器人应用方面，澳大利亚公共图书馆广泛应用NAO和Pepper两款人形机器人，它们均是由软银旗下的阿尔德巴兰机器人公司研发的可编程交互型人形机器人，可以为图书馆带来活力，以提升公众参与度和科学素养；通过其教育职能，对读者进行兴趣引导，提供交互式学习方式，并为学习障碍群体提供正面积极引导；而对于图书馆馆员来说，这也是追求进步，提升知识素养、核心能力的一大机会。

在素养教育方面，2009年，澳大利亚在报告《澳大利亚数字经济：未来方向》中提到了数字自信和数字媒介素养对澳大利亚数字经济发展的重要性。2014年，澳大利亚迪肯大学图书馆制定了《迪肯大学数字素养框架》，并提供了与商业法律学院联合设计开发的数字素养在线课程，主要培养学生的信息查询、利用和传播能力。

在数字人文方面，澳大利亚的The Group of Eight（G8）组织成员高校图书馆在数字人文学科指南、数字素养技能框架等专项培训内容上起到了积极作用；通过积极引入外部专业数字人文课程的方式，丰富人文专业教学内容和优化研究教学方法；同时，通过开放图书馆内关于人文数据集建设、工具与系统开发、数字人文推广与教育等的数字人文实践项目，鼓励师生在实践中检验研究方法等。

关于开放获取（Open Access，OA），在相关政策支持和资金助力下，澳大利亚图书馆针对开放获取开展了大量内容丰富的活动，比如解读开放获取的定义、探讨开放获取政策、探索出版模式、建设与推广机构知识库、普及版权和知识产权等活动；提供了开放获取的推介工具，比如常规性工具DOAJ、DOAB等和一些OA网页浏览器插件Unpaywall、Kopenio等；同时，针对本校师生制定开放获取指南，以规范开放获取行为。

在空间再造方面，澳大利亚维多利亚州立图书馆通过现代设计表现方式将一系列服务空间合理组合在一起，为公众提供了更好的整体化体验。澳大利亚悉尼马里克维尔（Marrickville）图书馆则利用原有的本土特色材质，既延续了传统建筑的形式，又强调了遗产建筑的重要性。

三、加拿大智慧图书馆建设

在高校图书馆服务方面，加拿大多伦多大学图书馆于 2012 年开展了个人图书馆项目，通过将新生和个人图书馆馆员一一配对，为学生提供分阶段、分层次、分学科的个性化图书馆服务，内容涉及项目介绍，图书馆概况，基于课程清单、活动、考试的资源推荐和服务指南等。

在科研数据管理方面，加拿大政府于 2014 年建立了开放数据交换中心，承诺要最大限度地开放联邦资助的科研产生的数据。加拿大高校也对科研数据管理起到了推动作用，从最早成立 G7，到现在的 U15 研究型联盟大学，实现了高校间的数据资源共享。加拿大高校图书馆在多类型的科研数据存储管理与应用、科研数据共享的保护性策略、科研数据管理服务团队建设和科研数据管理服务内容（科研数据管理计划的撰写与培训、科研数据备份、科研数据存储与政策、科研数据的发布与引用等）等方面项目众多，实践经验丰富。

在科研支持服务方面，加拿大高校图书馆提供了科研资源导航、基于学科服务的嵌入式科研指导、科研入门指南素养培训、研究共享空间综合数字服务和合作式科研激励举措等服务。其中，科研资源导航主要是基于美国 Springshare 公司开发的内容管理产品 LibGuides（学科服务平台），以学科指南和资源类型指南为主要内容形式，一方面进行学科资源推荐并指导科学研究工作，另一方面提供资源类型的检索和利用方法。基于学科服务的嵌入式科研指导通过图书馆与科研、教学的跨部门合作，分层次、沉浸式地传授学生研究技巧，以提升学生的研究技能，培养学生的研究能力。科研入门指南素养培训提供科研阶段课程、科研工具包等内容，主要用于提升学生的学术能力。研究共享空间综合数字服务是指图书馆馆员可以在科研技能或者特定学科领域研究中提供专业指导，包括科研全流程管理服务、提供研究支持软件、提供合作资源等。合作式科研激励举措则通过论坛或者研究奖激励等方式为学生提供展示研究成果的机会，从而进一步提升其学术能力。

在学习支持方面，加拿大高校图书馆从丰富的馆藏服务、能力培养、物理和虚拟环境支持等方面制定了学习支持政策，比如嵌入式教学、学习研究能力培养课程、跨物理协作共享虚拟空间等；同时，在学习资源支持方面，提供了嵌入书目管理系统的课程教参服务，涵盖历年试卷的电子试卷服务，针对课程资源推荐、使用、评价、研究方法的课程研究指南，嵌入教学的开放教材服务；在信息素养与学习能力培养支持方面，加拿大各高校图书馆一方面在课程中嵌入信息素养教育，另一方面提供课外线上、线下的信息素养教育培训；在学习空间支持方面，加拿大图书馆根据音量许可大小、软硬件需求情况、人员数量等因素区分了不同的学习空间，配置满足不同需求的软硬件设备，以营造协同与交互式的学习氛围。

在版权服务方面，主要是开放式网络课程兴起后的版权问题。加拿大女王大学、多伦多大学等大学图书馆设置了提供版权服务的办公室，面向师生提供服务，主要服务内容包括提供版权指导信息、版权教育和咨询、版权政策解读、版权问题解决、协助授权服务、有版权许可的资源推荐服务等。

在空间建设方面，加拿大高校图书馆建设了公共学习空间，通过配备各类软硬件设备，提供基础阅览、电子资源访问、生活设施和学习支持等服务；建设了信息共享空间，通过设置小组讨论区、专题研讨区和会议交流区等功能区，提供学术交流、信息素养、课程辅导、学术传播等服务；建设了一站式学术空间，通过设置深度研究空间、3D打印空间和无障碍学习空间等功能区，提供科研支持、教学支持、创客空间和特殊人群服务等服务；建设了展示与休闲空间，通过设置历史展览区、公众展览区、休闲阅览区和多元特色空间等功能区，提供文化展览、娱乐消遣等服务。

四、新加坡智慧图书馆建设

新加坡图书馆自1998年开始建设RFID系统,将RFID技术应用于图书流通、分拣和物流系统,整个系统于2002年全部建成并投入使用,实现了通过自助还书机通借通还的公共图书馆网络系统。据其相关负责人统计,应用RFID系统后,每年可节约经费数千万美元,减少人力资源成本约2000人,借阅次数却增加了近2.1倍。随后,新加坡图书馆开发了电子资源管理系统e-Resources,并对外提供数字资源服务。2005年,新加坡图书馆发布《图书馆2010》计划,明确了各类型图书馆的服务范围和侧重点,并且该规划将情报服务作为其重点发展方向。2014年提出"智慧国计划",旨在促进智慧化服务,建立覆盖新加坡国内各家图书馆、档案馆和博物馆馆藏资源内容的一站式检索网站,开发智慧化推荐书刊文献系统、图书智能采访系统和书刊电子请求系统等,实现机器人智能盘点和机器人自动还书,推出移动Bookdrop,利用新型技术将电子读物同步到手机等服务。2019年推出新的智能分拣系统,实现快速自助分拣图书,并通过智能盘点机器人和智能还书机器人实现高准确率的图书盘点和图书归还操作,同时推出24小时预约取书柜,升级现有自助服务。2021年宣布图书馆及档案馆蓝图(Libraries and Archives Blueprint 2025,LAB25),旨在为不同群体提供多元化的阅读和学习体验,其中一项计划就是突破图书馆的地理限制,将图书馆资源带到其他公共空间中去,提升民众对图书的兴趣,并提供二维码供民众扫描阅读;拓展电子资源服务,增强现有手机应用功能,建成一站式"学习超市",并提供基于兴趣小组的个性化主题学习途径;同时,通过打造特设空间推广新加坡历史与人文;通过打造包容性的阅读空间，来满足各年龄层读者的阅读体验需求。

在信息化基础设施建设方面，新加坡图书馆只需要关注图书馆信息化应用层面的建设，而将服务器等硬件类采购工作统一转给了通讯新闻部构建的政府云平台上。在数字资源的相关工作中，通过资源呈缴系统、基于 Alfresco 框架的内容管理系统实现不同格式的电子资源的存储与管理；通过引入 Ex Libris 的 Rosetta 系统实现数字资源的长期保存；通过新一代书架展示系统加强纸质馆藏和数字馆藏的无缝结合，鼓励读者发掘和探索数字资源。在移动服务方面，推出 NLB Mobile App，实现纸质书刊和电子书刊检索、电子图书阅读、电子期刊访问、费用支付及扫码借书等功能。在空间建设上，新加坡图书馆特别注重与互联网信息技术融合，建设数字化图书馆，为读者提供更加现代化和人性化的阅读体验；注重与文化旅游融合，将图书馆与购物、餐饮、娱乐、旅游融为一体，增加图书馆与读者接触的机会，助推全民阅读风气的形成；注重与生态美学融合，强调与自然环境、社会环境和文化环境间的和谐，借助"设计思维"的应用，满足不同功能需求。

随着信息技术的不断发展和用户需求的不断变更，新加坡大学图书馆的服务内涵也日益丰富。通过对新加坡大学图书馆组织架构进行调研发现，传统业务部门，比如资源建设、技术支持等部门，逐步走向集成化，相关工作职责更加专业和精简；出现了开放存取 OA、机构知识库、学术出版、科研数据管理等新兴业务；根据科研与学习的迫切性需要，图书馆更加注重提供支持学习、研究与文化交流的空间服务与各类素养培训服务，图书馆营销理念不断强化，阅读推广服务也更加丰富，上述机构设置方面的调整均体现了以用户为中心的主题导向，用户的服务体验得到大幅提升。

第三节　国内智慧图书馆研究现状

一、我国智慧图书馆研究领域的发展

我国智慧图书馆建设是在"智慧校园""智慧城市"一系列理念的推动下逐步发展起来的。早期对智慧图书馆的研究主要集中于RFID技术在图书馆的应用，这主要是因为RFID射频识别技术在图书馆管理应用中的尝试。引入该技术后，图书馆的业务管理和服务都得到了明显升级，但该技术的初期应用也存在许多问题，如何更好地应用该技术来改善图书馆的现有服务成为当时的研究热点。后来，王世伟、严栋等学者纷纷发表了关于智慧图书馆的概念、特征、构成等内容的研究文献，对后续智慧图书馆的研究起到了一定的引领作用。随着现代信息技术的发展和图书馆职能的不断丰富，智慧图书馆的研究开始涵盖图书馆建筑建设、大资源建设、空间再造、知识服务等多项内容，涉及信息技术应用、人才培养、用户需求等多个层面的研究。

国内学者普遍认为严栋于2010年撰写的《基于物联网的智慧图书馆》是我国智慧图书馆研究开始的标志。该文通常被学者认为是我国关于智慧图书馆的第一篇研究文献，文中对智慧图书馆的概念、特点和建设过程进行了前瞻性的描述，其对智慧图书馆的概念定义全面而准确，得到了业界的广泛认可，也经常被其他研究文献作为定义来源引用。这些文献都是智慧图书馆领域的核心文献，为我国后续智慧图书馆的研究

与技术应用奠定了良好的理论基础。

随着互联网、物联网、大数据、云计算、人工智能等技术的迅猛发展，国内对于智慧图书馆的研究也日益增多。2010—2012年是我国智慧图书馆研究的萌芽阶段，2013—2018年是我国智慧图书馆研究的快速发展阶段，2019年以后，随着国家政策对大数据、人工智能等技术应用的大力倡导和支持，智慧图书馆的关注度得到了显著提升。智慧图书馆作为一个新兴的研究领域，由于涵盖范围广，以及图书馆服务内容的多样化、服务群体的分层化，一直保持着良好的发展势头。

二、智慧图书馆的研究主题

近年来，智慧图书馆的核心研究机构主要为高校，主要实践方向是物联网、大数据等技术在图书馆服务创新、业务管理等方面的应用，研究内容主要集中在以下几个方面。

（一）智慧图书馆的内涵研究

智慧图书馆的内涵研究的相关主题包括智慧图书馆、图书馆、数字图书馆等。智慧图书馆是伴随着技术的发展而发展的，尽管该领域的学者根据自己的研究主题对智慧图书馆都有着自己的定义，但智慧图书馆是不断发展着的，处在不同时期的智慧图书馆，其定义和特征都存在一定的差异。相关文献对智慧图书馆的内涵、发展、特点等方面进行了深入探讨，并从服务用户、资源、技术等方面对智慧图书馆进行了不同角度的定义和阐述。

（二）智慧图书馆的智慧服务研究

智慧图书馆的智慧服务研究的相关主题包括智慧服务、图书馆服务模式、服务创新等。当前智慧图书馆注重服务的实时性、高互动性及精准性，并且随着图书馆服务功能的不断扩展，图书馆不再只是一个藏书资源丰富的藏书阁，而是一个集传统借阅服务、空间服务、知识服务等于一体的新型服务机构，图书馆服务应遵循以人为本的原则，涉及的内容包括线上、线下读者对资源的浅层次借阅需求和深层次知识服务需求，对资源供应的及时响应需求，对资源重组的个性化需求，对服务模式的便捷性及快捷性需求，对物理空间的环境美化、高硬件配置需求等。

（三）相关技术在智慧图书馆中的应用研究

相关技术在智慧图书馆中的应用研究的相关主题包括物联网、人工智能、大数据等。相关技术的应用是智慧图书馆发展的基础，它们解决了图书馆发展中的一些难点和痛点问题，使服务模式得以创新，业务流程得以优化。相关技术在图书馆领域的应用研究为智慧图书馆建设提供了宝贵的经验，在提高图书馆的服务水准的同时，促进了技术的不断改进和创新。

（四）智慧馆员的相关研究

智慧馆员的相关研究主题主要是智慧馆员等。智慧馆员是智慧图书馆建设的重要组成部分，在智慧图书馆的建设中发挥着至关重要的作用。想要成为一名合格的智慧馆员，不仅需要有专业的技术能力和素养，还要有较强的学习能力和接受新技术的魄力。近年来，随着各种现代信息技术在图书馆的深入应用，图书馆需要具有一定技术背景和素质的馆员来推动智慧图书馆建设，并参与后期智慧图书馆的运营、维护和持续创新。图书馆现有的组织结构和人员配置已经无法满足智慧图书馆的建设需求，对智慧馆员的能力要求、培养路径、评价标准、团队建设等进行研究，有利于打造一支高水平的图书馆人才队伍，以便为智慧图书馆建设打下坚实的人才基础。

  智慧图书馆的研究与技术应用在我国一直受到高度重视。近年来，国家提出了"双一流"建设的新要求，同时提出了"六卓越一拔尖"计划，这对高校图书馆建设提出了新的要求；公共文化建设的新需求也对公共图书馆的发展建设提出了新的要求，随着人工智能、物联网、区块链等技术的不断发展和完善，相信智慧图书馆的未来发展将受到业界学者和产业领域的更多关注，从而为新要求背景下的图书馆业务管理和服务创新等提供更多的理论研究与应用实践，推动智慧图书馆的不断发展与完善。

第四节　国内智慧图书馆实践现状

我国实体图书馆的发展经历了纸本图书馆、数字图书馆、智能图书馆、智慧图书馆四个阶段。

在纸本图书馆阶段，图书馆的服务是基于印本书报刊的，对读者提供到馆借阅和馆际互借等服务，其自动化管理系统建立在联机目录协作网络之上，主要服务于纸质资源管理。随着互联网的快速发展以及数字信息资源体系的建立，图书馆开始向数字图书馆发展。早期的数字图书馆主要体现在资源的数字化，随后进入资源分布化、多样化的服务集成化数字图书馆阶段。为推进数字图书馆建设，我国先后组织实施了一系列数字图书馆建设项目，主要包括文化部于 2000 年在全国范围内倡导实施的中国数字图书馆工程和 2011 年与财政部联合推出的"数字图书馆推广工程"；国家发展改革委于 2004 年批复的"211"工程三大公共服务体系之一的中国高等教育数字化图书馆（CADLIS）建设，涉及中英文图书数字化国际合作计划（CADAL）和中国高等教育文献保障系统二期工程（CALIS）两个专题项目，由北京大学、浙江大学等二十多家高校图书馆组织实施，上百家高校图书馆参与子项目建设，旨在推进高校文献资源建设的均衡配置，在保证图书文献资源水平的基础上促进资源的开发与利用。此外，还包括中国科学院文献情报中心组织实施的国家科学数字图书馆（CSDL）和区域性数字图书馆建设，比如北京地区高校图书馆文献资源保障体系、江苏省高等教育文献保障系统、深圳文献港、宁波市数字图书馆等,其主要目的在于促进信息资源的共建共享,提高资源保障水平。

随着信息技术的不断发展和相关技术在图书馆的广泛应用,图书馆开始呈现以智能技术为评判依据的智能图书馆形态。随着大数据、人工智能、云计算等技术的逐渐成熟,图书馆不仅需要考虑先进现代技术的应用,更需要以读者需求为中心构建一个全面的、精准的、人性化的图书馆服务体系,使图书馆发挥更大的价值,进入智慧化阶段。

我国智慧图书馆的建设主要集中在以下几个方面。

一、智慧平台的建设

图书馆自动化系统真正进入自动化阶段是在1964年美国国会图书馆(LC)正式发起MARC研制计划,1968年MARCⅡ研制成功并开始应用于计算机编目。进入20世纪70年代以后,以联机计算机图书馆中心(OCLC)为代表的联机编目协作网被认为是图书馆自动化系统的雏形。到了20世纪80年代,图书馆系统进入集成化时代,系统由单一功能性系统转变为集采访、编目、流通、典藏等分业务于一体的集成管理系统。20世纪90年代后期,随着Windows、数据库、Web等技术的出现和应用,自动化系统厂商开始注重系统的界面设计和交互体验,产品界面更加友好,功能也更加完善。图书馆自动化系统真正进入智慧化阶段应该是在2012年美国图书馆领域技术专家Marshall Breeding提出"下一代图书馆服务平台(library services platform,LSP)"之后,其重新定义了图书馆对纸、电、数等各类资源进行管理的工作流程,打破了传统系统仅管理纸质资源的局限性,同时以全球知识库取代了分散的本地资源库,实现了资源共建共享的最大化,且都是以"软件即服务"的云服务方式提供服务,图书馆无须关注应用维护与升级,只需要更好地进行服务创新，同时对图书馆服务功能进行了拓展，包括提供资源发现与信息组织服务、选座系统、文献传递系统、课程导航系统等。

我国在图书馆管理系统方面起步较晚，大约从 20 世纪 70 年代开始研究图书馆自动化系统。20 世纪 80 年代，引入了国外文献磁带数据库，并基于上述数据库提供了联机检索服务。20 世纪 90 年代中期，我国进入了自动化系统的研究高潮，国内一些大型图书馆也根据自己的业务需要从国外引进了一些先进的系统。国外相对成熟的系统的引进也为国内软件的研究提供了一些技术方面的参考价值。随着图书馆需求的不断变化，国内也开始对下一代服务平台进行积极探索，但已升级为下一代图书馆服务平台的图书馆数量有限，目前大部分图书馆仍旧使用第二代图书馆管理系统。

目前，已经升级为下一代图书馆服务平台的图书馆机构，主要通过以下两种方式完成升级：一种是直接引进国外的成熟产品，另一种是通过与企业的合作，积极探索下一代服务平台的需求，以打造属于自己的产品。

总的来说，国内 LSP 系统功能主要体现在以下四个方面。

（一）大平台建设

LSP 不再是一个应用产品，而是一个服务平台，是一种能够支撑未来发展创新的生态环境，可以支持不同类型、不同需求、不同发展阶段的图书馆建设，并解决众口难调的问题。通过搭建支持一体化运营、统一数据管理的统一平台，制定统一的接口、接入标准等规范，提供互通共享的应用市场和根据现有业务需求开发的基础产品等，图书馆可以根据自己的业务发展需求自由组合服务平台产品，也可以根据实际服务创新需求自主研发或者委托开发新的应用产品等，以实现在同一个平台上整合图书馆现有业务和服务的目的。

（二）提供资源统一管理和一站式知识发现服务

随着资源获取方式的变化，图书馆用户对电子资源的需求不断增加，图书馆购买电子资源的比例也不断提高，电子资源在图书馆资源中所占的比重也越来越大，电子资源的管理和服务成为图书馆亟待解决的难题。然而，传统图书馆管理系统主要依赖于纸质资源的建设，在实际工作中，纸质资源的管理生命周期与电子资源有很大的不同，纸质资源与电子资源的数据格式也存在一定的差异，因此传统图书馆管理系统无法实现纸质资源和电子资源的统一管理和数据共享，解决纸电一体化管理的问题是下一代图书馆服务平台的主要任务之一。

国外产品由于电子资源管理的相关标准规范体系比较完善，且实践时间长，产品相对完善。国内由于电子书制作成本和价格、电子书发行渠道利益分配、电子书版权保护等问题，难以实现纸电同步发行；同时，图书馆目前对数字资源的管理主要是以"库"为单位，纸电资源分离，想要整合数据库资源还需要实现由以"库"为单位对数据库资源进行管理转向以"篇"为单位对数据库资源进行管理。另外，由于纸电资源在格式、业务流程方面都存在一定的差异，目前国内的LSP产品均是考虑建立纸电独立、数据互通的资源管理平台，并实现针对图书馆各种资源和用户行为的多维度统计分析。基于数据互通的资源管理平台实现资源的一站式检索与发现、检索结果的多维度展示及多元化获取、纸电资源的个性化精准推荐功能等。

（三）实现元数据统一管理及建设知识库

元数据统一管理是实现一站式知识发现服务的重要基础，需要实现馆藏资源、纸质资源、电子资源，甚至是网络资源等各种类型资源的同编同典，实现异构系统间的元数据互通互用以及不同格式数据之间的映射与转换，最终实现纸电一体、关联存储和统一检索的功能服务。因此，就目前而言，建立统一的元数据标准规范也是实现下一代图书馆服务平台建设的重要基础。只有实现元数据的统一管理，才能在此基础上建设各种类型的知识库，通过数据之间的共建共享与挖掘分析，实现更高层次的知识发现服务。

（四）建设大数据平台

目前，图书馆部署的异构系统较多，涉及纸电资源、空间利用、门禁等各个方面，且每个系统都相对独立地运行，数据都存储在各自的服务器上，对数据的利用通常局限在本应用系统范围内，或者以接口的方式供其他系统使用，但也存在较高的开发成本，当进行系统升级或集成时往往需要面对多个开发商，维护成本较高，且容易产生开发商转型、倒闭等风险；同时，如果需要统计各个业务系统的运行状态和使用情况，需要消耗大量的工作时间，并且很难可视化地反映图书馆当前的信息化运营状态。在电子资源使用情况方面，图书馆长期受制于数据库商，数据库商所提供数据的真实性、时效性也有待考证，无法掌握资源使用的详细数据，无法全面看待现有数据，因而难以对数据进行挖掘分析，也就无法对决策进行支持。

因此，图书馆通过汇聚各系统数据并建设大数据平台具有积极意义，也即图书馆可以通过一个平台存储、管理、使用所有的自有数据；可以根据自己的业务需求，对数据进行挖掘、分析和使用，并支持各业务工作的开展。例如：在读者服务方面，有利于通过用户行为数据分析建立用户画像，确定用户偏好，以便更好地为用户提供个性化的精准服务；在业务管理方面，可以根据数据分析支持智能化决策，对学科建设与发展、馆藏资源建设等进行智能化决策调整；等等。一方面，图书馆的核心业务数据具有较强的抗风险能力，不会因外部环境的变化而丢失；另一方面，也将促进图书馆更灵活地使用数据资产，为决策分析提供参考依据，从而更好地实现智慧图书馆建设。

二、智慧空间建设

目前，智慧空间建设已经开始，一方面包括智慧场馆建设，通过无线传感器等技术对图书馆的温度、湿度、照明等环境进行实时监测和调控，通过空气净化系统为馆内人员及资源设备提供适宜的环境，通过能效监测系统达到降低成本、节能环保的目的。另一方面，通过优化现有空间，创建集知识情境和服务空间于一体的智慧服务场景，创建线上线下互动、虚实空间结合、开放互联的信息获取与交流环境；通过空间改造建设可供用户预约使用的信息素养教育空间、学习研讨空间、视听空间、电子阅读空间、文化空间等；通过将智慧化技术融入各种空间的建设，增强图书馆的活力和吸引力，诸如提供基于5G、全息影像、全景视频等新技术的沉浸式阅读体验，提供基于VR眼镜、360°大屏等技术的交互式阅读体验，提供基于人脸识别和大数据分析技术的"千人千面"文献推荐服务，等等。

在智慧场馆建设方面，随着智慧城市的建设与发展，智慧建筑也应运而生，以满足人们对建筑的舒适性、技能性、安全性等的要求。在智慧建筑的建设过程中，图书馆作为高校和城市的重要文化设施，也受到了广泛的关注。随着图书馆的馆藏文献从以藏为主转向以用为主，图书馆不再是单一功能的文献收藏空间，而需要提供更多的空间服务，图书馆的建筑功能也在这一转变中得以持续扩展。

在智慧空间建设方面，图书馆已不再单纯提供图书借阅服务，越来越多的图书馆开始关注空间再造，在新馆的建设和旧馆的改造中设置更多的功能分区，为读者提供创客空间、信息共享空间、研讨空间、阅读区、体验区域等空间服务，打造一个集阅读、创新、休闲、体验于一体的场所。

近年来，高校图书馆的馆舍建筑面积已进入稳定阶段，与公共图书馆相比，新建图书馆馆舍较少，因此大多数高校通过改造旧馆舍的方式来提供空间服务。目前高校图书馆的服务主要表现为创客空间、信息共享空间、文化空间、休闲空间等。

在国家鼓励大众创新、创业的背景下，创客空间的建设为图书馆的服务创新提供了可能性。目前在高校图书馆中，创客空间通常是充分利用高校多学科发展的优势，打造用于创造服务的空间，主要体现出创新性特点。

信息共享空间则是图书馆为读者提供的一站式服务的协同学习空间，通过建设完善的软硬件设施及丰富的文献资源，为读者提供一站式服务，提高读者的信息素养，推动读者之间的学习、交流、协同工作及研究的开展。目前，高校图书馆会根据自身物理空间的剩余情况和读者需求设置会议室、实验室、小型研讨室等各类空间，并制定相应的预约措施，一方面供读者使用，另一方面用于教学、科研的嵌入式教学，为读者提供学科资源指南等专业服务。

图书馆作为高校的文献情报中心，拥有极为丰富的文献资源，一些高校结合自身的馆藏特色建设相应的文化空间。

在休闲空间建设方面，则通过建设咖啡区、休息区、沙发区等区域，供读者休闲使用。

三、智慧资源建设

在智慧图书馆阶段，传统的"藏书"观念已不适用于图书馆的发展。图书馆资源建设模式正在向"藏书"与"共享"并存的方向积极转变。

纸质图书除了强调拥有量以外，还应注重资源共享，通过开放资源共享等方式提升"馆藏量"；数字资源在保障读者需求的基础上，综合考虑数字资源建设成本和资源重复建设的问题，通过共享共建、资源整合、合理使用开放资源等方式提高自身数字资源规模，实现一站式检索与发现。CALIS的陈凌教授也曾指出，智慧图书馆的资源建设应由以本地馆藏为导向转向以用户使用为导向，从追求本地馆藏保障能力转向追求有效满足不同研究学习需求的能力。这种资源建设观念的转变主要体现在以下几个方面：①突破本地馆藏边界，资源从"拥有才可使用"转向"可获取可使用"，除了本地馆藏，资源的提供还包括一切可获取的、由外部共享的外馆馆藏、预印本资源、订购资源、外部网络资源等，流通服务也不再仅局限于本馆，而是基于所有可获取的资源网络服务；②突破正式出版物的边界，将非正式出版物纳入资源建设的范畴；③突破资源边界，通过明确资源和学者之间的关系，让资源活起来，并通过这种关系实现资源自生长；④突破传统单一被动服务模式，转向个性化、精细化、多元化的主动服务模式。

国内智慧资源建设主要有如下表现。

（一）特色馆藏资源库建设成果显著

在资源建设方面，公共图书馆主要是收集地方文献和满足地区政治、经济、文化等发展需求的文献资源，高校图书馆则主要收集满足重点学科以及专业教学与科研需求的文献资源，并均在此基础上形成系统性的具有一定规模且相对完整的资源优势。

高校图书馆根据自身资源特色建立了一系列具有一定独特性的特色资源库，主要集中在学科特色资源库、学位论文库、名家收藏、地方文献、特色古籍文献等。目前，大部分高校图书馆都建设了自己的学位论文库，部分高校则将重点学科建设与资源建设相结合，建立了一些集馆藏资源和数字资源于一体的学科特色资源库。在地方文献资源库建设方面，高校图书馆主要利用自身的文献资源优势，通过整合地方特色资源，突出地域特色，传承和弘扬地区文化。

总体而言，尽管图书馆特色资源建设还存在建设水平不平衡、共建共享程度有待进一步加强、建设标准不统一等问题，但纵观近年来图书馆特色资源数据库的发展，公共图书馆和高校图书馆都取得了一定的成绩，相信在未来特色资源的建设过程中，图书馆将更加重视资源的共建共享、资源的深度利用以及资源的可持续发展，也更加注重资源建设的规范性，通过构建统一的标准促进资源的规范展示，加强资源的深度揭示，从而促进资源的有效关联和利用。

（二）资源建设方式愈加丰富

为了提高图书馆资源的利用率，更好地满足读者的个性化阅读需求，近年来，各大图书馆开始探索读者决策采购（PDA）模式，该模式是一种根据读者的需要或资源使用情况来决定是否购买某一资源的新模式，除了传统的读者荐购模式以外，大多采取图书馆、读者、出版商或者馆配商三方合作的方式。

一种是与图书电子商务平台展开深度合作。依托智能采购技术，读者用户能够充分参与图书采购过程，在原有"采购→入藏→借阅"流程的基础上增加"借阅→采购→入藏"的采购新模式，在符合一定要求的情况下，读者可以通过图书馆平台进入第三方采购平台，直接借阅第三方采购平台的图书，阅读完毕后将其归还至图书馆，然后图书馆再进行集中购买、入藏等操作。

另一种是建立新书借阅处或直接与书店展开合作。读者可凭有效身份证件在这些区域阅览或外借图书。对于借阅量较大的图书，图书馆会将其列入采购计划中，其他图书则退还给供应商。

以上模式构建了以用户需求为驱动的资源采购流程，并在图书馆、书商、用户之间建立了良性的互动关系。

（三）资源发现系统不断完善

传统的资源发现方式将纸质资源和电子资源分开进行检索，纸质资源主要通过OPAC系统进行管理和使用，电子资源则为简单的数据库商产品集合，产品之间无法互操作，形成一个个"信息孤岛"。基于此，新一代图书馆管理系统应运而生，首先是通过对纸质资源和电子资源的统一管理整合纸电资源，并抽取元数据，形成统一标准的元数据，形成全资源检索的基础；然后在此基础上构建发现系统，对不同平台、不同系统的数据进行统一揭示和检索；最后在保证资源检索准确率的前提下进一步实现"以人为本"、面向用户需求的个性化服务或定向专题服务，比如提供服务于科研项目的定题跟踪信息服务，提供服务于学科发展的学科研究热点及学科前沿信息服务，提供服务于学科建设或者科技发展的学科与科技竞争情报信息服务，等等。

在资源平台建设方面，图书馆主要通过直接购买市场上成熟的产品、与厂商共同开发、利用开源软件自建系统三种方式来构建资源发现系统。大多数高校图书馆主要采用第一种方式，直接采购市场上成熟的产品，根据资源语种类型引入资源发现系统；由于第二种方式是根据需求进行联合开发，与OPAC融合度较高，有利于全面揭示馆藏资源；第三种方式存在一定的开发工作量，并且需要人力维护，目前使用得较少。另外，一些高校图书馆通过直接引入学术搜索引擎（包括百度学术和谷歌学术）来解决资源搜索问题，就目前实际使用情况而言，由于国内无法直接访问谷歌学术网站，大多数采用学术搜索引擎的高校图书馆更倾向于使用百度学术。

四、智慧管理

智慧管理主要体现在资源管理、空间和设备管理及安防系统的智慧化管理等方面。

在资源管理方面，通过引入RFID和智能机器人等技术实现图书流通、分拣、排架和典藏的智慧管理。

（一）流通：自助借还

20世纪90年代，RFID技术和产品被广泛应用于图书馆管理中。随着RFID生产厂商针对图书馆推出的应用产品日渐成熟，国内外图书馆开始规划实施应用RFID产品。

应用产品包括直接支持RFID芯片识别的智能书架、支持多本借还的自助借还设备、采用无人驾驶技术的无人驾驶还书车和智能通还小车等。这些产品将图书馆的无人值守服务从以往的仅支持馆内办理延伸到了馆外其他需求位置，为读者提供了极大的便利。

（二）分拣和自动传送

目前，基于RFID技术的智能分拣系统与装置已在各大图书馆得到了广泛的应用，包括自动分拣系统、自动传送系统和智能分拣机器人。自动分拣系统可以对单本粘贴有RFID标签的流通资料进行识别，并根据图书馆设定的类别对图书进行自动分类，再将其传送到指定的位置。这些装置大大降低了图书馆馆员的工作强度，缩短了图书上架时间，加快了图书流通速度。

（三）排架：自动清点

目前，基于RFID技术的智能书架、无线蓝牙枪配盘点车已被广泛使用，国内以深圳图书馆使用得最早。图书馆馆员可以利用智能盘点车实现新书的准确上架，也可以利用盘点车的扫描设备整理书架，识别错架图书并重新上架，与传统的只能依靠人工识别的方式相比，降低了排架工作的专业性，提高了排架效率。

（四）典藏：智能书库

智能书库是一款采用 RFID 技术的智能化的全自动蜂巢式存储书库，包括堆垛机库、VNA 库、穿梭车库等部分，具有储存自动化、存储量大，图书包装、分拣、搬运作业自动化，图书拣选效率高，库存准确性高等优点。同时，通过与图书馆管理系统、预约系统及自助终端等的对接，实现图书的自助存储。

五、智慧服务

我国图书馆智慧服务类型主要有移动服务、自助服务、智能咨询服务、个性化推荐服务、智能导航导览服务及知识发现服务等。

随着智能手机和平板电脑的普及应用，读者访问图书馆的方式从传统的实体访问转变为移动访问。目前，国内用得比较多的主要是依托于微信公众号建立的移动图书馆服务，在该微信公众号上，读者可以绑定借阅证，接收借还书、到期提醒、催还、活动预告等信息，还可以在线预约研讨间和自习座位、在线进行服务咨询等。目前几乎所有的图书馆都能提供移动服务，服务内容主要包括微信端的图书借阅查询、馆藏查询、图书续借或预约、新生专栏、朗读栏目、资源导航、图书推荐等；同时，在新媒体运营方面，移动短视频已经成为国人信息消费与社会交往的主流形态，因其技术门槛低、病毒式传播、传播碎片化、交互性强等特点，受到了各行各业的关注，图书馆也在积极探索移动短视频在图书馆服务中的应用。

在自助服务方面,空间服务、图书借阅流通、咨询互动、新技术设备体验等项目都已经实现自助服务。在空间服务方面,包括24小时无人值守图书馆、研讨间预约、三维导航系统、座位预约等内容;在图书借阅流通方面,包括自助借还设备、24小时自助还书机、自助检索机、自助图书杀菌机、微信扫码自助借书、自助预约书柜、移动图书馆、智能书架等内容;在咨询互动方面,包括实体或线上机器人咨询服务、文献传递、资源荐购、3D自助打印预约、培训自助预约等内容;在新技术设备体验方面,包括自助影音体验、AR/VR体验区、电子报刊机、电子阅读本外借服务等内容,还有一些公共图书馆配备了自助贩卖机、自助体外除颤器等设备。无人值守是智慧图书馆的一个重要特征,它主要应用在自助借还设备、自助图书馆等方面。目前市场上的24小时自助图书馆主要有两种类型:一种是利用RFID自助借还系统、电子监控系统、门禁系统等设置的支持24小时开放的无人值守的独立空间;另一种是街区摆放的具备新证办理、查询服务、自助借还等功能的自助图书馆,这种设备通常占地面积不到10平方米,藏书量约2000册,可根据要求摆放在公交车站、社区、商场等场所,一般主要用于公共图书馆服务体系。另外,一些图书馆还提供了自助学籍注册,自助打印、复印、扫描,自助缴费,电子存包柜等服务。

在智能咨询服务方面,一方面,要依靠新兴技术的开发和应用建立"互联网+"参考咨询服务模式,充分发挥"互联网+"跨界融合的优势,发掘更多有价值的信息资源,以扩大咨询服务的范围,提高咨询服务的效率。例如,上海图书馆对"人工智能+图书馆参考咨询"的探索,通过人机协同参考咨询服务平台的建设,推送式问答读者最想问的问题,以引导式问答取代一问一答,实现多样式问答的服务体验,以解决传统参考咨询服务中人工工作量大、答非所问等问题。另一方面,扩充咨询服务的内容，传统咨询服务主要是针对图书馆业务中的常规性问题进行解答，随着图书馆业务职能的转变，图书馆参考咨询服务开始转向智库建设。参考咨询服务一直是图书馆的重要服务内容之一，早期主要由人工通过微博、微信、QQ等第三方软件或线下开展，但由于图书馆咨询馆员人数有限、工作时间固定，常常无法满足用户的咨询服务需求。近年来，随着人工智能、大数据等新技术的发展，智能参考咨询服务软件得到了广泛的应用。

如今，互联网的大部分产品都提供了个性化推荐服务，主要目的在于延长用户在产品上的停留时间，提高产品的点击率，通过对用户行为数据的分析来构建用户画像，结合产品进行个性化内容推荐，相当于对平台沉淀的信息进行再分类，在加工过滤后对用户进行定向输出，令读者产生"这个产品懂我"的认同感，个性化推荐服务主要用于阅读推广服务，包括结合用户借阅记录、用户画像、检索历史等分析用户的阅读偏好，推送用户可能感兴趣的图书；结合经典阅读书目、教师推荐书目清单、名家推荐等实现相关内容的推送。然而，这些服务仍然存在一些问题，比如用户数据挖掘不够深入，用户属性信息采集不全，等等。随着移动设备、人脸识别、RFID、可穿戴设备等技术的应用与完善，图书馆将会积极探索更加智能化、人性化的个性化推荐服务，对资源发现和资源阅读进行整合，从而为用户提供更好的服务体验。

在智能导航导览服务方面，主要是利用先进的技术手段来帮助读者更好地了解图书馆结构和图书排架情况，包括基于Wi-Fi的智能实时定位导览系统、3D/VR虚拟导航、机器人导航、智能触摸屏多媒体导航、智能书架等。通过基于Wi-Fi的智能实时定位导览系统和3D/VR虚拟导航，实现智能导览、客流分析、信息推送等功能；通过智能机器人，实现全程自动导览讲解、咨询问答、指定地点带路等；通过智能触摸屏多媒体导航实现导航查询。目前，各类型图书馆空间规模越来越大，读者在不了解图书馆布局的情况下,很容易将时间浪费在寻找各个区域的过程中。随着 Wi-Fi、GPS、虚拟现实技术等技术的发展成熟,图书馆开始关注如何利用这些新技术来实现图书馆的智能导航服务,主要产品包括基于 Wi-Fi 的室内定位服务、3D 导航、VR 虚拟导航、智能触摸屏多媒体导航等。

在知识发现服务方面,目前主要有智库服务、情报服务、学科服务等形式。公共图书馆主要针对社会提供服务,服务内容包括专题跟踪服务、专利信息检索、科技查新、竞争情报分析等,并会结合自身资源优势为企业提供舆情参考服务、科技信息检索培训等。高校图书馆主要针对高校师生提供服务,除了科技查新、查收查引等服务之外,还会针对高校学科需求提供学科发展报告、学科资源检索培训等服务。

六、智慧馆员

智慧图书馆阶段对智慧馆员提出新的要求是必然趋势。智慧图书馆的发展以用户需求为导向,而用户需求是不断变化的,在这个过程中,图书馆引入了多种新兴技术,为读者提供了多种多样的创新型服务,而这必然将对图书馆馆员的服务能力提出新的要求。特别是近年来,大数据、人工智能、区块链等技术不断涌现,要想将这些技术应用于图书馆领域,并解决图书馆的一些痛点和难点问题,图书馆馆员作为推动该工作的重要角色之一,首先要做的就是了解这些新兴技术,而这就对图书馆馆员的技术能力、学习能力及创新能力等提出了更高的要求。

各大图书馆在开展智慧化建设的同时,也开始重视智慧馆员的培养和智慧馆员团队的建设。为推动图书馆智慧化建设,提高图书馆科研服务水平,国防科技大学图书馆始终关注团队各专业高水平人才的占比。上海交通大学图书馆在馆员培养方面形成了独具特色的金字塔结构,底层是辅助型馆员，承担图书馆的日常服务工作；第二层是技能型馆员，承担技能岗位的工作；第三层是特色专业型馆员，承担图书馆各种特色专业性服务工作；第四层是专家型馆员，负责研发各领域创新模式和技术应用，使图书馆始终保持国内领先地位；最顶层是领军型馆员，领军型馆员都是在学术界具有一定影响力的馆员，其职责是带领图书馆开拓创新，实现图书馆的可持续发展。为了提高图书馆馆员的信息素养和能力，兰州大学图书馆以机构知识库项目、RFID项目、下一代智慧图书馆系统建设等重点工作建设为契机，从制度变革、项目开发实践、岗位设置、科研引导四个方面进行尝试，鼓励图书馆馆员积极参与智慧图书馆建设工作，在实践中学习，在学习中实践。

10

第十章

智慧图书馆建设面临的问题

第一节 图书馆转型面临的问题

一、图书馆服务理念的问题

智慧图书馆建设首先要解决的就是服务理念转变的问题。传统的图书馆是以藏书为基础的被动服务，而在智慧图书馆阶段，更加强调以用户为中心提供主动化服务，图书馆应具备发现用户需求，并解决用户问题的能力，服务的内容也会随着图书馆发展目标的变化而不断变化和创新。因此，如果图书馆的服务理念不做出相应改变，智慧图书馆将很难实现。

二、馆员角色转变的问题

在智慧图书馆阶段，由于对图书馆服务提出了更高的要求，必然也将对图书馆馆员的素质提出更高的要求。随着信息技术的不断应用，图书馆馆员的工作内容由原来的单一工作内容变得更加复杂和融合，需要利用图书馆资源、空间等为读者提供多样化服务；图书管理员的角色也从单纯的图书管理员到咨询服务员，再到近年来高校图书馆提出的学科馆员，最后到智慧馆员。因此，智慧图书馆馆员人才体系建立、馆员素质提升计划、绩效考核制度等也显得越发重要。

三、智慧图书馆建设主体的问题

智慧图书馆的建设很难仅靠某一个图书馆独立完成，而是需要多方机构互惠互利，合作完成。一是需要图书馆与企业间进行合作，图书馆更加了解智慧图书馆用户的需求，企业则更了解新技术发展情况、应用情况，同时企业在技术力量、产品服务和资金投入方面具有先天的优势，它可以利用这些优势为合作图书馆定制开发所需要的设备或软件，为智慧图书馆的建设及后续维护提供强有力的技术支持。二是需要各图书馆间展开合作。通过机构联盟等方式，以合作协议、联盟平台等为基础，在资源共建共享、服务创新、管理增效等方面展开合作，从而均衡区域发展、促进资源高效利用，以避免资源重复建设等问题。三是相关机构间展开合作。通过与不同部门进行合作，整合分散的信息资源，通过数据的开放、共享与融合实现数据获取的同源性，并提升业务数据的关联性，从而实现增值创新服务。

第二节　支撑体系存在的问题

智慧图书馆是图书馆未来发展的必然趋势,近年来无论是公共图书馆、高校图书馆还是整个产业链的上下游厂商都在做一些尝试,但从智慧图书馆的实际建设过程中也可以看到智慧图书馆的建设不是一蹴而就的,它是渐进的、不断发展的一个过程,并且这个建设过程需要大量的资金、人力、技术等相关内容的支持,任何一个因素发生负向变化都可能对智慧图书馆建设造成影响。只有解决这些负面影响因素,智慧图书馆的发展才会更顺利、更持续。国家图书馆在 2020 年年初提出了"全国智慧图书馆体系"的初步构想,将全国智慧图书馆体系建设项目的总体架构归纳为"1+3+N",其中"1"是指一个云上智慧图书馆,"3"是指搭载在上面的智慧化知识服务运营平台、全网知识内容集成仓储和智慧图书馆管理系统,"N"则是指线下的所有实体智慧服务空间;同时,还将建立智慧图书馆评价体系、标准规范体系和智慧图书馆研究及人才培养体系三大支撑保障体系。智慧图书馆体系的提出将有利于智慧图书馆朝着标准化、统一化的方向发展,未来之路任重而道远。

一、成本问题

成本问题主要包括进行智慧图书馆软硬件建设的资金投入、人员培训投入等。目前,市场上的 RFID 标签即使是低价中标的产品价格也要

1元一张，如果图书馆藏书量较大，仅标签一项的成本开支费用就不低。由于大环境的影响，高校图书馆经费占比不断下降，但书刊和数据库却一直在涨价，高校图书馆的资源购买力实际是不断下降的。在硬件采购方面，图书馆引入一些设备应用现代化技术解决了传统图书馆业务管理或服务过程中存在的一些问题，比如工作量大、工作烦琐、效率低下等问题，其虽然能够满足现代化用户的需求，但由于是新兴技术或者是刚应用于图书馆行业，其中大部分产品还是试验性产品，成本相对较高；而另一方面，在软件采购方面，图书馆相关系统近几年越来越倾向于实现人书相连、人人相连、书书相连的智能化系统，以便更好地提供精准化、个性化服务，因而需求更加个性化，也导致软件的开发成本相对成品软件来说要高出很多，而且大多数软件厂商每年会收取一定比例的服务费，这对图书馆来说也是一笔不小的开销。因此，从整体来看，如果图书馆想要发展壮大，一年的开销少则几十万元，多则上千万元，成本开支是非常大的。对于普通图书馆来说，如此庞大的资金投入是很难实现的。

二、技术问题

技术的发展虽然带给了图书馆更先进的管理理念并创新了图书馆的服务模式，但技术也不是万能的，并不能解决所有的问题，且技术是通过技术应用实例不断推进完善的，在这个过程中，很多技术的应用处于试验阶段，必然会存在一定的问题。

比如在图书芯片方面，RFID已经成为一项关键技术，但在实际应用中仍然存在一些问题。RFID技术已经广泛应用于各大图书馆的流通、盘点、分拣、定位等工作中，但实际工作效果并不完善，该技术在读取标签时也会出现漏读或者多读的情况，并且在流通业务中，单次借还册数也不宜过多，容易造成错读。RFID 技术在应用的过程中也需要人工为图书粘贴 RFID 芯片作为数据基础，人工粘贴芯片及数据转换也是一项工作量巨大、重复性极强，且很容易因为疲劳而出错的工作，一旦数据出错，很容易对后面的工作造成一连串负面影响。在个性化服务方面，智慧图书馆想提供个性化、精准化的推荐服务，则需要有完整的用户画像数据，这就需要通过各种软硬件设备来感知所需的全部数据信息，还需要感知用户行为轨迹信息，在获取基础数据后，还需要有海量结构化数据和非结构化数据的处理能力，并能从中挖掘出对应于用户需求的服务信息。在实际应用中，大量数据的采集、传输、加工等仍有一些技术难点需要解决，现有技术并不能完全实现想读者之所想。再如，纸电一体化已经在智慧图书馆建设中被提及多年，但实际成果甚微，其中涉及的核心原因除了技术层面的原因以外，还有商业层面的原因。因此，构建智慧图书馆是一项长期性工作，它是伴随着技术的发展而不断更新迭代的。

三、标准问题

规范、统一的建设体系对智慧图书馆的发展有正向的指导意义，目前尚无统一规范的标准可用，导致各组织机构在智慧图书馆的建设中自成一体，存在资源重复建设、平台兼容性差、平台维护成本高、共享效率低等问题。

智慧图书馆建设离不开各项现代化信息技术的应用，而技术的发展也是一个不断积累和进步的过程，使用标准也需要不断完善。智慧图书馆的主要应用技术物联网系统一般可分为感知层、传输层、支撑层和应用层四个层面。在感知层，基于物理、生物等技术发明的传感器标准已有许多专利，但物联网行业尚未形成统一的行业标准，这就导致建立在物联网技术基础之上的智慧图书馆也缺乏统一的建设标准，近几年广泛应用于图书馆行业的 RFID 标准则仍处于不断完善的过程中。为促进其发展，国际标准化组织 ISO、以美国为首的 EPCglobal、日本 UID 等标准化组织先后制定了 RFID 的相关标准，我国于 2005 年成立了 RFID 产业联盟，并针对其技术发展做出了规定，国家发展改革委等 17 个部门则参照 RFID 标准体系编制了《中国射频识别（RFID）技术政策白皮书》，并提出 RFID 标准体系应用系统应该符合中国国情，但在实际应用中可以发现，不同厂家的产品对其他厂家的产品并不能达到 100%兼容，这在一定程度上影响了服务效果。此外，现有 RFID 系统和原有图书馆管理系统都是自成一体，现有图书馆管理系统的设计标准是以条码技术为基础的，而 RFID 系统是以 RFID 标签为基础的，如何将两者统一起来暂时还没有很好的办法，这就导致在图书馆实际业务管理中需要同时运行两套系统，因而增加了重复工作量。现有物联网应用层的数据交换标准一般是针对特定行业或者某一项具体服务提出的，具有一定的局限性，缺少统一的数据交换标准体系，或者说在当前的环境下，统一的数据交换标准体系难以满足各项业务需求，因此在进行系统扩展或者服务创新迭代时，需要对数据交换重新定义并实施，制约了智慧图书馆的快速发展。

同时，下一代图书馆管理系统应该能够实现对馆内外各种应用系统的对接与服务需求，但事实上目前还未出现符合该要求的图书馆业务管理系统。一方面，大部分图书馆都积累了大量的历史书目数据、用户数据和行为数据等，但目前并没有统一的数据标准，这也会导致在进行系统更新迭代时因新旧系统不兼容等问题造成数据丢失、失真等问题。另一方面，智慧化设备的发展及应用从实际实践情况来看是快于系统平台的开发应用的，这种情况下系统平台与一些新型的智慧化系统，比如智慧化楼宇管理系统、空间管理系统、大数据系统等的对接始终处于滞后的状态，缺乏统一的对接标准，各服务厂商基本处于独立开发状态，对系统的共享互联造成了一定的阻碍。

四、安全问题

安全问题主要包括隐私数据安全、用户健康等问题。智慧图书馆建设使得馆内用户、图书、建筑环境等各类信息数据进行了互联互通，传感技术、人脸识别技术等给图书馆用户带来便利的同时，也带来了隐私数据的安全性问题。目前图书馆数据安全治理缺少相应的行业规范支持，且没有统一的技术标准和治理方式可循，图书馆数据的分类分级、数据保密、安全备份等制度仍不太健全，图书馆馆员的数据安全意识、数据安全技能和安全管理技能均有待提升。如何保护智慧图书馆建设中的各类信息数据安全，是智慧图书馆建设过程中不可忽视的问题，比如用户阅读习惯数据、用户行为轨迹数据、用户基本信息、人脸数据等隐私数据的安全性问题。因此，在建设智慧图书馆的过程中，也应该建立完善信息安全保障机制，在为用户带去更加便利、人性化、智慧化的服务的同时，也要确保用户隐私数据的安全。

用户健康问题主要是智慧图书馆涉及的各项硬件设备可能带来的辐射性风险。比如RFID系统的工作原理使其相关设备在运行状态时人体将长时间处于电磁辐射场中，而一般图书馆使用的均为高频或者超高频设备，工作频率较高，相应地，其辐射能量也会更大，辐射的距离也会更远，虽然这种电磁波辐射对人体造成的伤害程度暂无科学评估数据，但根据美国FCC提出的最大允许射频辐射要求，在设备工作时至少要距离30厘米。总之，在智慧图书馆建设中应持续关注此类安全问题，以使得RFID系统能够更安全地为用户服务。

五、监管问题

智慧图书馆的发展涉及行业较多，智慧图书馆要想合法、合规、可持续发展离不开相关制度的规范，但我国智慧图书馆建设工作尚处于起步阶段，工作重点主要是夯实基础、服务创新等方面，暂没有设立智慧图书馆建设统一标准，也没有建立起成熟完善的监管体系，因而智慧图书馆建设过程中数据安全的问题、个人隐私泄露的问题、信息不对称的问题、智慧设备的健康安全问题等都有待解决。因此，如何提升数据使用主体的安全意识显得愈加重要；如何通过制定和完善相关标准及法律来规范、约束和引导主体行为，也显得愈加迫切与必要。在未来的发展中，一方面要进行顶层设计，完善相关政策与法律；另一方面应通过岗前培训、持续学习、警醒教育等方式培养图书馆馆员的数据安全意识。此外，还应重视智慧图书馆的大数据监管，通过建设大数据监管平台实现智慧图书馆的全方位监管，以便及时发现违法违规行为，为智慧图书馆的安全运行保驾护航。

六、人才队伍建设问题

智慧图书馆的发展对图书馆的职能提出了新的要求，图书馆不再只是单纯的藏书地，它还应为用户提供舒适、和谐的智慧空间，精准化、个性化的智慧服务等，而这些内容的实现离不开智慧馆员的培养。当前图书馆馆员存在一些问题，主要表现在以下几个方面：一是观念较为保守，缺少危机意识，更看重自身当前工作是否完成，而忽略了业务整体效率和提升空间；二是学习新技术热情不足，缺乏系统化学习渠道；三是创新服务意识有待增强，各部门墨守成规，不愿意打破部门界限。人才队伍的培养,即要培养智慧馆员,智慧馆员应该具有强烈的服务意识、创新意识和危机意识,他们可以通过不断学习熟练应用人工智能、大数据等技术,快速熟悉智能感知、知识服务等工具的使用方法,以便为读者提供精准化的、情境化的、智能化的高层次服务。

在智慧图书馆设计环节,应让智慧馆员积极参与其中,以便更深刻地了解智慧图书馆的服务模式、系统架构、数据运行机制等,只有智慧馆员积极参与建设流程,才能在后期的业务创新、服务创新、管理创新、运营维护等方面发挥更大的作用。因此,在智慧图书馆建设中还应看重人才队伍的建设,注重馆员的职业生涯规划建设,激励馆员不断学习创新,发挥馆员各自的特长优势,以灵活的项目制工作模式激活团队竞争力,促进馆员之间的协作,并为馆员提供系统化学习和培训的机会,推行专深—终身的学习机制,真正做到让馆员主动学习、乐于学习。

七、知识产权问题

智慧图书馆的发展也面临各种知识产品风险,主要表现在以下几个方面:①图书馆服务已从封闭型转向开放型,开放型的图书馆服务使得原本局限在图书馆特定范围内的著作权豁免权受到质疑;②已由单个图书馆模式转向联盟图书馆模式,图书馆联盟实现了一定程度的资源共享,丰富了图书馆资源内容,但联盟主体之间知识产权责任的划分问题需要得到解决;③图书馆服务不再受时空限制,读者可以随时随地享受图书馆服务,因此数字资源的版权问题、著作权豁免权问题都需要重新界定;④图书馆服务方式的多样化、服务内容的多元化所带来的代查代复制、图书馆讲堂、知识推送等服务引起的知识产权问题等,在一定程度上造成了渠道商、出版商和作者之间的互不信任,导致相关链条上的服务商会采取一定的限制手段来降低侵权损失,比如针对数字资源盗版情况，出版商会采取数字资源晚 1~2 年发行或者通过开发自有资源格式来建立技术壁垒等措施，这些措施在一定程度上会影响图书馆的服务体验，它们与读者的利益诉求其实是相冲突的，因而阻碍了智慧图书馆的健康稳定发展。因此，要想更好地进行智慧图书馆建设，就需要解决智慧图书馆发展过程中因为各种变化造成的知识产权问题。

第三节 解决措施

针对前文提到的问题，可以考虑从以下两个方面来解决。

一、针对图书馆内部

图书馆作为服务主体要积极求变，由"被动服务"转变为"主动服务"，主动挖掘图书馆不同发展阶段存在的制约因素及其解决办法，主动挖掘不同阶段用户的需求。首先，图书馆应利用好现有的软硬件设施，最大限度地发挥现有资源的利用价值，并在此基础上根据需求变更升级现有基础设施，以便更好地提供服务。其次，图书馆应积极拥抱新兴技术，了解新兴技术在解决图书馆现存问题中的积极作用，并尝试实现服务创新。再次，图书馆要积极培养智慧馆员，提升馆员的业务水平及服务能力，让馆员们有能力为智慧图书馆的建设发光发热。最后，应积极关注市场变化以及智慧图书馆发展过程中可能面临的各类问题及其发展趋势，以做好预案及发展规划。

二、针对图书馆外部

首先，加强与其他图书馆之间的交流与合作，通过联盟等方式实现资源共建共享，推动智慧图书馆统一建设标准及规范的达成。其次，应积极与外部政府机构等展开合作，努力推进图书馆领域相关政策的制定与完善。最后，加强与相关行业、企业的深入沟通与交流，积极参与和推进相关技术标准的制定与完善，同时通过合作共建的方式，使企业深入了解智慧图书馆建设的需求，促使企业打造的软硬件设备更加符合智慧图书馆的发展需要。

11

第十一章

智慧图书馆管理与服务的创新发展

第一节 智慧图书馆网络信息服务创新

随着现代科技的不断发展，互联网 5G 通信技术、云计算服务和各种社交网络平台等新技术、新服务的不断产生与普及应用，数据类型和数据规模均急剧增长。图书馆对资源揭示的广度和深度直接影响着图书馆的利用率，图书馆服务读者的策略则直接影响着读者的入馆率。因此，建立精准的资源揭示及科学合理的服务整合策略是当前大数据环境下图书馆信息资源建设亟待解决的问题。

一、注重网络信息服务

智慧图书馆的主要功能就是服务，其拥有的资源优势和服务水平本身就是对读者最好的服务。智慧图书馆网站本身也是一座网上图书馆，其主要目的就是为读者提供优质服务，因此智慧图书馆建设也必须以读者为中心，关注读者的需求和接受心理，不仅要体现图书馆的特点和功能，也要充分发挥网络的特点和作用。

网络信息服务必须体现以下几个方面的内容。

（一）让读者满意的服务才是有效的服务

高校图书馆网站栏目设置、内容和表达方式的选择、主次分布和页面设计都要以读者的需求为依据，以读者的期望为准绳。对读者需求和图书馆资源利用情况进行调研和分析，把图书馆网站主页栏目分为以下几类：①读者利用率较高的不用经常更新的栏目，比如书刊荐购、导读台等，这类栏目可以放在比较醒目的位置，便于读者查找；②介绍性的、读者利用率较低的不用更新的栏目，比如图书馆简介、库室简介，这类栏目可以放在边缘地带；③读者使用率高、需要经常更新的栏目，比如最新消息、时事动态等，这类栏目应该放在主页的中心位置。

（二）网络资源导航

智慧图书馆网站必须拥有超大容量的数字资源，并且必须重视网络资源的组织和导航链接。数字资源利用是图书馆网站的基本功能，相关栏目应放在主页的醒目位置。图书馆"藏"的目的在于"用"，数字资源的利用价值是潜在的，需要将其发掘出来，并提供给读者利用。因此，图书馆的主页必须设计得方便、简单且实用，可以引导读者快速找到各种数据库的登录口，因为方便读者使用是图书馆的最高原则。例如，闽南师范大学图书馆的网站主页设计就非常合理，网站背景是整个图书馆的主建筑，上方标题是图书馆概况、资源、服务、阅读、下载等主菜单，每个主菜单里都包含着不同的下级内容和链接。中间最引人注目的位置是图书馆全称并设下拉菜单，下分纸质资源和电子资源，下方以图标设计成各种特色数据库，使用方便、快捷，充分揭示了图书馆的馆藏资源和特色服务。

（三）大学图书馆最突出的价值就在于其文献信息价值

具有最大信息容量和快速传播能力的网站才是便于读者利用的平台。因此，图书馆必须具备快速更新的能力，这不仅是高校图书馆的优势，也是数字网络本身的要求。高校图书馆作为一个服务于教学和科研的学术性机构，不仅自身要做学术研究，还要提供比较专业的个性化知识服务，因此网站主页也可以适当地设置学术信息栏目，比如各院系最新的教学、科研信息情况。高校图书馆网站必须具备反映最新教学、科研动态的能力和水平，还要具备筛选、组织有学习价值和研究价值的行业发展信息、新闻动态的能力，并及时更新主页内容，提供多层次、多维度的知识服务。

（四）智慧图书馆要为读者提供多种咨询途径

智慧图书馆为读者提供咨询服务，使读者在使用图书馆资源和接受服务过程中，无论遇到什么问题都能及时得到咨询馆员的帮助。关于这一点，目前大多数高校图书馆都已达成了共识，并成立了类似的咨询管理机构。因此，网上虚拟咨询，尤其是在线实时咨询，因其极大的便利性而被越来越多的高校图书馆采用，并开始为读者提供服务。

二、探索网络信息服务新途径

智慧图书馆网站是为读者服务的，是给读者阅读利用的，因此应从读者的需求出发来规划和建设，无论是栏目设置、页面布局还是内容建设，都应以读者阅读需求为目的，充分体现"读者第一，服务至上"的理念。

（1）当下网络中海量的信息无时无刻不冲击着阅读者的视野。

如何使读者有兴趣和动机主动选择并利用图书馆网站？引导读者解决实际问题，帮助读者获得有价值的信息是唯一的方法。目前，高校图书馆提供的信息服务种类多但容量小，信息内容广泛但缺乏深度，制约了数据库的发展。在大数据环境下，智慧图书馆信息服务的发展受到了限制，主要原因是资源利用率低、共享度低，达不到统一的标准。信息服务资源不能得到充分利用、资源共享率低限制了图书馆的发展。

图书馆网站读者访问量最多的栏目是"常用数据库",其次是"借阅服务",其他栏目的栏目访问量少之又少。可以看出,读者访问网站都带有极强的目的性。因此,智慧图书馆网站必须具有能够满足其他任何网站都无法满足的读者需求的独特性和唯一性,才能吸引读者访问图书馆网站。从读者的阅读心理出发,培养和增强读者的访问和阅读兴趣,必须做到以下几点。

①全方位满足读者对文献信息的需求。高校图书馆拥有大量学术类、事实类数据库,馆藏文献来源可靠、质量高,并且可以免费阅读全文,这一点足以满足读者在学术方面的需求;但是,数据库的发展水平不高,图书馆网站的内容视野不够开阔,功能也不够完善,应当加强时事、学科前沿动态等方面的信息报道,还应补充生活、休闲等方面的文献资源,以满足读者的非学术性需求。

②智慧图书馆还应为读者提供高水平的虚拟参考咨询服务和高质量的知识发现服务。

③智慧图书馆应具有使用的便捷性和适时性。网页设计应突出读者常用的栏目,让读者一打开主页就能立即找到所需的栏目和内容,并能及时得到咨询反馈和回复,适时地获得图书馆的参考咨询服务。

(2)智慧图书馆网站的每个网页都是利用有序的文字、符号和图形来加载信息、传达意义的。

面向普通读者的栏目和文章应采用通俗的语言来表达,以方便用户利用;面向专业读者的栏目和文章应该采用其熟悉的专业术语来表达,以减少读者理解的时间,达到事半功倍的效果。

(3)阅读的过程是一个选择信息的过程。

当读者进入阅读状态时会专注于自己正在阅读的内容,而较少关注无关或不感兴趣的信息。由于信息海量化,读者主要采用快速阅读和跳跃式阅读的方式来进行阅读,这就意味着读者在访问图书馆网站时的阅读选择是通过直觉做出的,在短时间内就能锁定读者急需和感兴趣的栏目或文献。一方面,图书馆网站每个栏目的设计都应该简单易懂,内容一目了然;另一方面,应该减少栏目数量,突出和强化常用主题,淡化利用率低的栏目,充分尊重读者需求,为读者提供人性化服务。此外,还可以通过技术手段对标题文字进行特效、色彩等处理,以突出标题,激发读者的阅读兴趣,促使读者利用文献;应充分考虑读者屏幕阅读的特点,内容应简洁,少用专业术语,采用生动活泼的表达方式,多使用图像、图表等较为直观的表达方式,加上语音解说,以便减少读者解读和理解的时间。

(4)智慧图书馆应充分发挥网络快速更新的优势和图书馆的学术优势。

首先,图书馆网站应关注世界变化、社会发展、专业技术等发展趋势,及时做好内容丰富、有序、系统的信息整合工作,使读者能够获得全面、可靠的信息。其次,应处理好主题与相关文献的链接关系,遵循适度、集中的原则,拓展读者的阅读视野,并避免离散化的阅读。最后,应充分挖掘并发挥馆藏文献的利用价值,通过图书馆网站进行报道和宣传。智慧图书馆应充分发挥网络优势,让读者每次访问都有不同的感受和收获,以吸引读者再次使用图书馆,达到阅读推广的目的。

(5)读者访问图书馆网站,与网页形成互动关系。

一方面,由于网站信息的丰富性,尤其是文学和娱乐内容,使网络阅读具有欣赏性和休闲性,审美成为读者阅读动机的一部分;另一方面,因为网页可以提供读者不知道却感兴趣的信息,这使读者产生了阅读的需求,同时,带着功利性目的的阅读行为也会在阅读过程中获得各种经验。智慧图书馆网站大多栏目雷同、设计呆板,应在版式设计和风格内容上赋予独特的个性,使每个网页都有最合适的位置,并蕴含丰富的情感内涵。图书馆网站还应加强与读者的互动,使读者通过网络在线咨询求助的同时，还可以通过阅读网页文本进行情感互动交流，也可以发挥汉语的审美特性，用悦耳的语音来表达，使文献更具有可读性，让读者在阅读的同时产生审美愉悦感，吸引读者长期利用图书馆资源，培养读者终身学习的习惯。

（6）建构移动阅读新模式。

目前，随着移动互联网技术的快速发展，移动用户的数量也在急剧增长。为适应时代需求，智慧图书馆的文献信息服务也发展为能利用手机进行信息获取、业务办理、图书阅览等多种信息服务于一体的移动资源服务模式。作为传统服务的延伸，移动阅读服务需要更加关注读者的使用体验，更好地理解读者的阅读需求。图书馆提供的移动阅读服务不仅依赖于技术和功能的发展，还需要不断完善服务模式、丰富阅读资源，以读者的需求作为改进服务的根本依据。智慧图书馆要做好读者需求调查，加强与读者的反馈和互动，还要做好宣传工作，为不同类型的读者提供个性化的导读服务，加强资源建设和管理。资源建设是图书馆能够长期提供移动阅读服务的基本保障，智慧图书馆应抓住移动化的服务模式，开发出更多适合移动阅读的信息资源，将图书馆的信息服务转移到各种移动终端上，以供读者搜索、浏览、下载，为读者提供移动化的浏览服务、一站式的信息检索及信息回复服务，使馆藏资源和学科馆员的服务得到最大化、最有效的利用。

智慧图书馆要及时向读者提供高质量的信息，帮助他们解决问题。在大数据环境下，图书馆研究对象虚拟化，信息和互联网数据成为科学研究的主要组成对象。同时，还要求图书馆研究人员必须具备较强的数字化交互式信息管理能力，能够有效地分析和管理海量虚拟化的数据和信息。另外，以互联网为基础的数字信息资源也改变了图书馆研究人员的研究行为，数据的获取不再是问题的关键，而关键在于数据背后的深度知识挖掘和专业化、深层次的问题研究。

第二节 智慧图书馆服务管理理念创新

"服务也需要管理"是保障企业获得良好发展的重要理念，同样也适用于智慧图书馆的管理和服务创新。

一、要持续完善服务规范和标准

如果把服务人员的专业素质和对客户体验的理解程度视为服务的软件，那么服务规范和标准就是服务的硬件。如同庆丰包子铺为了确保包子质量，馅料要统一配送一样，电信营业厅在装潢、功能区的设置、销售人员的多少、柜台高低等方面也都有着明确的标准和规范。虽然这些都是服务的硬件部分，但其对消费者的感知和体验具有重要影响。

服务是一个永恒的话题，没有最终标准，因此，智慧图书馆必须根据市场的变化，不断完善自身的服务规范和标准，为师生提供高质量的管理和服务，只有这样，智慧图书馆的服务才能永不落后。

二、不断提升职业素质

在管理和服务过程中，智慧图书馆应不断提高图书馆管理人员和服务人员的总体素质，真正做到用心服务读者，超越图书馆标准的限制，达到自身最高水平。

三、自觉扩大服务外延

智慧图书馆应关注图书馆管理人员和服务人员的自觉行为,不但要表扬其超值服务行为,更要通过管理手段鼓励他们和有关部门固化这些延伸服务,使用户获得意料之外的良好体验,以促进智慧图书馆发展。否则,就不可能称之为延伸服务,而是标准服务。

总之,服务对智慧图书馆的生存与发展是非常重要的。从某种意义上说,很难定义它究竟是软实力还是硬实力,没有优质的服务就没有智慧图书馆的发展壮大。因此,智慧图书馆的管理者既要关注服务,也要管理服务。缺乏管理的服务绝对不是高水准的服务。智慧图书馆在发展过程中应自觉扩大服务范围,注重服务延伸,并且要将服务落到实处,让读者用户满意。

12

第十二章

元宇宙视域下智慧图书馆的发展

第一节　元宇宙的相关概念

一、元宇宙的由来

关于元宇宙的概念，目前尚无统一的说法，我们一般可以认为，元宇宙是融合了人工智能、区块链、物联网等多项技术的，可以创造虚实融合服务的一种新型互联网应用形态。它可以打破现实世界的物理边界，将现实世界的方方面面映射到虚拟世界中，以提升人们对各种事物及活动的体验感。元宇宙这一概念最早出现在1992年的科幻小说《雪崩》中，该小说首次提出了Metaverse（原译为"超元域"）空间的概念，之后随着任天堂、Facebook、谷歌、HTC、索尼、苹果等企业不断推出虚拟现实技术产品并热炒相关概念，"元宇宙"一词成为近几年最引人注目的话题之一。Facebook在元宇宙的布局相对全面，其在2014年收购了Oculus公司，硬件端有AR/VR Oculus Quest 2沉浸式体验技术；内容端有Creator内容创作社区；还有Diem数字货币支付体系以及Workplace虚拟办公空间。国内腾讯公司于2020年提出了"全真互联网"的概念并开启全新业务扩展现实（Extended Reality, XR），拟以现实环境为基础，以数字虚拟化为能力，通过虚拟融合为教育、文化旅游等多个领域重构类真实世界。字节跳动通过内容输出的方式带动硬件发展，于2021年8月收购虚拟现实创业公司Pico，以促进其自身硬件的发展。

根据学界及市场对元宇宙的研究定义，公认的元宇宙特征主要有以下几个方面。

（1）元宇宙是去中心化的。这主要包含两层含义：①元宇宙不归属于特定的公司或平台，它是以去中心化的方式运行的；②元宇宙的数据采取分布式处理方式，其网络架构是去中心化的。

（2）元宇宙是无边界的。它是一个无尽的3D虚拟空间，对其中参与的用户人数、所在地理位置等没有任何限制。同时，它是开放的，其用户可以根据自身需要在元宇宙内活动，既可以是创造者，也可以是消费者。

（3）元宇宙是永续经营的。元宇宙是与现实世界并行的平行世界，不存在关机、重启等操作，用户可以随时随地通过各种接入方式进入元宇宙，充当元宇宙消费者，或是成为元宇宙可持续发展的创造者。

（4）元宇宙是可以提供高沉浸式体验感的。用户可以通过五感参与元宇宙世界，同时接收元宇宙反馈的信息；用户可以在元宇宙中根据自身需求获得高度拟真的体验。

（5）元宇宙有一套独立的商业经济系统。通过该系统，参与者可以在虚拟世界进行数字资产交易，积累财富，并与现实世界进行交互。

二、元宇宙的相关技术

元宇宙不是单独的某种技术手段，而是一系列下一代技术的集合，根据元宇宙使用场景来看，目前元宇宙主要涉及以下几种技术。

首先是元宇宙的接入通道——物联网技术。元宇宙期望可以通过多种方式接入，物联网正好可以满足这一需求，这就为元宇宙提供了便捷的访问方式，除了传统的手机、计算机等接入方式外，还包括各种穿戴设备，甚至物理环境中的各类设备均可以通过物联网技术接入网络之中，可以说物联网传感器是人类各种感觉、各类环境的延伸，在该技术的支持下，元宇宙才得以获取更多的外界信息。目前物联网的发展仍存在一些问题，比如物联网传感器种类众多，成本相对较高，因此使用范围较为受限；各行业之间无法实现数据的共建共享，因而使用价值仍然受限；感知系统存在各种安全与隐私问题等。

其次是元宇宙的通道，强调沉浸式体验，涉及沉浸式交互技术——扩展现实XR，包含增强现实AR、增强虚拟AV、虚拟现实VR和混合现实MR等技术。沉浸式交互技术可以让元宇宙更逼真，也可以通过以上技术的集成建立与用户视觉、听觉、嗅觉、触觉、意念等的沟通桥梁，为用户提供沉浸式交互体验。通过以上技术的集成完成元宇宙的输入和输出，输入端包括微型摄像头、各种传感器等，输出端则是将各种电信号转换为人体感受，复杂的交互技术还包括脑机接口等。其中，VR的目的是创造能够欺骗人体感官的虚拟世界，主要涉及电子信息、仿真技术等；AR是在真实物理环境的基础上叠加虚拟环境，是对现实环境的增强，使环境更加丰富；MR是虚实相生，可以创造出与真实环境交互的虚拟场景；XR则是叠加以上技术，为体验者带来虚实结合、无缝转换的沉浸式体验。沉浸式交互背后涉及图像显示、数据可视化、计算机图形学、云计算、5G、图像渲染等多项技术。目前沉浸式交互技术在数字孪生、全息投影、沉浸式互动体验等方面均有所应用。随着各大厂商加大对VR、AR等产品的投入，相关技术已取得一定成果，视觉、听觉体验已基本实现，嗅觉、触觉和意念交互已初步实现；但是如果要助力未来元宇宙的发展，提升元宇宙沉浸感，就目前XR领域的发展情况来看仍存在一定的发展瓶颈。一是厂商在硬件技术方面投入巨大，而市场用户规模还相对较小，致使终端设备定价较高，进一步导致用户规模难以提升，且现有硬件设备还存在体验感不佳、便携性差、兼容性差、续航时间短、对使用环境有一定要求等问题。二是内容本身吸引力有限，在内容的种类和质量上均有待提升,用户不愿为硬件埋单,限制了硬件及行业发展。

再次是元宇宙的地基性技术——大数据技术、通信技术等。元宇宙是一个数字世界,每个进入元宇宙的人或物都将形成数据文件,随着元宇宙的不断发展,数据量将越来越大,这会给现实世界带来巨大的数据采集、处理、存储压力。因此,大数据技术是实现元宇宙的关键技术之一,其中涉及大数据计算、大数据存储、隐私数据保护等多个方面的内容。就目前大数据技术在元宇宙的应用来看,主要包括通过分布式存储存储元宇宙数据,就近分配存储资源,以确保数据存储的可靠性和可用性;通过安全多方计算、差分隐私等隐私计算技术实现数据隐私保护;通过边缘计算提升大体量数据的数据处理效率。同时,要想获得实时的、流畅的沉浸式体验以及与物理世界的高效仿真交互,元宇宙要求高同步、低时延,5G带宽及传输速率的提升将很好地改善元宇宙时延的问题,但也存在着很大的提升空间,理想中的元宇宙可能需要6G甚至以上的网络支持,元宇宙海量数据的实时传输也需要依赖强大的通信基础设施,因此通信技术也是制约元宇宙发展的关键技术之一。

又次是元宇宙经济体系的基础——区块链技术。元宇宙的繁荣发展离不开数字经济的快速发展,数字经济和物理世界的实体经济一样,离不开身份系统与经济系统的支持。元宇宙里的身份应该是一个独立的数字人身份,没有任何人或组织可以删除它,围绕这个身份,会有交换数字资产的需求。数字资产,即数字创造的产品,数字资产要进行交易,就要解决产品产权归属的问题,一方面要标记该产品是谁创造的以及产权变更情况,另一方面该产品要能避免被无限复制。同时,交易的过程又离不开数字货币的支持,而元宇宙是去中心化的,依靠智能合约实现自我运行,所有参与者均享有自治权。在元宇宙的这些特征背景下,区块链技术刚好能解决元宇宙的身份和经济问题,区块链可以完全去中心化，且不受单一方控制，还具备全球流通、匿名性、公开透明、不可篡改、可追溯性、自治性等特征，且早已被应用于金融领域，并取得了一定成果，这就确保了元宇宙用户可以放心地参与元宇宙的经济体系，将资产与现实打通，进行资产积累。目前，区块链技术已经进入非同质化代币（Non-Fungible Token，NFT）阶段，并开启了数字内容资产化时代，被广泛应用于博物馆领域。在技术应用方面，元宇宙对系统速度、吞吐量等都有一定的要求，而区块链的吞吐量及确认时延存在一定的应用限制，所以在实际应用中需要牺牲一定的去中心化特性。此外，由于区块链技术快速发展的阶段并不长，在合规性监管方面相关政策仍不完善，因此在实际应用中也受到了一定的限制。

最后是元宇宙的发展助力——人工智能。元宇宙会产生海量且复杂的数据，人工智能则可以很好地解析大量数据并解决具体的问题；同时，将虚拟现实技术与人工智能技术进行结合，将有助于创造出更加智能和更加逼真的元宇宙世界，从而增强元宇宙的沉浸感。人工智能可以使计算机更加理解人类感觉、情绪、肢体语言等，从而提升用户的虚拟体验；同时，可以通过分析用户在元宇宙的行为数据预测用户性格、智力和经济情况等，从而模仿用户行为。

三、元宇宙视域下智慧图书馆的发展机遇

随着信息技术的高速发展，物联网、云计算、人工智能等新一代技术不断推动图书馆朝着智慧图书馆的方向发展。其中随着虚拟现实和增强现实等技术的不断成熟，越来越多的图书馆开始尝试将VR、AR、区块链、数字孪生等元宇宙相关技术应用到图书馆服务中去，为图书馆创新服务添砖加瓦。张兴旺等人从融合结构、融合要素、融合技术和融合能力四个方面探讨了图书馆与元宇宙理论融合的体系结构及发展趋势；

杨新涯等人从虚拟导览、虚拟展厅、虚拟数字人等多个角度探讨了虚拟服务体系及未来图书馆发展；周文杰则基于元宇宙新型信息交流方式和个体沉浸式体验，探讨了图书馆未来职业活动变化。清华大学新闻与传播学院新媒体研究中心沈阳团队在 2022 年年初发布的《元宇宙发展研究报告 2.0 版》报告中提出了标准元宇宙的构建步骤为数字孪生—虚拟原生—虚实共生—虚实联动。上海图书馆刘炜等人提出了元宇宙的四种类型及相关应用：①镜像孪生，应用包括智慧建筑、虚拟书架、数字藏品等；②增强共生，应用包括增强导航、阅读行走等；③虚拟原生，应用包括馆藏叙事、VR 服务、数字馆员等；④异宇再生，应用包括读者足迹、阅读账单等。上海图书馆针对元宇宙应用还启动了红色骑行、家族迁徙、NFT 读者证和古籍区块链四个项目。中新友好图书馆在第六届世界智能大会期间推出了元宇宙驱动下的虚拟体验系统，包括线上 3D 场馆和馆内数字人智慧屏，前者通过 SLAM 空间跟踪、AI 等技术构建了一个沉浸式虚拟图书馆，读者可以 CR 漫游到不同功能区，享受虚拟讲解员的讲解服务，后者则是引入了虚拟数字人小博，并提供馆藏检索、电子资源阅读、语音交互等功能。对于图书馆而言，通过将元宇宙建设思路应用到图书馆建设中，可以进一步丰富智慧图书馆的内涵和外延，为图书馆建设带来新的发展机遇。

一是打破空间限制，为读者提供虚实共生的沉浸式服务体验。近年来，随着智慧图书馆的不断建设与完善，图书馆对虚拟服务的需求也更加旺盛，虚拟沉浸式学习空间、虚拟个人图书馆、虚拟参考咨询服务成为图书馆新的发展方向，而元宇宙相关理念在虚拟服务建设方面有着不可替代的优势，因为其服务的基础就是虚拟世界的建立，其提供的全感官、沉浸式的强交互形态将为图书馆的上述创新服务提供更好的技术支持。通过引入元宇宙相关技术，可以为读者提供满足不同需求的数字身份，读者可以享用图书馆服务，也可以为图书馆服务做出贡献；可以带来沉浸式阅读体验，通过将资源数字化、形象化、立体化带来不一样的阅读体验；可以解决找书难的问题，通过虚拟书架更好地获取图书位置信息和数字图书资源；可以丰富社交体验，元宇宙的无边界性有利于帮助读者进一步拓展互联网社交的边界；等等。

二是打破资源界限，促进数字资源的共建、互通、共享。一直以来，由于区域信息化发展水平不均衡、用户个人网络环境差异等原因，造成了图书馆发展中的"访问鸿沟"和"使用鸿沟"，而促进社会包容和图书馆资源使用的公平性应是图书馆追求的目标之一。元宇宙作为下一代信息技术的集合体，围绕"去中心化"的发展理念，强调资源的共建共享，打破资源界限，满足任何人群随时随地使用任何资源的需求，有利于消除以上数字鸿沟，从而促进图书馆更好地发展。

四、元宇宙视域下智慧图书馆发展面临的挑战

元宇宙在给智慧图书馆的发展带来机遇的同时也带来了新的挑战。

一是元宇宙产业生态目前仍处于起步阶段，尚不成熟。从目前市场应用来看，产业布局主要集中在游戏领域，场景使用有待扩展；同时，其相关技术还不太成熟，有效的解决方案也比较有限，元宇宙之中的内容建设还比较少，且因为技术原因，内容建设成本还比较高。虽然市场已经意识到元宇宙的可持续发展离不开内容创造模式的改变，但目前还没有出现简单、易操作且人人皆可创造的内容创造工具，因而在图书馆进行应用仍然会存在上述问题。

二是计算压力和网络安全等方面的问题。元宇宙系统对稳定、持续高效的计算能力提出了要求，同时因为该系统比较复杂，涉及的设备较多，因此其网络安全一旦难以保证，就会带来巨大的问题，而传统图书馆服务当中，虽然对算力和网络安全也有一定的要求，但在元宇宙背景

下，这种要求将会更加严格。

三是数据安全和隐私保护等方面的问题。因为元宇宙创造的世界是对现实世界映射的虚拟空间，为保证其真实性及高沉浸感，会对用户的数字身份、行为习惯、访问数据、互动数据，甚至人际关系和财产情况等进行投射和实时同步，这就意味着元宇宙将面临更复杂、更广泛的数据安全问题，同时将涉及要求更高、颗粒度更小的隐私保护问题，对图书馆来讲，对用户隐私数据进行有效保护是确保元宇宙技术在图书馆领域可持续发展和用户持续参与元宇宙图书馆的重要保障；同时，在与元宇宙的交互过程中，元宇宙图书馆的用户个人也将参与到数据安全与隐私保护工作中来。

四是相关权利归属的问题。在元宇宙中，用户可以是消费者，也可以是内容创造者，为确保元宇宙市场经济生态的正常运转，必然会产生所有权界定的问题。图书馆在元宇宙的映射绕不开基于现实世界的文献资料等创建的数字资源，既然涉及数字资源，那就不仅只是所有权的问题，还要考虑知识产权的问题。谁拥有在元宇宙中创建的某数字资源的版权？这就对图书馆的元宇宙应用提出了挑战，包括如何通过合理的方式来保证其文献资源在现实世界和虚拟世界中的所有权和知识产权，如何监管是否存在侵权现象，等等。

五是图书馆很难完全脱实向虚。元宇宙虽然为图书馆带来新的发展机遇，但也要根据图书馆的实际发展情况来应用元宇宙相关技术，通过其夯实基础并进行服务创新，而不是完全取代传统图书馆，脱离图书馆实体。毕竟元宇宙的建设不是一蹴而就的，就目前来看，其成本高、耗时长，且对各项技术的发展水平有一定的要求，也不属于刚性需求基础上建立起的生态，未来会怎样还很难说，所以在将元宇宙相关技术应用于图书馆领域的过程中也要理性地看待其优缺点：一方面挖掘其在图书馆领域应用的可能性,并创新服务模式;另一方面,积极评估其在应用中可能存在的问题,以便提前预防。

第二节　元宇宙视域下的智慧图书馆建设

一、全新的沉浸式图书馆虚拟服务

在图书馆领域，虚拟服务相关应用出现得并不算晚，2003年一款名为Second Life的游戏的测试版向公众开放，2006年之后联盟图书馆系统、麦克马斯特大学图书馆、哈佛大学、斯坦福大学等相继在该游戏中建立了虚拟图书馆，用于探索虚拟世界的图书馆服务。我国香港理工大学利用该游戏开设了虚拟校园，包括图书馆、展览中心等一系列服务设施。

元宇宙的出现将数字图书馆与现实图书馆联系得更加紧密，主要表现在以下几个方面。

（一）虚拟现实等技术在图书馆中的应用

在早期Second Life中的虚拟图书馆主要是支持网页浏览，缺乏交互体验，通过虚拟现实、增强现实等技术的桥梁作用，图书馆服务水平获得进一步提升。美国北卡罗莱纳州立大学图书馆通过虚拟再现校园建筑景点，为校园用户提供具有一定交互功能的漫游体验。俄克拉何马州立大学图书馆创建了VR教室，师生可以在虚拟空间中进行学术研讨等活动。我国图书馆近年来也在虚拟现实技术应用方面做了大量探索性工作。2008年北京航空航天大学建成了虚拟现实新技术国家重点实验室，从事虚拟现实技术、可视化技术等领域的科学研究和技术开发。2008年9月，国家图书馆上线了我国第一套可交互的虚拟现实图书馆系统，该系统由国家数字图书馆虚拟漫游、虚拟现实读者站、国家数字图书馆网上漫游三大板块组成，实现了图书馆虚拟漫游、虚拟馆藏交互和随时随地对图书馆进行虚拟现实访问等功能。重庆大学虎溪校区图书馆上线了虚拟智慧图书馆服务导航系统，用于提供馆舍布局展示、入馆教育、周边发现服务、照片墙展示等服务，并通过虚拟讲解员讲解设备功能。北京邮电大学图书馆上线了"沙河图书馆智慧图书馆服务导航系统"，实现了实体图书馆与虚拟图书馆的互联互通，通过游戏体验的方式，读者可以在虚拟图书馆中体验漫游导览、知识闯关、周边发现、新生入馆教育等功能。西安交通大学图书馆、天津大学图书馆、广州图书馆、济南市图书馆、华中科技大学图书馆等均上线了"全景图书馆"，通过对图书馆内部进行1:1三维场景化还原，对图书馆馆舍布局、重点区域等进行快速定位导览，以方便读者找书。2021年中国图书进出口（集团）总公司联合国家图书馆策划的5G全景《永乐大典》，首次采用"5G+VR"技术对书中内容进行了立体化展示，让读者能够走"浸"其中，为古籍文献等传统文化的模式创新提供了新的思路。总的来说，虚拟现实技术已经融入图书馆的各方面应用中。

1. 图书馆三维场景构建

从我国各公共图书馆和高校图书馆对虚拟现实的应用来看，通过虚拟现实技术进行三维场景构建应该是当前图书馆最重要和最广泛的应用。通过构建具有沉浸感的虚拟图书馆场景，让读者获得身临其境的三维立体影像和交互体验。读者可以在虚拟图书馆中漫游，直观地了解图书馆的馆舍布局及各功能分区分布情况，还可以在该过程中享受虚拟参考咨询服务及周边特色服务，以便更快地了解图书馆的服务内容、运行机制等，从而避免信息交流不畅等问题，以提升用户体验。

2. 数字资源建设

图书馆是资源的提供者，传统的资源展示形式主要分纸质和电子两种，且电子资源主要表现为纸质资源的扫描版，本质上来讲，两者只是在资源介质上略有差异，内容呈现上并没有实质性的不同，虚拟现实技术给资源的展现形式带来了更多的可能性。2017年文化部发布的《"十三五"时期公共数字文化建设规划》中指出，鼓励公共文化机构构建互动体验空间，充分运用人机交互、虚拟现实、增强现实等技术，增强公共文化服务的互动性和趣味性。通过资源的重新建设，充分调用人的视觉、听觉、触觉、嗅觉等感官，为读者提供沉浸式、交互式的新体验，尤其是工学、医学、机械工程、建筑学等学科及古籍领域，虚拟现实技术的应用将极大地帮助读者更好地理解知识内容。

3. 在线培训服务

2022年12月之前的3年，因为新冠疫情的影响，学习模式从面对面学习变成了虚拟模式，读者对在线功能的需求愈加强烈且广泛，通过将逼真的3D全息图和在线会议功能相结合，再配合增强现实眼镜等工具，实现面向学习、培训、研讨等场景的在线沟通与交流，让读者在虚拟场景的参与过程中获得强烈的沉浸感和逼真的视觉体验，在某种程度上实现教学研讨培训的远程教育功能，甚至形成跨地域的新型共享教学研讨培训模式，以解决信息鸿沟的问题。

4. 参考咨询服务

通过虚拟现实技术在参考咨询服务中的应用，为咨询者营造沉浸式氛围。通过其他技术的辅助，根据咨询内容的需要将咨询结果转换为有图像、有声音、有变化的更具立体性、交互性和想象性的三维信息，使咨询者能够身临其境。通过创造仿真的虚拟咨询空间及数字人角色，让咨询者能够在虚拟世界中与咨询专家面对面交流，并捕捉到其语言、情绪及表情等动作的传递，使咨询者能够得到更加人性化的咨询服务。

5. VR展览与推广服务

通过创建360°全景场景举办艺术展览、特色文化宣传等活动，尤其是公共图书馆可以充分利用虚拟现实技术，在三维立体环境中展示内容，从而丰富各种学术走廊活动，突出展示效果。

（二）数字孪生技术在图书馆的应用

数字孪生将现实世界转变为虚拟世界数字模型，是现实世界的数字动态孪生体，一般认为它具有互操作性、实时性、可扩展性、保真性等特点，自该概念提出以来，在数字化设计、虚拟工厂、智慧城市、智慧医疗等领域均有所应用，国内学者也对数字孪生技术在图书馆领域的应用做了诸多探讨。许鑫等人探讨了数字孪生视域下的智慧图书馆业务融合框架，从规划原则、规划策略、运行逻辑等方面阐述了智慧图书馆业务融合数字孪生规划。李婧珉等人从数字孪生图书馆建设的必要性的角度出发，探讨了数字孪生图书馆的体系框架和应用情境。孔繁超则探讨了数字孪生技术在智慧图书馆中应用的可能性。总的来说，国内目前对数字孪生技术在图书馆领域的应用开展了较多的理论研究，且认为数字孪生技术将能促进图书馆更好地发展，通过将实体图书馆与虚拟图书馆有机连接，有助于更好地感知图书馆空间的各要素，在为读者提供沉浸式服务的同时，图书馆管理人员可以通过虚拟图书馆对实体图书馆进行更好的监控、管理和调整。

1. 提供虚拟仿真图书馆服务

通过数字孪生技术，为读者提供三维立体图书馆模型并实现图书的智能排架，读者可以根据虚拟排架信息更快地定位实体图书馆中的图书位置信息，或者漫游于该模型中并自由阅读其中对应的数字资源，且不再受到复本数量的限制；资源的展示形式也将更加多样化、立体化，以此提高读者的借阅效率和阅读体验；也可以根据读者在该空间的借阅数据、行为习惯等生成孪生画像，帮助图书馆更好地评估读者，从而进一步提升精准推荐服务的准确率。同时，除了对图书馆内各类资源设备的一比一还原，虚拟仿真图书馆相比实体图书馆的优势还在于可以根据不同主题、不同学科对数字资源进行重组，从而更好地对资源进行揭示，以提升资源利用率。此外，可以将虚拟孪生体作为试验的场所，在虚拟孪生体中推广新的设备、服务等，并结合虚拟读者的反应来对新功能进行验证和评估，促使实体图书馆更加贴合读者需求。

2. 作为环境监测工具，提升图书馆设施的管理及使用效率

通过数字孪生技术对图书馆的全部软硬件环境进行建模及有机联动，实现现实世界与虚拟世界数据的互通互联和动态可视化。比如：对图书馆全部软硬件设备进行实时监控及管理，以确保能够及时对故障进行排查；根据与实体图书馆联动的虚拟图书馆中的数字人的行为特征、流量分布等调整图书馆各功能区的开放时间、选座系统、选座策略等；对图书馆的设备运行情况、水电能耗情况、温湿度情况等进行实时监控并及时调整，助力绿色图书馆建设。

3. 提供虚实相生的空间服务

数字孪生技术可以实现虚实两个空间的相生相长、数据同步，在为读者带来逼真的虚拟融合的感官体验的同时，有助于打破物理空间的限制，实现虚拟空间的无限延伸，利用"数字孪生+人工智能技术"使虚拟实体获得自主学习的能力，并感知读者需求，从而在虚拟空间中创造阅读空间、学习研究支持空间、个性化知识空间等，并随时监测读者的学习过程，在提升服务趣味性的同时帮助读者获取必要的知识和技能。

4. 建立信息素养孪生课堂，提升用户信息素养

随着信息技术的高速发展，信息素养涉及的内容越来越广泛且复杂，如何验证信息素养教育的有效性一直是图书馆重点思考的问题。过

去的经验显示，大部分图书馆的信息素养教育都面临着读者学习动力不足、学习效率低下、内容互动性差、读者反馈不及时、学习效果难以评估等问题。在建设数字孪生图书馆后，可以将信息素养教育融入虚实交互的任何一个环节之中，通过实体与孪生体之间的实时交流反馈，对读者数据进行实时获取和分析，针对特定的场景、特定的读者个人制定个性化的信息素养教育课程，并通过读者行为对教育成果进行评估。同时，通过融入虚拟现实等技术，增强教育的针对性和趣味性，以激发读者的兴趣，营造良好的图书馆教育氛围。

5. 提供丰富完善的云端服务

一方面，通过数字孪生体来实现实体图书馆与虚拟图书馆的读者互动，帮助云端用户享受同样的图书馆服务，从而解决当前远程服务中存在的问题；另一方面，通过构建特定的场景，来满足特定场景下的读者需求，弥补实体空间有限、建设成本高昂、周期长等问题。

二、区块链技术在图书馆中的应用

（一）区块链技术的特征

区块链技术具有以下特征。

一是去中心化。这是区块链技术最基本的特征，区块链无须依赖第三方及中心化机构，通过数据的分布式记录、存储和更新，区块链中的每个节点都可以进行记账并实现自我认证、传递等，这就避免了中心化运作模式下中心机构被攻击导致系统瘫痪、数据泄露等的弊端。

二是匿名性。区块链是基于算法按地址来进行寻址的，并不需要公开各区块节点的身份信息，除非有需求必须公开身份信息，否则信息传递就可以通过匿名的方式进行。

三是开放性。区块链交易中除了交易各方被加密的个人信息、私有信息等，其他所有交易数据都是公开透明的，任何人都可以通过公开的接口查询区块链交易的数据记录，或者根据需求开发相关应用等。

四是不可篡改。区块链的数据一旦被添加到区块中，除非因为特殊需求更改私有区块链或者控制全部数据节点的51%及以上，否则数据就会被永久存储且不可篡改，单个节点对数据的修改是无效的，这在一定程度上确保了区块链数据的安全性和稳定性。

五是可追溯性。后面的区块要想和前面的区块链接上，需要首先识别前面区块的哈希值，从而形成完整的、可追溯的区块链。

六是独立性。区块链是基于协商一致的规范和协议形成的，不依赖其他第三方，每个节点都需要遵守这套规范和协议，以确保系统中所有的区块和节点可以在互相信任的环境中进行数据的安全交换，无须人为干预。

（二）图书馆区块链技术的研究现状

国外对区块链技术在图书馆领域的应用研究相对较早，20世纪90年代中期就成立了一些相关的图书馆数据管理中心，随后，各国图书馆对区块链的应用进行了研究，肯定了区块链时间戳防篡改、区块链技术作为数字版权管理工具的可能性。2017年，由博物馆与图书馆服务协会（Institute of Museum and Library Services，IMLS）资助的区块链项目研究了区块链技术在图书馆领域的应用，该项目认为区块链技术可以为图书馆、数据中心构建真正分布式的元数据系统，也可以通过基于区块链的数字版权管理保护数字首次销售权，同时实现图书馆之间、跨组织之间、社区之间更高效的共享经济。2016年10月，由我国工业和信息化部信息化和软件服务业司和国家标准化管理委员会工业标准二部指导、由中国区块链技术和产业发展论坛编写的《中国区块链技术和应用发展白皮书》正式发布，为区块链技术的应用和发展提供了政策支持，随后各地区成立了各联盟机构或研究机构来推进区块链技术的研究与应用。

国内关于图书馆领域的区块链技术应用研究，最早可以认为是于新国基于区块链技术的图书馆自馆配数字化文献资源建设研究，探讨了该技术用于自馆配数字资源建设的可能性及优势。之后，罗孟儒等人基于区块链技术提出了由用户行为私有链、资源共建共享公有链和数字信息分发三大模块组成的图书馆馆藏资源建设架构。房永壮等人从图书馆信息收集来源、信息传输的准确性和效率、信息存储的稳定性和安全性等方面阐述了区块链技术对图书馆应用的影响。陈小平从区块链技术的特征出发阐述了该技术在图书馆智慧服务领域应用的可行性，并提出区块链技术将助力图书馆的智慧服务管理体制改革、机构知识库建设和知识交易，同时满足读者馆内设备空间使用、网络平台学习交流等方面的需求。赵力分析了区块链技术背景下图书馆数字版权管理去中心化、海量化、透明化的趋势，提出了该技术背景下图书馆共享学习平台、开放学术平台和3D打印平台的构建思路。屈艳玲基于Fabric构建了一套区块链驱动图书馆智慧服务体系，以提升图书馆借阅流通效率、降低借阅成本并简化读者之间的借阅流程。焦海霞基于区块链思维从数据采集、动态监测、效果验证、运行管理、评测生态维系、认证传导六个方面构建了信息素养评测体系框架。赵莉娜等人从区块链技术的特点出发，阐述了区块链技术用于图书馆精准信息服务的可能性。周莉从图书馆用户画像数据管理问题及应用区块链技术的可行性的角度出发，提出可以基于区块链P2P网络协议获取用户画像数据，基于区块链一致性哈希算法处理用户画像数据，基于区块链账本模型打破数据存储壁垒，基于区块链加密机制保护数据隐私安全，等等。

在具体实践方面，2017年9月，我国第一家区块链主题图书馆前海区块链图书馆成立，收藏并展示与区块链技术相关的前沿技术成果、著作及应用实践等，旨在推进区块链知识的普及。中国国家数字图书馆和清华大学数字图书馆利用分布式存储、一致性哈希算法、区块链智能合约等区块链技术来维护数字版权主体的合法权益，有效地提升了资源推荐行为、数字组织行为与社交网络下的数字版权管理效能。

（三）区块链技术在图书馆中的应用分析

区块链技术在图书馆中的应用主要包括以下几个方面。

一是基于区块链技术的图书馆资源建设应用。在资源建设方面，区块链技术可以解决数字资源存储安全和共建共享的问题。传统图书馆资源建设中，一般都是将数据存储在自有中心机房或是将数据存储到云端，前者成本高、灾备措施有限，后者则降低了图书馆对数据库的掌控性，且存在数据泄露的风险。区块链技术主要采用分布式存储模式，可以通过智能合约、数据加密算法等技术的结合，确保数据的安全性、完整性、前后一致性和可追溯性，从而降低图书馆数字资源建设过程中存在的数据安全风险问题。同时，随着各图书馆在资源建设方面感受到越来越大的经济压力，区域性图书馆联盟资源建设显得愈加重要，但由于缺乏统一的平台、有效的激励机制等，这种联盟合作深度比较有限；而区块链技术使得所有参与机构均可以通过其身份认证机制、共识机制、智能合约机制、激励机制等参与资源建设联盟，这就保证了联盟机构在该体系中身份的唯一性和安全性、各联盟机构行为和数据传输的一致性、业务运转的公平性、资源分享的高效性以及用户和机构参与分享的高积极性等。

二是基于区块链技术的图书馆数字版权及溯源。上面提到，为了促进资源的共建共享，图书馆之间、图书馆与外部机构之间成立了各种各样的联盟团体，但是这种联盟也存在一定的风险，由于图书馆数字资源版权相关的法律规范并不完善，共享的资源越多，涉及的资源被滥用的可能性越大，版权等问题愈加严重。区块链数据层的链式结构和区块上的时间戳、公私钥数据，网络层的P2P组网机制、数据传播机制等可以很好地解决这个问题。通过区块链技术的应用，资源建设中的版权信息等将始终是清晰的，而不再需要图书馆另外去进行版权证明、核实版权关系等，极大地降低了图书馆资源建设的成本。同时，图书馆捐赠服务也将更加容易开展。一方面，图书馆可以更加方便地对捐赠图书来源及流通情况进行溯源，对其版权信息更加了如指掌，从而可以避免非法出版物进入图书馆；另一方面，这将更利于捐赠图书的管理及信息披露，以前由于图书馆技术、人力等方面的限制，图书馆一般只对捐赠一定价值或一定数量的捐赠人反馈相关捐赠图书的处理信息，而借助区块链技术可以对图书馆捐赠业务流程形成完整的数据记录并进行披露。

三是基于区块链技术的图书馆服务创新。首先，创新图书馆借阅服务。传统图书馆的借还服务需要以图书馆为中心枢纽，读者借还时只能与图书馆发生关系，读者之间是没有交流的，虽然部分图书馆上线了图书馆预约功能，允许读者对馆内没有复本的图书进行预约借阅，以便待图书归还后及时分配给预约读者，但流程仍需通过图书馆来实现，这在某种程度上阻碍了图书的快速流通。在借还服务中引入区块链技术，图书馆将只作为文献资源的提供方，可以不再参与资源的流转，一旦身份得到认证的读者之间达成共识，读者之间可以自行进行图书借还。其次，创新机构库建设。现有机构库的建设仍存在一些困难，比如各机构缺乏版权保护措施，且激励措施有限，导致作者在提交相关学术成果的事情上并不积极；如果相关学术成果要靠图书馆自己去采集，则存在着较大的技术压力和人力成本压力；机构知识库强调学术成果的开放、交流与共享，但共享又可能导致产权归属不清、知识被剽窃篡改等风险。区块链不可更改、可追溯的特性，可以实现学术成果的确权、征信和追溯等，在确保资源有效共享传播的前提下，解决版权纠纷等问题。

四是基于区块链技术的非同质化代币（NFT）。NFT 是建立在区块链之上的一种数字加密代币，具有不可分割、不可复制、不可篡改等特性，早期在国外兴起并快速发展，主要应用在数字艺术品领域，近几年我国一些企业和机构也参与了 NFT 产品发行，主要是数字藏品类产品，将文字、图像、博物馆藏品、艺术品等非同质化物质实现数字化权益属性，并进行发售。我国腾讯、阿里、网易、京东等均推出了相应的数字藏品交易平台，内容来源包括各博物馆数字馆藏、自身企业旗下数字藏品等，该藏品交易主要用于买者个人数字产品收藏。我国图书馆也做了一些这方面的尝试。国家图书馆以"诗词中的国家图书馆"为主题，发布了"风、花、雪、月"4 个系列的馆藏诗词数字藏品；2022 年 2 月，中国中医科学院图书馆馆藏的《本草纲目》作为首个中医药古籍 IP 数字藏品发布。可以看到，NFT 为数字产品的推广及传播提供了更多的可能性，在图书馆领域，它也可以赋予数字资源更多的特征，比如实现数字文献与纸质文献同等的所有权，实现数字资源收益的即时分配及所有权转移，提升数字资源的收藏价值，产生更多的图书数字衍生品，等等。

总的来说，元宇宙的出现改变了传统行业的发展模式，也可以解决传统图书馆技术难以解决的一些问题，且为未来图书馆的发展提供了更多的可能性，虽然它目前仍然不够成熟，成熟的应用案例也比较有限，但元宇宙的一些观点、技术已经渗透到图书馆领域。作为图书馆建设的一分子，在智慧图书馆发展阶段，仍应认识到它的技术优势和广阔的发展前景，积极开展元宇宙技术在图书馆中的应用研究，并做好提前规划，主动作为，为智慧图书馆的服务创新贡献力量。

参考文献

[1] 王东亮. 智慧图书馆与阅读推广工作研究[M]. 北京: 中国国际广播出版社, 2021.

[2] 阚丽红. 智慧图书馆建设与服务创新研究[M]. 长春: 吉林文史出版社, 2021.

[3] 高岩, 景玉枝, 杨静. 智慧图书馆信息化建设理论与实践[M]. 北京: 科学出版社, 2020.

[4] 贺芳. 智慧图书馆建设与应用研究[M]. 长春: 吉林大学出版社, 2022.

[5] 贾虹. 智慧图书馆及其服务创新研究[M]. 北京: 中国农业出版社, 2022.

[6] 张海波. 智慧图书馆技术及应用[M]. 石家庄: 河北科学技术出版社, 2020.